公共貨幣入門

山口
Yamagu

山口陽恵
Yamaguchi Yokei

インターナショナル新書　086

はじめに貨幣の定義あり

２０１９年下半期に中国・武漢で確認された新型コロナウイルス（SARS-CoV-2）のパンデミックで世界が混乱し、日本国内も経済危機に直面している最中に、本書を公共貨幣フォーラム[*1]のメンバーと共同執筆する企画が出てきた。テーマは、公共貨幣が日本の未来を開くという、お金に関するものである。お金というと誰でも知っており、また毎日使う最も身近にあるものなので、みんなが同じ概念を共有していると思いがちである。しかしながら、一旦お金の話をし始めると、各人各様、それぞれのイメージで語り始め、同じ用語を使っていてもその定義が全く異なり、議論の収拾がつかなくなることが多々ある。こうした混乱は貨幣についての共通認識を共有していると思っていたフォーラムメンバーの間でも生じた。理論経済学を専門分野の一つとしてきた筆者の経験からも言えることであるが、貨幣を研究対象とする経済学者や実務家の間でも似たような事態である。

そこで、本書は貨幣に関する用語をきちんと定義することから始めたい。まず本書では、お金、貨幣、マネーの3つの概念を同義語として用いる。すなわち、お金＝貨幣＝マネーとし、お金とは「財・サービスの価値情報、およびその媒体（メディア）の総体で、財・サービスとの交換や保蔵ができるもの」と一般的に定義する。もちろん、価値情報の単位やメディアの種類は法的に制定されていることを前提としている。この包括的な定義をもとに分類したのが**図1**で、長年の研究から辿《たど》り着いた貨幣（マネー）の曼陀羅《まんだら》である。この中に現在の日本のお金の全てが詰まっている。読者の皆さんには、途中で混乱すればいつでもこの定義に立ち戻って、貨幣の概念を整理しながら本書の旅を継続していただきたい。本書では特に必要のない限り、ここでの貨幣の定義を前提に議論を進めていく。ここでの定義が、日本での貨幣に関する議論における共通の土台になることを念願している。

それではこの分類図を詳しく眺めていこう。この**図1**は貨幣を表（オモテ）と裏（ウラ）の定義に分けて、日本の貨幣をそれらに挟まれたサンドイッチのようにして描いている。表（オモテ）の定義は、貨幣をその発行主体から分類したもので、「公共貨幣」と「債務貨幣」からなっている。公共貨幣とは、議会や政府または時の権威・権力者（幕府や君主等）が無利子で発行する貨幣である。日本における公共貨幣の例としては和銅元年（708年）に発行された日本最初の貨幣とされる和銅開珎《わどうかいちん》や江戸時代の慶長小判《けいちょうこばん》、明治元年（1868年）の太政官札《だじょうかんさつ》（金札、不換紙幣）等があり、1882年に日本銀行が設立されるまでに発行されたほぼ全ての日本のお金

図1　貨幣の分類表―債務貨幣システム

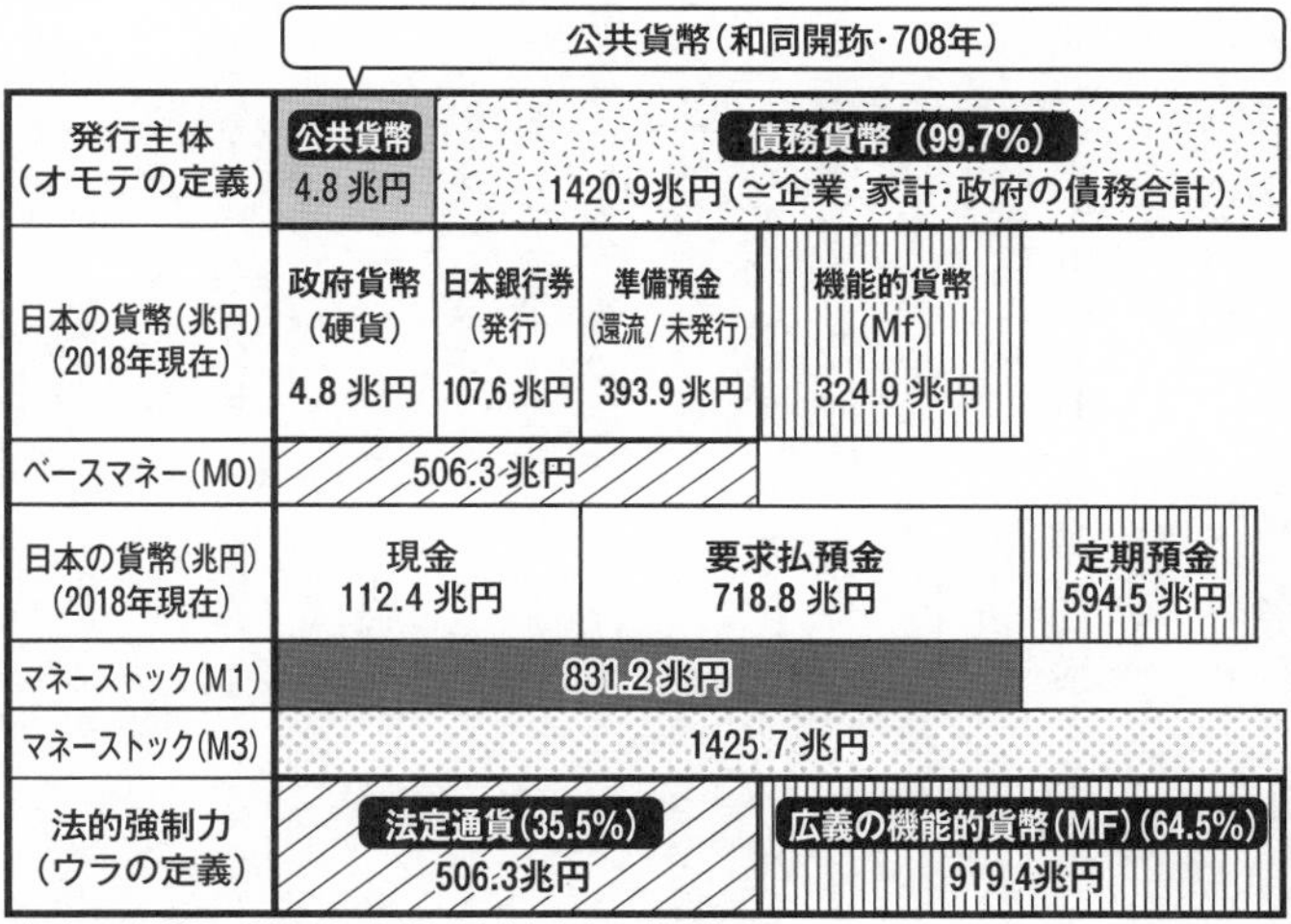

出所：日本銀行の関連データ（2018年）をもとに筆者作成

は公共貨幣であった。現在では、日本政府が発行する1円から500円までの6種類の硬貨のみが公共貨幣であり、2018年現在の国内のお金の総額、1425・7兆円の0・3％（4・8兆円）を占めるにすぎない。新たに発行される公共貨幣の額面がその製造コストを上回る場合に発生する差額は貨幣発行益（シニョリッジ）と呼ばれ、発行主体のものとして計上される。

他方、債務貨幣とは、公共貨幣の発行主体以外の民間の組織が利付き債務として発行する貨幣（借用証書、IOU）であり、債務貨幣の発行主体（貸し手）として、中央銀行や銀行がある。日本銀行が発行する銀行券にも貨幣発行益が発生するという議論が散発しているが、定義上、日本銀行券は公共貨幣ではないので、貨幣発行益が発生しないのは明白である。債務貨幣の発行によって発生するのは、主に利息や配当収入である。それら債務貨幣の借り手としては企業や家計、および政府があるが、最新の研究でこれらの債務貨幣はそうした企業や家計および政府の債務総計ともなっていることがわかった。その債務貨幣は1420・9兆円である。すなわち、債務貨幣とは全て誰かの借金として利付で供給される貨幣であるという新しい知見（**図1** 貨幣のオモテの定義）を実証研究で得た。この点に関しては第1章で詳しく述べる。

貨幣の裏（ウラ）の定義、すなわち法的強制力の有無による見方からは、貨幣は法定通貨と広義の機能的貨幣に分けられる。法定通貨（法貨）とは法律で制定された貨幣で、日々の支払い決済において特に個別の定めがない限り、誰もその受け取りを拒否できない貨幣である。貨幣に関する国内法としては、「通貨の単位及び貨幣の発行等に関する法律（1987年）」で硬貨としての日本国貨幣（政府貨幣）の発行を、日本銀行法（1997年）で日本銀行券の発行をそれぞれ制定している。よって法律で定義された（狭義の）通貨は、通貨＝政府貨幣（硬貨）＋日本銀行券となり、通貨は法貨と同義となる。また、我々が日常的に現金と呼んでいるものは全て通貨である。さらに、日本銀行が民間銀行から預かっている準備預金はデジタル預金として銀行間の日々の資金決済に用いられているが、その引き出しは日本銀行券のみでなされるという意味で、準備預金は日本銀行券と同等とみなされる。よって、将来、日本銀行券として引き出されることになるであろう準備預金も法定通貨と見なされなければならない。市中で流通している日本銀行券が準備預金として還流してきた場合には、民間銀行の日本銀行に対する準備預金としてその分が増額され、その分の発行銀行券が減額される。したがって、この場合には文字通り、それら準備預金の中身は発行済み日本銀行券ということになる。以上より、日本の法定通貨は現金と準備預金とからなり、2018年現在は506・3兆円（国内のお金の総額の35・5%）である。

他方、機能的貨幣（Functional Money）とは、今回私たちが新たに提案する貨幣の概念で、法定通貨をベースに民間銀行によって無から創造されている要求払預金のうち、準備預金によって担保されていない部分の預金と定義している。さらに、これに定期預金を合計した額が広義の機能的貨幣である。2018年現在の広義の機能的貨幣は919・4兆円であり、実に国内のお金の総額の64・5%が無から創造された法定通貨の裏付けのないお金である。これら機能的貨幣は、法定通貨に担保されていないお金という意味で、フェイクマネーや偽金とも解釈されよう。1930年代の大恐慌の反省から「銀行改革のためのシカゴプラン」がシカゴ大学の経済学者らによって提案され、それを引き継いだアーヴィング・フィッシャー（1867〜1947）が晩年まで活動した1940年代頃までは、多くの経済学者は「マネーと信用（Money and

Credits)」を厳密に区別していた。ここで定義するマネーとは法定通貨であり、信用とは機能的貨幣のことを指す。機能的貨幣は、金融恐慌や不況で銀行が倒産した際に消えて無くなるお金である。現在、日本の政府債務（国債）はバブル崩壊以来、指数的に増大してきており、対名目ＧＤＰ比の国債発行残高は第二次世界大戦以来の水準まで膨張している。日本経済の約65%がこうした不安定な砂上の楼閣であるフェイクマネーによって運営されているという債務貨幣システムの実態を、私たちは常に認識している必要がある。

乗っ取られた公共貨幣

冒頭に紹介した貨幣の分類図は、２０１８年における日本のお金の総額を分類して切り取った断面図である。ここでこうした日本のお金がどのように変遷してきたのか、歴史的なロングスパンで眺めてみよう。国内最初の公共貨幣は、７０８年に発行された和同開珎であるが、この公共貨幣が平城京建設の国生み事業に深く関わっていた。この国生み事業は、まず、中大兄《なかのおおえの》皇子《おうじ》が蘇我入鹿《そがのいるか》を暗殺して天智《てんぢ》天皇となり、弟の大海人《おおあまの》皇子（後の天武天皇）と共に大化の改新を実行することから開始した。次に、大宝律令という国を統治する最初の基本法を７０１年に制定。そして、元明《げんめい》天皇（天武天皇の妻・持統《じとう》天皇の妹）が第43代皇位を継承し、７１０年（和銅3年）に藤原京から平城京に遷都《せんと》をして、この国生み事業を完成させた。この遷都による国生み事業のための建設労働者の賃金支払い等のために発行されたのが公共貨幣、和同開珎である。

その後、この和同開珎から始まる皇朝十二銭《こうちょうじゅうにせん》と呼ばれる12種類の硬貨による公共貨幣が、958年まで次々に鋳造され、流通してきた。江戸時代にはさらに慶長小判（1601年）や文政小判（1819年）といった金貨も流通し、日本版の金本位制が誕生していた。明治維新スタートの1868年（明治元年）には太政官札（金札）という公共貨幣の不換紙幣が発行され、その後13年間通用した。**図1**にあるように、日本は和同開珎の708年から実に1160年間にわたって、公共貨幣システムのもとで経済・社会活動を維持・継続してきたのである。

しかるに1882年の日本銀行設立と紙幣整理が行われてから2021年現在に至るまでの140年間、日本の経済社会は債務貨幣システムに取って代わられた（国盗り）。その結果、今や公共貨幣は吹けば飛ぶような0・3％にまで縮小してしまい、利息付きの債務貨幣が99・7％と横行している。もちろん、この債務貨幣システムが十分に機能していれば何も問題はない。しかしながら、この債務貨幣システムは重大なデザイン欠陥を内包している。その結果、私たちは明治以来、金融恐慌、不況、失業、戦争、インフレ・デフレ、所得格差等々、債務貨幣システムのデザイン欠陥に起因する数多くの経済的・社会的危機に見舞われてきた。また、最近では私たちの政府が借金地獄に陥り、破局への道を歩んでいる。

「公共貨幣で新国生み」への旅立ち

本書で私たちは現行の債務貨幣システムから公共貨幣システムへの移行を提案している。なぜこの移行が必要なのか。読者の皆さんには本書をガイドブックに、私たちと一緒に旅をしながら、その理由を深く探究していっていただきたい。この旅を登山に例えるならば、私たちは公共貨幣という貨幣経済システムの山頂を目指している。途中で道に迷わないためにも、まずは旅のはじめに山頂から展望できる輝く未来の風景をイメージしていただきたいと思う。

発行主体による表（オモテ）の定義によると、現行の債務貨幣システムのもとでは99・7%のお金は、企業・家計・政府が銀行から利付きで借金をしなければ発行されず、また不況等で借金が返済され始めると消滅する宿命にある「債務貨幣」である。それに対して、公共貨幣システムのもとでは、お金は全て国会に属する公共貨幣委員会が「公共貨幣」として発行し流通に投下するので、民間部門における債権債務の発生や消滅に伴って貨幣量が増減するという金融システムの不安定性がなくなる。本文で詳述するが、公共貨幣委員会とは常任委員会とは異なる、行政府から独立した組織として国会の監督下に設置される唯一の貨幣発行主体である。

次に、法的強制力による裏（ウラ）の定義によると、債務貨幣システムのもとでは64・5%のお金が法貨ではなく、銀行が貸出によって無から創造した預金であり、銀行が倒産すれば消滅してしまう宿命にある機能的貨幣である。それに対して、公共貨幣システムのもとではお金

図2　貨幣の分類表—公共貨幣システムへの移行後

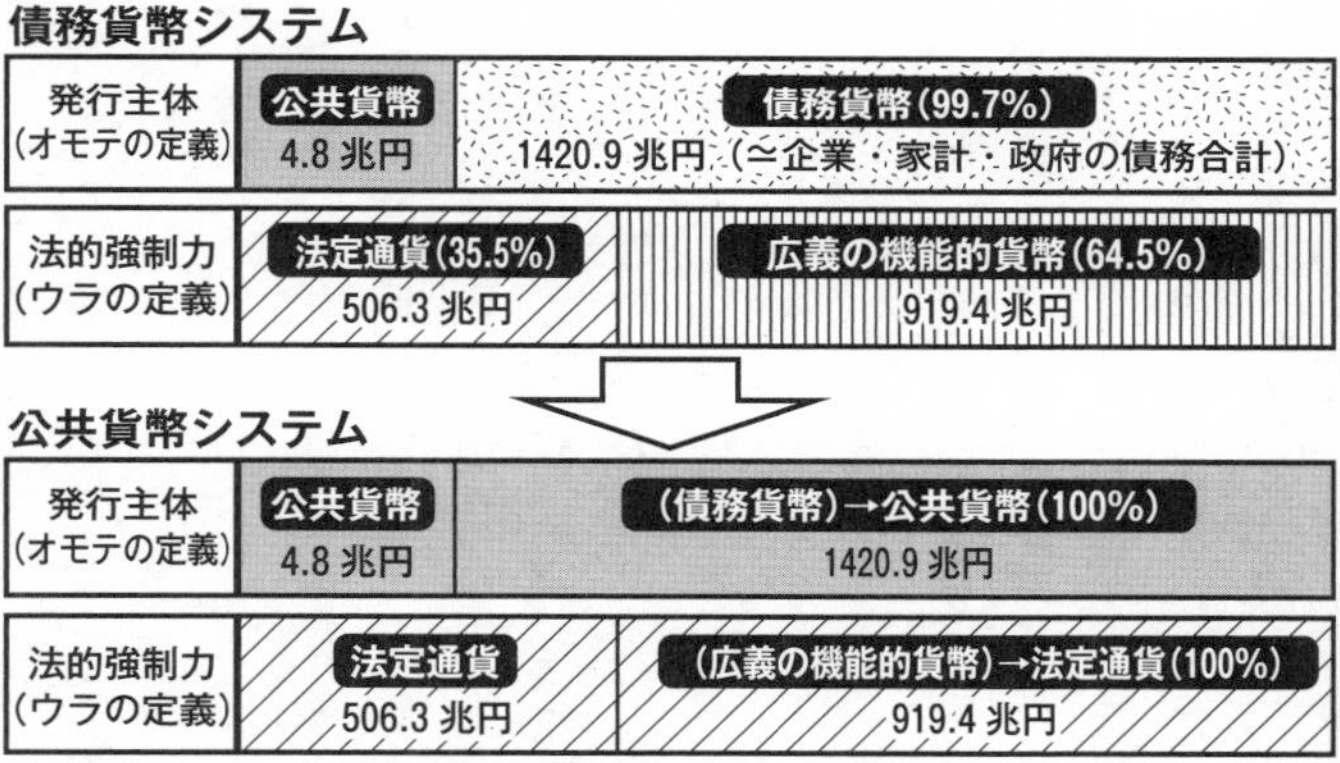

発行主体 (オモテの定義)	公共貨幣 4.8 兆円	債務貨幣(99.7%) 1420.9 兆円 (≒企業・家計・政府の債務合計)	

法的強制力 (ウラの定義)	法定通貨(35.5%) 506.3 兆円	広義の機能的貨幣(64.5%) 919.4 兆円	

発行主体 (オモテの定義)	公共貨幣 4.8 兆円	(債務貨幣)→公共貨幣(100%) 1420.9 兆円	

法的強制力 (ウラの定義)	法定通貨 506.3 兆円	(広義の機能的貨幣)→法定通貨(100%) 919.4 兆円	

公共貨幣（オモテ）：日銀を政府に統合➡債務貨幣をゼロにし、所得格差解消
公共貨幣（ウラ）：機能的貨幣（MF）をゼロに➡バブル・不況を克服し、恒常的成長

出所：日本銀行の関連データ（2018年）をもとに筆者作成

は全て法定貨幣（法貨）となり、したがって、全ての預金は常に法的に担保されている。こうした公共貨幣システムへの移行後の風景を、**図1**の貨幣の分類表を用いてイメージすれば、**図2**のようになる。

すなわち、公共貨幣システムではお金はすべて国会が発行する公共貨幣（鼠色）となり、法的強制力のある法定通貨（斜線）となる。債務貨幣システムのもとで発生した債務貨幣（点々）や機能的貨幣（縦線）といった不安定でフェイクなお金は全てなくなり、全てのお金は安定的かつ安全な公共貨幣となる。この公共貨幣システムへの移行によって私たちは計り知れない経済的、社会的メリットを享受できるようになる。

本書をガイドとして、そうしたメリットに

ついて具体的に思いを巡らせながら、輝く未来へと旅立っていただきたい。

本書の構成

「公共貨幣」がなぜ今、万人のテーマとならなければならないのだろうか。本項でみたように、現在、私たちは債務貨幣システムという乗っ取られた制度のもとで生活しており、この債務貨幣がなければ経済社会活動は停滞し、命をつないでいくこともできなくなる。しかるに、私たちが命を託しているこの債務貨幣は重大な欠陥デザインを負ったシステムなのである。1929年の世界大恐慌は世界経済を未曽有《みぞう》の混乱に陥れ、大量失業を発生させ、貧富の格差をもたらした。こうした大恐慌を二度と起こさせないようにと、当時を代表する2名の経済学者が大恐慌からの救済策を1935年にそれぞれ提案した。ケインズの『一般理論』とフィッシャーの『100%マネー』である。ケインズの一般理論はその後マクロ経済学や財政・金融政策論として発展してきたが、最近の量的緩和（QEとも言われる）政策を含むアベノミクスの失敗や政府債務のさらなる累積により、その理論的欠陥が白日のもとにさらされた。他方、フィッシャーの100%マネーは経済学におけるタブーとして国際金融資本によって徹底的に経済学の教科書や講義、政策議論の場から抹殺されてきた。2008年のリーマンショックに直面した筆者（K）は、この偉大な先人の経済理論をなんとか統合して、次なる経済恐慌を回避できないものかと悪戦苦闘してきた。そして「会計システムダイナミックス」という新しい分析手法を用いて両者の提案を統合することに成功した。

この統合経済理論を一般読者向けに平易に紹介したものが『公共貨幣』（東洋経済新報社）で、2015年9月に出版した。万人が命と日々の暮らしをつないでいくための貨幣は、公共貨幣でなければならないというのが主な内容である。同書の出版から6年が経過した。その間、公共貨幣に対する研究も進化したが、同時にブロックチェーン技術やそれらを基盤にした暗号トークン（暗号資産）の登場にも刺激を受けてきた。そこで本書はその後の6年間の研究成果や電子公共貨幣（EPM, Electronic Public Money）の提言も視野に入れながら、筆者2名の共同研究ということで出版することになった。本書の構成は以下のとおりである。

第1章　債務貨幣システムと「失われた30年」　日本経済は1990年代初頭のバブル崩壊以後、経済成長がほぼゼロという「失われた30年」の経済困窮の中で現在も喘《あえ》いでいる。2008年のリーマンショック後も、OECD諸国の中では最低の経済成長率ということで、一番痛めつけられてきた。第1章では、その原因は債務貨幣システムのデザイン欠陥であるとして最新のマネーデータを用いて分析する。日本の公共貨幣は明治維新直後から債務貨幣へと段階的に交換（国盗り）されてきた。その結果、今や全てのお金のうちで公共貨幣はわずか0・3%を占めるにすぎず、99・7%は利付の債務貨幣が独占している状態である。この債務貨幣は、民間（家計と企業）と政府が銀行から借金することで生まれてくるという私たちの新しい研究成果を概説し、このことから派生する驚きの経済分析を紹介する。これまで誰も取り上げられなかったマネーという新しい視点から、日本経済の「失われた30年」の正体を時系列に分析する。

第2章　主流派経済学の破綻　政府や日銀の政策担当者は、この「失われた30年」から脱却すべく、主流派経済学が提案する構造改革、財政・金融・量的緩和等のあらゆる経済政策を試みてきたが、それらは全て失敗に終わってしまった。第2章ではその原因を探究する。辿《たど》り着いたのが、主流派経済学における貨幣論の誤りであり、特にケインズ経済理論は第1章で分析した債務貨幣が日銀（中央銀行）によって外生的に与えられるという虚構の想定のもとで、経済理論や政策のフレームワークを構築しているということである。この外生的債務貨幣という想定が誤っていたのである。その結果、ほとんどのマクロ経済学の教科書で取り上げられているIS－LM理論では日本の現状が全く分析できなくなっている。この誤った想定を第1章で得た「内生的債務貨幣」という視点で再構成すると、日本経済の惨めな現状がデータと整合的に分析できるようになった。この理論的な再構成はそれ自体が、半世紀以上にわたってマクロ経済学を支配してきたIS－LM分析のパラダイムのシフトにほかならない。このパラダイムシフトによるIS－LMモデルを用いれば、「失われた30年」から脱却して公共貨幣システムへと移行する分析がマクロ経済学の教科書レベルでも可能となる。

第3章　MMTは債務貨幣のデザイン欠陥を隠蔽　「失われた30年」で絶望感に瀕《ひん》している日本で、あたかも累積債務で苦しむ政府の救世主であるかのようにして突如登場してきたのがMMTといわれる「現代貨幣理論」である。MMTは主流派経済理論の金融・財政政策の失敗に起因する閉塞感を打ち破ってくれる新しい貨幣論かもしれないといった幻想がそうさせているのであろう。筆者（K）は2012年の米国貨幣研究所（AMI）主催の貨幣改革国際会議でMMTの偽善性に気づき、その後今日まで貨幣改革論の亜流としてこのMMTを無視してきた。本章では、まず貨幣理論は商品貨幣論、外生的債務貨幣論、内生的債務貨幣論、公共貨幣理論の4つしかないと分類して、MMTの立ち位置を明らかにすることから始める。そして、MMTは債務貨幣のデザイン欠陥を隠蔽する虚偽の貨幣論であるとして、それらの虚偽を7つのテーマにまとめて分析する。こうした分析からMMTはあたかもグローバリスト・国際銀行家の手先であるかのような正体が浮かんでくる。このMMTに騙されると日本はますます迷走し、政府債務が累積して破局に向かう。

第4章　公共貨幣システムへの移行　インフレと好景気、デフレと不況・失業といった景気変動の絶え間ない繰り返し、借金地獄のように急増する政府債務、利払い強制で発生する所得格差と経済的困窮、これらは全て現在の債務貨幣システムが元凶である。すなわち、債務貨幣システムには根本的なデザイン欠陥が存在するのである。公共貨幣システムに移行すれば、こうした経済問題の大半が制度的に解消される。しかもその移行は実に簡単なのである。本章では、この公共貨幣への移行とそのプロセスを具体的に考察する。まず3つの移行目標を説明し、そのための7つの移行プロセスを整理する。日本のマクロ経済を公共貨幣庫（旧日銀）、政府、銀行、民間（家計・企業）の4部門に分けて、それぞれの部門の貸借対照表（バランスシート）を作成して移行に伴うお金の流れを追っていく。そして移行後に出現する6つの新経済風景を描写する。移行のためのロードマップもあわせて提示する。このロードマップに従っていけば、1000兆円の政府債務（国債発行残高）は2027年にはゼロにできる。

第5章　公共貨幣で新国生みイニシアティブ　本章では、まず公共貨幣システムへの移行を実現することで、どのような政策が可能となるのかといった私たちの政策提言を紹介する。この新国生みイニシアティブの政策提言は、2015年の『公共貨幣』出版後にできた読者交流メーリングリストや公共貨幣フォーラムでの議論を練り上げる中から生まれてきた。よって、ここでの政策提言は保守・革新といった従来の対立軸からの提言とは全く異なる、公共貨幣の次元からのものである。次に「ジャパン・アズ・ナンバーワン」といわれた1980年代の日本的経営をシステム思考する。そして「非正規社員を正規社員にする」というフィードバックループが「失われた30年」から脱却して経済を再起動させるコアループとなって渦巻き、やがて日本を再生させるというシステム思考による分析を行う。

以上が本書の流れである。2019年に武漢で確認されたコロナウイルスは瞬く間に世界中に拡散してパンデミック状態となり、これが引き金となって、2021年現在の世界経済はまさに1929年の世界大恐慌前夜のような様相を呈し始めている。果たして次に起こるであろう世界大恐慌に対する治療薬はあるのだろうか。答えは、イエスである。公共貨幣システムへの移行が日本経済の「失われた30年」から脱却できる唯一の処方箋である。しかしながら、この公共貨幣による救済策に関する手軽な解説書がこれまでになかった。本書はそのための「公共貨幣入門」書となれば、望外の喜びである。

山口薫　Ph.D.

山口陽恵　M.Phil., M.Sc.

*1　2015年に筆者（K、以後「山口薫」のことを指す）が『公共貨幣』を出版後、有志のメンバーで立ち上げたフォーラム。同フォーラムのウェブサイト（https://public-money.earth）

目次

図版制作　タナカデザイン

第1章　債務貨幣システムと「失われた30年」

1.1 あなたのお金は誰かの借金

日銀マネーストックデータの信頼性

冒頭で紹介した貨幣の分類表は、日本のお金の総額であるマネーストック（M3）1425・7兆円を2018年時点で切り取った、いわば断面図である。では、その内の99・7%を占める1420・9兆円の債務貨幣はどのようにして生まれてきたのだろうか。私たちが日々の経済活動の決済で必要とする現金や企業の当座預金、家計の普通預金等からなるマネーストックM1はどうなのだろうか。M1やM3といったお金と本章で私たちが解明しようとする日本経済の「失われた30年」には関係があるのだろうか。

こうしたお金にまつわる疑問を解明するために、日本銀行の時系列統計データ検索サイトからマネーストックM1およびM3のデータを探すことから私たちの研究は開始した。具体的には、1980年から2019年までのマネーストック統計として公表されている時系列データを見つけた。しかしながら、日銀が提供するデータは（1）1980～1988年、（2）1988～2008年、（3）2003～2019年の3区間に細切れにされていた。それらを図示したのが**図1・1**である。この図から日本経済のマネーストックは、1980～2008年間と2003～2019年間で大きく断絶していることがわかった。2008年度時点において

図1.1　日銀データによるマネーストックＭ１とＭ３

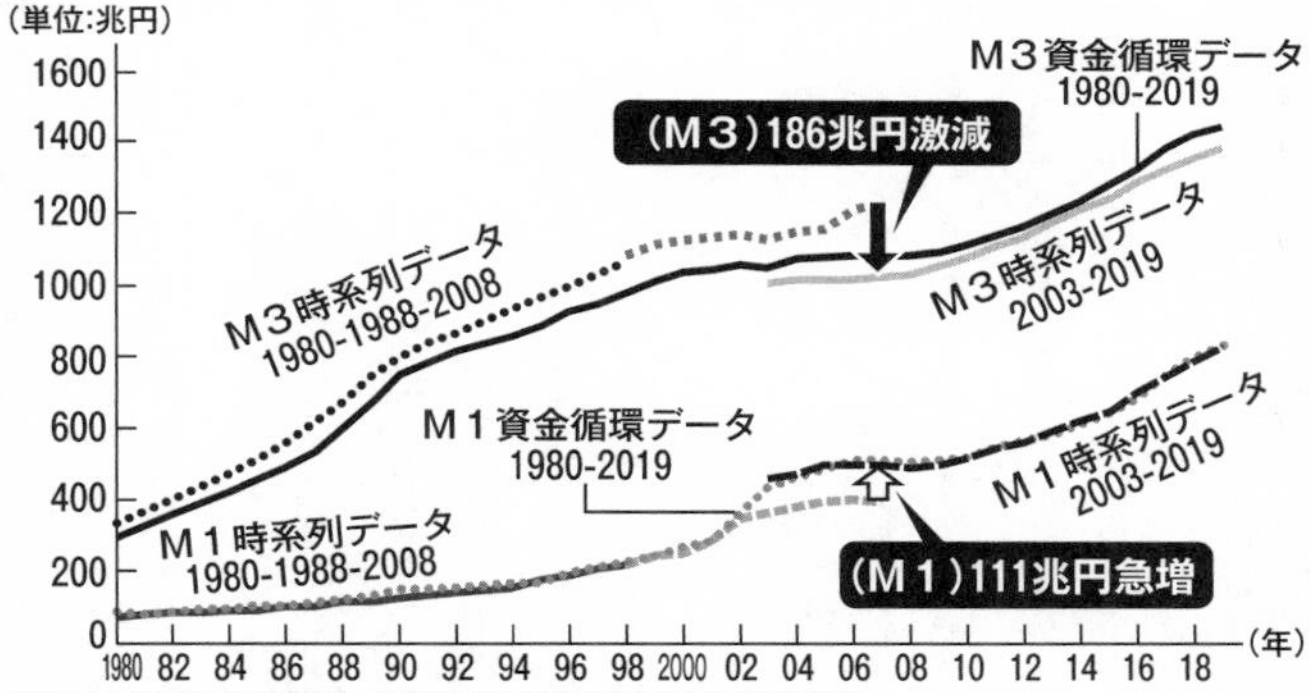

出所：日本銀行の関連データ（2020年公表分）をもとに筆者作成

見られる時系列データの断絶では、Ｍ１が１１１兆円も急増し、Ｍ３が１８６兆円も激減している。実に国家予算の１～２倍に匹敵する膨大な量のお金が急に増えたり減ったりしているのである。日銀のマネーストック統計をもとに政策を立案したり経営戦略を策定していた経営者は、このデータの大幅な乖離にさぞかし戸惑ったことだろう。

　このような不整合なデータでは信頼性のある研究ができないと判断し、私たちはこの日銀のマネーストック統計データに代わるデータソースを求め、同じく日銀が作成公表している資金循環統計に辿り着いた。直近の統計では、１９８０年から２０１９年までの時系列統計データが利用可能となっていた。とはいっても、資金循環統計は国内マクロ経済の45部門と51取引項目からなり、１年間のストックデータだけでも２２９５の行列セルとなる。各セルごとに資産および負債データがあるため、1980～2019年までの40年間の時系列データだと、データ総数は18万3600データとなる。四半期のデータだと実に73万4400データとなる。日本銀行時系列データ検索サイトでは一度に表示できる系列数に限りがあったり、新たな計数と比較しようとする度にその時系列を検索し直して展開していかなければならないなど、実際のデータ分析には煩雑な作業が伴う。そこで、私たちはシステムダイナミックスのソフトウェアを用いて新たに「資金循環データ閲覧モデル」を構築し、各経済部門間の取引項目の比較分析や計数を足し合わせたり控除したりというような演算処理を素早くできる環境を整えた[*1]。そして、そのデータ閲覧モデルに全期間の資金循環統計のストックデータを読み込んで、分析を始めた。

本章の執筆にあたり、今度は日銀が定義するM1とM3を資金循環データを用いて計算し直してみた。ところが、資金循環統計から求めたマネーストック時系列データと、同じく日銀が提供するマネーストック統計の時系列データを突き合わせてみても両者は一致しなかったのである。そこで、資金循環データの計数を全期間にわたって1年ずらしてみたところ、M1データに関しては**図1・1**にあるように、断絶した時系列データを接合するようなデータとなっていることが判明した。「M1資金循環データ1980～2019」をこのように1年ずらしたのは、私たちが使用したソフトウェアではストック値を期首残高として扱うが、日銀統計では期末残高となっていることに由来する期首期末の差異（＝1年）であると判断したからである。M1は日々の決済取引に使用されるお金の総量を表す最も基本的なマネーストック指標であり、M1を構成する個々の元データの推計精度も高いとのことから、私たちはこの資金循環データによるマネーストックデータは信頼に足ると判断した。次に、資金循環データによるM3とマネーストック時系列データによるM3とを比較したのだがどうしても合わない。**図1・1**で表示している「M3　資金循環データ1980〜2019」は、M1資金循環データの場合と同様に1年ずらした値であるが、同図が示しているように、断絶したM3時系列データに挟まれるような位置にしか収まらなかった。そこで、本章でこれから展開する分析においては、M3についても全てこの資金循環統計から求めたM3データをもとに進めていくことにした。

マネーストックM3≈（近似的に等しい）銀行借入総額

図1・2の曲線1は、このようにして資金循環データから求めた日本のお金の総量を示すM3の時系列である。すでに述べたように、日本のお金の99・7％は債務貨幣である。債務貨幣とは誰かの借金として生まれたお金である。その誰かとは、経済全体のマクロレベルでは企業や家計の民間部門、そして政府である。もちろん、企業には国内法人だけでなく、外国企業の在日支店などが行う円建て借入なども全て含まれる。**図1・2**の曲線2は、同じく資金循環デ

図1.2　マネーストックM3≃債務総額

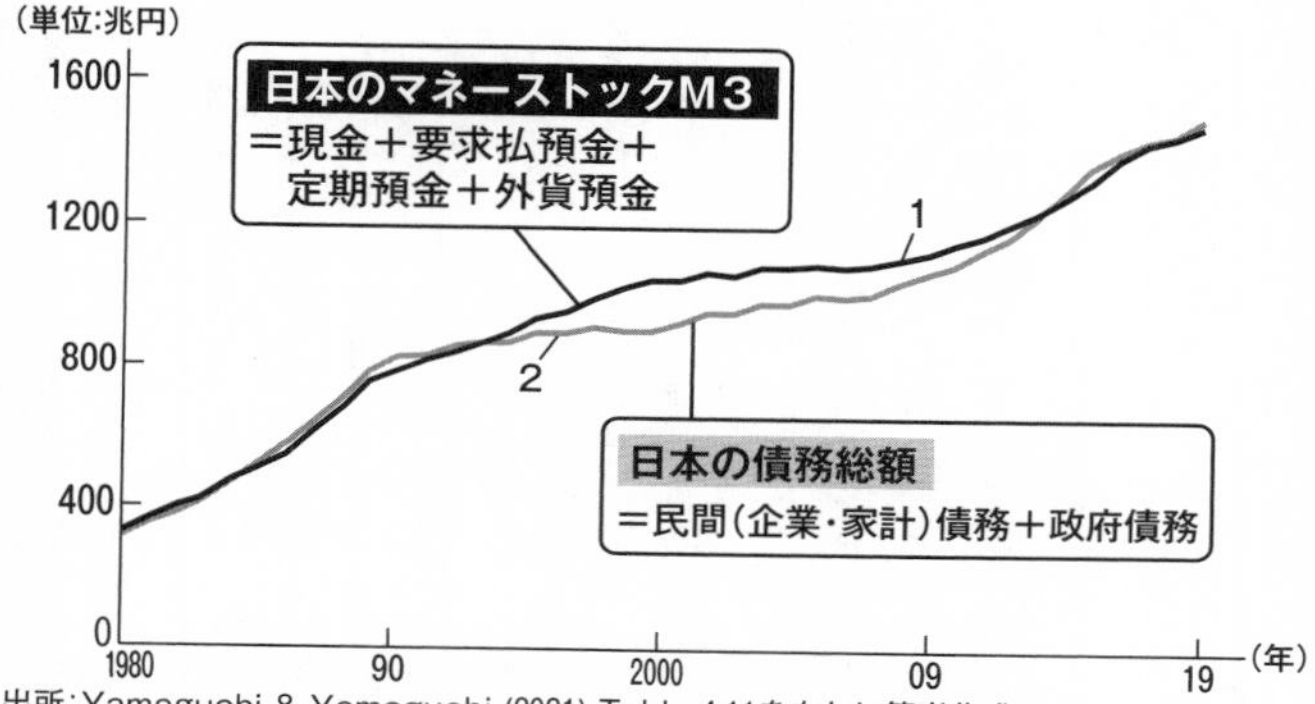

出所：Yamaguchi & Yamaguchi (2021) Table 4.11をもとに筆者作成

ータから求めた日本の債務総額である。民間部門の債務は全て国内の銀行による円建て貸出によって供給され、また、政府の債務は最終的に国内銀行や日銀が保有している国債残高のうちに反映されるので、この債務総計を資金循環統計から求めるにあたっては、銀行部門の資産側から推計する方法（アセットアプローチ）をとった。具体的には銀行借入債務に該当する取引項目を単純合計することで、**図1・2**中に示した債務総額を推計した。これら２つの時系列データを比較すると、１９８０～１９９５年と２０１５年以降の期間における日本のマネーストックＭ３（曲線１）と債務総額（曲線２）が総じて一致することが示されている。２０１８年現在、Ｍ３は１４２５・７兆円（公共貨幣４・８兆円＋債務貨幣１４２０・９兆円）、債務総額は１４２９兆円である。

同図における債務総額とは、具体的には預金取扱機関の貸出金総額として推計している（同部門が保有する国債を含む）。すなわち、マネーが創り出される原因となった金銭債務の総額である。債務貨幣の理論上では、0・3％の公共貨幣を除いて、M3と債務総額がピタリと全期間で一致するはずだが、**図1・2**にあるように、1994〜2015年の期間は債務総額がマネーストックM3に届いていない。乖離幅の最大は1999年時点の約120兆円である。1994〜2015年という期間は、バブル崩壊後の不良債権問題が我が国の金融システムを襲った時期にあたる。この期間に見られる乖離について、私たちは以下の3つの仮説を立てた。

仮説①　銀行貸出金に組み入れられるべき取引項目が抜け落ちているため、【マネーストックM3】を創り出す【債務総額】を過小評価してしまっている。

仮説②　【M3】を構成する計数のいずれかに重複が生じているため、【M3】を過大評価してしまっている。

仮説③　【M3】または【債務総額】を構成するいずれかの計数に不正確なデータが含まれているため、どちらかの時系列がもう一方の時系列を過大または過小評価してしまっている。

資金循環統計における部門および取引項目は日本銀行調査統計局が任意に設定しており、必ずしも債務貨幣論を日本経済で検証するという我々の分析目的と日本銀行の同統計の作成目的とが一致していない。そのため、個々の計数レベルで組み入れられるべき取引項目が抜け落ちていることや重複が生じているという可能性が考えられる。また、同統計から入手可能な銀行貸出金データの詳細度にも制約があるため、分析精度の向上には一定の限界があることを予め《あらかじ》指摘しておきたい。[*2] その上で、特に仮説①および②では、**図1・2**で観察された乖離が筆者らの分析の不正確さや、資金循環統計で得られるデータの詳細度の限界に起因していることを想定している。一方の仮説③は、今回の分析で使用した元データ、すなわち資金循環統計に不正確なデータが一部含まれている可能性を示唆している。先に述べたように、乖離が生じはじめている期間はバブルの崩壊で多くの金融機関が倒産した時期と重なっており、当時の金融システムの混乱状況や反社会組織等へのオフバランス取引の可能性等を考慮すると、仮説③によって乖離が説明される可能性もあるのかもしれない。本書では検証結果の妥当性と乖離の仮説を紹介するまでにとどめるが、読者の皆さんはどのようにお考えになるだろうか。

いずれの仮説がこの乖離を説明することになるにしても、両者の相関係数を求め、さらに回帰分析をしたところ、以下のような結果を得た。[*3]

マネーストックM3 ≒ 債務総額（相関係数 ＝ 0.987）

M3 = 17,307 + 1.0166＊債務総額（決定係数 = 0.974、単位：10億円）

すなわち、相関係数は0・987と非常に高く、また回帰係数[*4]もほぼ1となり、債務総額の増減がほぼそのまま日本のお金の総額（M3）の増減となるという関係が実証された。すなわち、本書の「はじめに」でみたように、公共貨幣0・3%を除いた99・7%を占める日本のマネーストックM3は全て、企業・家計および政府の借金によって利付き債務として供給されているということがデータによって初めて実証された。これを言い換えれば、世の中に存在するほぼ全ての日本円は読者の皆さん自身（家計）や皆さんの会社（企業）、そして私たちの政府が行った借金であるということである。そして、毎年その利息（利ザヤ1%としても合計約14兆円）を私たち債務者は日銀や民間の銀行等に支払わされているという現在の貨幣システムの実態が浮かび上がってきた。このように私たちの経済は誰かが借金をし続けることで回るように宿命づけられている。私たちの社会の根幹部分にある貨幣制度がそのようにデザインされているのである。そして、膨大な利息がその背後で債務者から債権者に移転し、最終的には国際金融資本（グローバリスト）に吸い取られ、彼らはそのお金で主要なメディアを買収し、大衆を洗脳操作するという支配の道具になってしまっているのである。[*5]今回の新型コロナ・パンデミックにおける過度な恐怖の煽りも、そうした支配戦略の一環であるのかもしれない。逆に、私たちが借金を全て返済するとお金はたちまち消えて無くなり、経済は完全にストップする。上記の単純な回帰分析では、日本経済の債務総額が全て完済されてゼロとなれば、計算上、M3は1400兆円からわずか17兆円にまで雲散霧消するということを示している。事実は小説よりも奇なりというが、私たちがこうした現在の貨幣制度を認識しているかどうかは別として、現実はあのモノポリーゲームよりも偏っているのかもしれない。

では、銀行はこうした膨大なお金を誰からどのように調達し、債務者に貸し出しているのだろうか。主流派経済学の貨幣理論ではまず銀行はお金を預金者から預かり、それを貸し出している単なる仲介者にすぎないと説明する。しかしながら、冒頭で見たように日銀が流通に投入しているお金はベースマネー（M0）の506兆円のみである。もし銀行がこの法定通貨を左から右にぐるぐる回すだけの純粋な金融仲介者にすぎないのだとすれば、**図1**で見た債務貨幣との差額である広義の機能的貨幣919兆円は一体どこから生まれてきたのだろうか。読者の皆さんには、本書を読み進めながらぜひこの謎解きに挑戦し、これまで経済学が洗脳してきたウソを一つ残らず暴いていっていただきたい。

1.2 銀行貸出と預金創造

銀行貸出と預金創造のメカニズム

資金循環統計を分析することで「マネーストックM3≈債務総額」なる関係性が日本経済でも成り立っていることがデータからも検証された。ほぼ全ての貨幣が利付き債務として経済に供給され、世の中に存在しているという点が、現行の債務貨幣システムの特徴である。ではそれらの債務貨幣はどのように生まれてくるのだろうか。

銀行貸出が行われる際に、その相当額が銀行の帳簿上で増加するというのは常識だ。お金を借りれば、その分だけが口座に増額記帳されることは誰でも容易に想像できるだろう。ここで言う貸出とは証書貸付や当座貸越《かしこし》、手形割引などを含むが、貸出によって増加した預金は一体どこからきたのだろうか。実はそれらの「預金」は、銀行が帳簿上で無から創り出したのである。口座に入金されたと一般に信じられている預金は「融資代り金」などと呼ばれ、それ自体は法貨でもなんでもない。普段から私たちは預金のことを銀行に預けた自分のお金と思い込んでいるが、貸出によって増加した預金残高は、実際の現金が銀行の金庫に積み上がっている金額ではなく、その口座の正当な保有者から払戻しや他行への振込等の請求があれば応じますよ、と銀行が約束した契約上の金銭残高にすぎないのである。

では、その「預金なるもの」の実体は何なのか。金や銀との兌換《だかん》がなくなった今日の管理通貨制度では、銀行の電算センター内部にある預金勘定元帳で管理されている情報（データ）である。それらの預金は、顧客から見れば貨幣の機能を有する金銭債権（資産）であり、銀行からの借入金という金銭債務（負債）でもある。また、貸付を行う銀行にとっては貸出金という金銭債権（資産）であり、顧客から受け入れた預り金という金銭債務（負債）でもあるのだ。つまり、現行の貨幣システムにおける「預金」とは、銀行とその顧客との間で債権債務として存在している法的関係（貸借関係）なのである。銀行にとって融資を行うということは、「貸出金」という金銭債権と「預金」という金銭債務を無から同時に発生させるということだったのだ。経済学ではこの預金のことを、銀行が顧客の請求に対して債務の履行を約束したものという意味で信用（Credit クレジット）と呼んだりする。したがって、銀行貸出により新たな「預金」が増えることを経済学では「信用創造」とも呼ぶ。ここでの債務の履行とは、現金通貨による預金の払戻しや他行への振込指図《さしず》などの口座取引に応じるということであるが、信用創造は中学校で必ず教わるそうなので、読者の皆さんも一度は耳にしているはずだ。この信用という言葉は、英語で信用証券を意味する Bills of Credit に由来すると思われるが、筆者も「信用創造」という言葉を初めて耳にしたときはそんなものかと聞き流していたくらいだ。複式簿記では借《かり》方《かた》のことを英語でデビット、貸方《かしかた》をクレジットというが、銀行簿記における貸出の仕訳は、まさに銀行の負債科目である「預金」を貸方に増額記帳することにほかならない。しかし、簿記や会計を未修の学生に信用創造と教えてもイメージが湧かないのである。今日、経済学部生が簿記を学ぶとしても商業・工業簿記に留まる場合がほとんどで、銀行簿記を教わる機会は皆無に近い。したがって、銀行は信用を創り出していますよというと、良いイメージだけが先行するのだ。だが、実はこういう当たり前すぎて聞き流してしまうような細部にこそ、教育を通じた洗脳の怖さがある。第3章で詳述するように、信用創造の説明には伝統的に2つの種類があるが、いずれの場合でも銀行貸出が「預金」を無から発生させているのだから「預金創造」というと直感的でわかりやすい。ちなみに最近の傾向としては、英国の中央銀行であるイングランド銀行がいう「貨幣創造（Money Creation）」という表現が散見される。だが、貨幣創造では「**図1** 貨幣の分類表」のどの部分を指しているのかが不明で、特定性にも乏しい。したがって、本章では預金創造（Deposit Creation）と呼ぶことにする。

さて、ここまで見てきたように、預金創造は、銀行にとっては貸出金（資産）と預り金（負債）が、借入者にとっては預金（資産）と同時に借入金（負債）が発生していることを意味している。これら預金は、それに対する人々の信用が維持されている間は法貨と同様に機能することから、**図1**の分類表において「機能的貨幣」と呼んでいる。ここで皆さんに再度考えてみていただきたい。一般に「貸出」と聞くと、要物契約のような実際の物の給付、ここでは契約の目的物たる「通貨」を借りているかのように私たちは想像しがちである。しかし、貸し出しているはずの銀行は少なくとも融資実行時点において、その場で実際の現金を顧客に差し出していないことはご存知だろう。**図1**にあるように、そもそも日本経済全体で銀行貸出総額の約1400兆円に見合うだけの通貨（ベースマネー）が存在していないのである。では銀行は一体何を貸し出しているのか。銀行は何も貸し出してはおらず、顧客の請求に応じて金銭を準備しますよという約束（契約）をしているのである。銀行はその契約に相当する金額として、それ自体に法貨としての実体はない「貸出代り金」なるものを導入し、顧客との貸借関係（債権債務）を発生させているのだ。そして、その融資時点からそれを貸出金・預金としてそれぞれ管理し、預金については顧客の残高に応じて利子を支払いつつ、日々の口座取引に応じながら各種手数料を徴収し、貸出金については金利を徴収しながら債権回収を行っているのである。もちろん、銀行はほかにも様々な資産を保有し、規制緩和で業容《ぎょうよう》を拡大させてきたためリスクプロファイルも複雑化しているが、これが銀行の基本的な資産負債管理（ALM）である。あくまで銀行が貸出を行うことで預金が創造され、その結果マネーストックの99％が利付き債務として経済に供給されているのである。

銀行は「又貸し」を行っている

鋭い読者の方はこの貸出による預金創造メカニズムに奇妙さを覚えているのではないだろうか。銀行が貸出を行う際に帳簿上で預金を新たに創造するということは理解できるが、それを行ってしまうと、今度は預金者に対して詐欺を犯すことになるのではないだろうかと。預金者は実際の現金通貨を預けたのにもかかわらず、預金を受け入れた銀行は他の顧客に対する貸付で発生させた「金銭なるもの」についても預金者から集めてきたわけではないのに「預金」と呼ぶのは詐欺なのではないかと。確かに、そもそも手元にない物を他人に貸し出すことはできないし、あたかも実際に貸しているかのように装うのも道徳に反している。だが、まさにこれが債務貨幣システムにおける銀行貸出の正体なのである。世の中の99%の企業が実際の製品やサービスを生産してお金を稼ぐ一方で、銀行はこうした錬金術を行っているのである。いや、正確に言えば、法律がそれを許可している。日本でもこの錬金術に法的根拠を与え制度化しているのが、部分準備制度のもとでの預金に対する消費寄託契約（民法666条）の適用なのだ。

寄託契約とは、例えば山田さんが鈴木さんに金銭や物品を預けるというときに、それが純粋な寄託として行われたのであれば、受寄者である鈴木さんは寄託者である山田さんのためにその物をそのまま保管することになる。山田さんと鈴木さんとの間における寄託契約は、鈴木さんが山田さんからその契約上の目的物を受け取ることで成立するわけだが、仮に二人がこれを「消費寄託」として行っていたのであれば、受寄者である鈴木さんは山田さんから預かった物を後日、同種・同量・同等の物で返還すればよく、目的物の保管にとどまらず消費することができる。よって、目的物の所有権もその時点で寄託者の山田さんから受寄者の鈴木さんへ移転している。この消費寄託が適用されている典型例が銀行預金なのだ。したがって、預金とは保管のためにお金（法貨）を預け入れているというよりも、私たちが銀行に貸し付けているというイメージが正しい。事実、消費寄託は消費貸借に類似することから、消費貸借の規定が準用される。この消費貸借を英語では Loans for consumption というが、まさにローンというように、相手に消費されることを前提に貸すという契約が預金にも適用されているのである。また、消費寄託は英語で Deposits of fungibles といい、逐語《ちくご》的には代替可能な物の預け入れという意味である。つまり、銀行は日本銀行券などの法貨を顧客から受け入れると、それ自体を保管し後日そのまま返すのではなく、同種・同等の物で返還すればよいのである。だからこそ、銀行は顧客の預金残高に応じた利息をいわば貸借料として預金者に支払っているのである。[*6] この消費寄託を預金に適用することで、本来は異なる発生原因をもつ「預金」に生じるはずの固有性も消失し、銀行が顧客から実際の現金通貨を受け入れたことで発生した預金（「受託由来の預金」）と、貸出によって無から発生させた預金（「貸出由来の預金」）は識別される必要がなくなる。これゆえに、銀行は受託由来の預金も、貸出で発生させた「預金」も全て一緒くたに預金とみなして差し支えないというわけなのだ。すなわち、現行の債務貨幣システムにおける「預金」とは、預金者と銀行、そして銀行と借入者で交わされた二重の貸借関係のもとで存在する「債権債務」であり、それに法貨としての実体がなくとも、その契約上の目的物が法定通貨であるか

図1.3　債務貨幣システムにおけるマネーストック増減要因

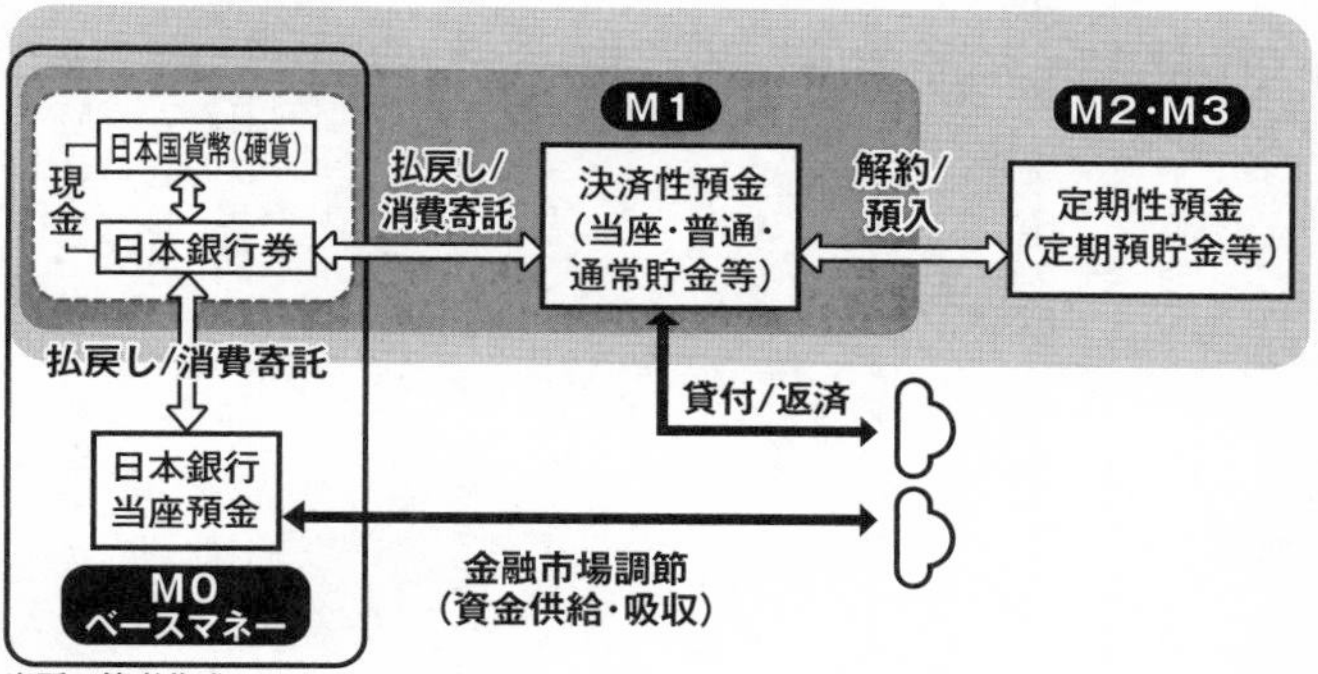

出所：筆者作成

らこそ貨幣として機能しうるのである（機能的貨幣）。しかし、もともとありもしないお金を又貸しするということを行っている銀行は、預金者からの払戻しが集中するとたちまち債務を履行できなくなる。これが預金の取り付け騒ぎによる銀行破綻の正体なのである。

債務貨幣の種類

図1・3は、日本円の総量を示すマネーストック指標とその構成項目、そして、それらの増減要因を整理している。図1・3におけるボックスはストック変数、矢印はフロー変数であることを表している。白抜きで示した矢印は、例えば預金をＡＴＭで現金として下ろしたり預けたりするというように、すでに世の中に存在するマネーが形を変えていく金融取引を示している。したがって、これらの取引によっ

てＭ０やＭ３そのものが増減することはない。一方の黒塗りで示した矢印は、日銀による金融市場調節や民間銀行等の預金創造によってマネーストック量が増減する金融取引を表している。また、図中の雲印はマネーが中央銀行や民間銀行によって無から創造（発行）されることを示している。

まずはじめに公共貨幣である日本国貨幣（硬貨）が発行され、次に日本銀行券が債務貨幣として発行されている（オモテの定義）。これらは全て通貨法が規定している日本の法貨で、日常的に「現金」と呼んでいるものだ（ウラの定義）。現金通貨の発行残高は硬貨が４・８兆円、日本銀行券が１０７・６兆円となっており（**図１**）、私たちはこれをスーパーなどでの小口決済に利用している。次に、現行の債務貨幣システムでは、銀行が貸出によって「預金」を発生させており、それらは預金者・銀行・借入者の間で交わされた二重の消費貸借における「債権債務」として存在している。すなわち、預金は全て利付き債務として日本経済に供給されている。また、銀行等は預金などの準備対象債務に対する準備金を日本銀行に預け入れており、こうして日本銀行に預け入れられたのが日本銀行当座預金（日銀当預）であった。**図１**によると、現金と日銀当預（準備預金）を合わせたものが法定通貨で、日本銀行券発行残高が１０７・６兆円、準備預金の発行残高は３９３・９兆円である。

この現金と日銀当預は、預金創造のベースとなるお金という意味で、２つを合わせてベースマネー（M0）という。日本銀行が量的金融緩和（QE）政策で国債等を大量に買い入れてきたことで準備預金は増加の一途を辿ってきたが、ゼロ金利政策が実施される前の90年代のベースマネー残高はたったの50兆円程度（うち日銀当預は約3兆～5兆円）でしかなかった。銀行がこのベースマネーを裏付けとして貸出を行うことで、日本円建ての預金残高は日々増減しているのである。そして、預貯金の残高は約1300兆円である。

次にこの預貯金の内訳を見ていくと、主に小切手や手形振出、振込などによって支払いに用いられる決済性預金と、金利は高いが決済に利用するのには一定の制約がある定期性預金がある。現金と決済性預金を合わせたものをマネーストックM1と呼び、このM1が日々の支払いに用いられている日本円の総量だ。さらに、決済性預金の一部が貯蓄として定期性預金に組み替えられることで、流通から一時的に漏れていく。M1にこの定期性預金を含めたものがマネーストックM3であり、家計や企業、そして海外部門が保有する日本円の総量となっている。**図1**によると、M1・M3の発行残高はそれぞれ831・2兆円、1425・7兆円であった。そして、今回私たちが日銀の資金循環データで検証したように、債務貨幣の理論上、このM3が債務総額と一致するのである。

ベースマネーのうち、日銀当預は金融機関同士の資金決済や準備金の積立てを行う手段に用いられており、金融機関がこれらを日本銀行から引き出すことで銀行券に形を変えて流通していく。この時点で日本銀行券は「発行」されたことになるが、そのもとを辿れば日銀券は日本銀行が金融機関から国債等を購入した代金として発行される貨幣であり、日本政府の借入債務を原因に発生している。すなわち、主権を有する政府が自ら貨幣を発行するのではなく、中央銀行が発行した「預金」を使わされているのである。そして、このベースマネーをもとに民間銀行がさらに「預金」を創造しているのである。これが今日の債務貨幣システムの正体である。

以上をまとめると、全ての預金は貸出によってまず決済性預金として生みだされ、投資や消費に利用された後、その一部がより利回りの高い定期性預貯金に組み替えられ貯蓄される。こうして定期性預金は資金循環から一時的に漏出《ろうしゅつ》するが、その後解約されることで再び決済性預金に変わり、その一部は消費に充てられたり証券投資へと流れ、またその一部は借金返済に充てられることで最終的に消滅するのである。**図1・3**は債務貨幣が貸出によって生まれ、また消えていくという一連のライフサイクル（生活環）を表している。

これら日本円のマネー指標を定式化すると、以下のようになる。

マネー指標

M0＝現金＋準備預金。ベースマネーのうち、日本の場合と同様に、硬貨は多くの国では政府が公共貨幣として発行している。ベースマネーは、債務の弁済《べんさい》においてその受領を拒否することができないという意味で法貨として流通し、支払完了性（ファイナリティ）がある。中央銀行の預金口座の開設は、多くの国で一部の金融機関と政府に制限されており、これらの準備金は法定準備積立や金融機関間の資金決済に使用される。民間銀行はこのベースマネーをもとに預金を創造している。ベースマネーはマネタリーベースとも呼ばれる。

M1＝現金＋決済性預金。M1は、日々の支払いに利用されるマネーの総量を指す指標。M1の大部分を占める決済性預金は、銀行貸出によって無から創造された利付き債務として存在している。決済性預金は当座預金・普通預金・通常貯金などの、顧客の請求に応じて直ちに払戻し、または振込が可能な預金の総称という意味で「要求払預金」とも呼ばれる。現金は占有物としての所有権を備えているが、預金は銀行に顧客が消費寄託した法貨に対する返還請求権（債権）である。

MT＝定期性預金。銀行貸出によって創造された決済性預金は投資や消費に利用された後、その一部は家計や企業の貯蓄として、より利回りの高い定期性預貯金に組み替えられる。これらは資金循環からの一時的な漏出であるが、再び決済で利用するためには事前に解約する必要性があるなど、決済性預金と比べて制約が伴う預金の総体を指す。マクロ経済学における「貯蓄」の概念との対応を強調して「貯蓄性預金」と呼ばれることもある。

Tは Time Deposits のTを表す。

M3＝M1＋MT。特定の通貨単位で発行されている貨幣の総額を指すマネー指標。諸外国ではM2と表記する場合が多いが、日本銀行のマネーストック統計ではM1とM3の間にM2を導入している。M2とM3では金融商品の対象範囲は同じであるが、M2では預金の管理主体がゆうちょ銀行を除く「国内銀行等」に限定されている一方、M3ではゆうちょ銀行や農漁協など全ての預金取扱金融機関を含めて定義される。2009年1月に郵便貯金が民営化されたが、M3のうち、預金の管理主体を見るとゆうちょ銀行が国内最大の預貯金残高約183兆円（2020年3月末時点）を占めている。

Mf＝M1－《マイナス》M0。機能的貨幣（Functional Money: Mf）と呼ぶ。債務貨幣システムでは預金が内生的に創造されているため、全ての預金に法定通貨の裏付けがあるのではない。したがって、預金者は銀行等が保有する準備金の範囲内でのみ、預金を通貨（現金）で引き出すことが可能。機能的貨幣とは、全ての預金のうち、通常時は通貨と同様に貨幣として機能するが、取り付け騒ぎ等が発生した場合には完全に取り戻すことができない預金の量を指す。これらの債務貨幣を、「機能的」の意味を表すエフ（f）ではなく、法貨としての実体を伴わない「フェイクマネー（偽金）」と皮肉まじりに呼ぶことで、債務貨幣システムにおける不安定な貨幣供給の実体と欺瞞性を捉えることができる。この

Mfをより厳密に定義すると、①M1－M0として定義される狭義の機能的貨幣と、②MTを含むM3－M0として定義される広義の機能的貨幣にそれぞれ定義できる。ここで前者の機能的貨幣をMf、後者の広義の機能的貨幣をMFと示すと、MF＝M3－M0＝M1＋MT－M0＝Mf＋MTという関係が成り立っている。

本書を読み進めていく上で用語に混乱が生じたら、本書の「はじめに貨幣の定義あり」で示した**図1**と併せながら、その都度、上記の定義を参照していただきたい。[*7] なお、日本銀行の統計には「預金通貨」や「準通貨」という用語が散見されるが、ここまで見たように預金は通貨ではなく「機能的貨幣」である。では、なぜ日銀は民間の預金（フェイクマネー）のことを通貨と呼ぶのか。おそらく日銀職員の方のほとんどは調査統計局の前から引き継がれてきた預金通貨という用語を慣習的に使用してきただけなのだろう。筆者も会計システムダイナミックス（ASD）の手法によるマクロ経済モデルを構築する際に、こうした貨幣に関する用語の真意を読解するのに苦労してきた。預金創造のメカニズムで触れたように、こうした細部にこそ、現行の債務貨幣システムの全体像を一般国民の意識からひた隠しにしてきた刷り込みのテクニックが隠れていたのかもしれない。読者のみなさんも、こうした債務貨幣の詐欺性を隠蔽するような用語には騙《だま》されないように注意していただきたい。最近の例では、現代貨幣理論（MMT）

がこうした債務貨幣システムの実態を隠蔽するかのような議論を吹聴している。MMTについては第3章で詳述する。

借金返済でマネーが消える

図1・3は、公共貨幣を除くほぼ全ての貨幣が債務を原因として発行されていることを示しているが、同図が示すもう一つ大事な点は、現行の債務貨幣システムにはマネーを生み出す蛇口が2つあるということである。1つ目は日本銀行が金融政策を通じて通貨(当座預金)を発行する蛇口であり、2つ目は銀行等の貸出によって「預金」が創造される蛇口である。日銀は市場調節を通じて金利操作を行うが、1つ目の蛇口は日銀が金融政策を通じて資金を供給したり吸収することでその量をコントロールしている。2つ目の蛇口は銀行の貸出量、すなわち個々の金融機関の与信行動の総体として内生的に決まるものであるということだ。

このようにマネーを生み出す蛇口が2つあるということは、マネーが流通から消えていく経路も2つあるということである。借り手が銀行に対する金銭債務を弁済すると、借入者からは預金(資産)と借入金(負債)が、銀行からは貸出金(資産)と預金(負債)がそれぞれ両者の貸借対照表から消滅し、その分のマネーが世の中から消滅するのだ。債務貨幣システムのもとでは、こうしてベースマネーとマネーストックが同時並行的に増減しているわけだが、1930

図1.4　大恐慌で発生した預金収縮とマネーストックM1の変動:1926-1933年

マネーストックM1:1926-1933年

	1926年	1929年	1933年
M1	26	27	20
現金	4	4	5
要求払預金	22	23	15
現金/要求払預金＝現金比率	4/22＝18.2%	4/23＝17.4%	5/15＝33.3%

(単位:10億ドル)

出所:Fisher (1945) pp.5-6をもとに筆者作成

年代にアメリカ経済を襲った大恐慌ではまさに預金が大量に消滅したことで不況が長期化した。当時を代表するアメリカの経済学者アーヴィング・フィッシャー（1867〜1947）は、債務貨幣システムで発生する預金の収縮を**図1・4**のように観察している。[*8]

まず1926年から1929年までにマネーストックが260億ドルから270億ドルまで10億ドル増加している。これは当時の好況やバブルを反映したものである。次に、1929年から1933年にかけて現金保有残高が40億ドルから50億ドルへと10億ドル増えている。預金者が銀行に殺到して現金を引き出した結果だ。つまり、預金者は1929年時点で17・4％だった現金比率を33・3％に引き上げたので、銀行の準備金が10億ドル減少したことになる。その結果、銀行の要求払預金は1929年時点の230億ドルから1933年時点には150億ドルへと実に80億ドルも減少している。要求払預金がこれだけ減少した主な理由は、取り付け騒ぎによる現金引き出しが急増したことと、借入返済によって預金収縮が起こったことによるものだ。これらをまとめると、4年間で現金が10億ドル増えたのに対し要求払預金が80億ドル減少し、その結果、マネーストックが70億ドルも消滅したのである。現行の債務貨幣システムでは、1つ目の蛇口を中央銀行がコントロールしていても、2つ目の蛇口の銀行貸出による預金創造を開放したままなので、不況が発生し取り付け騒ぎが起きたり、借金が返済されていくと大量のマネーが消滅するという事態が発生してしまうのだ。当時のアメリカでは預金の取り付け騒ぎによる信用不安が大規模なものに発展し、全米1万行にも及ぶ銀行が閉鎖を余儀なくされた。フィッシャーは日々の決済に不可欠なマネーストックをビジネス活動の高速道路に例えて、ビジネスに必要な230億マイル（ドル）の高速道路が突然80億マイル（ドル）も破壊されたと表現した。実際にこれだけの高速道路が破壊されれば、実体経済は壊滅的にならざるをえないが、まさに当時のアメリカではそれに匹敵するような壊滅的ダメージを受けていたのである。

債務貨幣システムの重大な欠陥の1つ目は、このように銀行の与信行動と預金創造が表裏一体となっていることである。貸出によって預金という新たな購買力が経済に供給されることで資産価格が吊り上げられていき、資産価格の上昇が担保価値を高め、さらに投機マネーを呼び込み、価格上昇をもたらす。バブルの発生と膨張である。しかし、実体を伴わないバブルはやがて持続不能となり破裂する。バブルが崩壊すると、資金を借りて投機を行っていた個人や企業には、膨大な借金だけが残る。また、貸した側には大量の不良債権が発生し、その一部は貸し倒れとなる。こうして、バブルの崩壊は銀行部門をはじめ企業や家計のバランスシートに深刻なダメージを与える。企業が借金を返済していくと、今度は預金が消滅し、その分のマネーが経済から消えてなくなる。借金によって無から創造されたお金は、借金返済によって再び無に帰する宿命を併せ持っているのである。**図1**のオモテの定義は、無利子で発行され安定的に流通する公共貨幣と、利付きで創造された不安定な債務貨幣のこうした根本的な違いを区別しているのである。

この大恐慌を受けてシカゴ大学の経済学者ら8名が1933年に提案した「銀行改革のためのシカゴプラン」では、決済性預金の100%準備率の適用を課している。決済性預金の100%準備率とは、この債務貨幣システムにおける2つ目の蛇口を閉めることにほかならない。すなわち、銀行貸出によって新たな預金が創造されるのを停止することである。こうして、銀行は、まさに経済学の教科書が想定する純粋な金融仲介者となるのである。フィッシャーは1933年3月にこのシカゴプランを秘密裏に受け取り、経済理論的に発展させた。本書で私たちが提案している公共貨幣システムへの移行は、フィッシャーの貨幣改革を現代の日本に適応させたものであり、決済性預金の100%準備率の適用は、第4章で掲げる公共貨幣への3つの移行目標の2番目の目標となる。

1.3 債務総額の内訳と日本経済の驚きの事実

お金を生みだす債務総額の内訳

さて、ここまではなぜ「マネーストックM3≈債務総額」という関係が成り立っているのか、その理由について見てきた。では、日本経済において債務総額がマネーストックM3になっていることはわかったとして、具体的に誰の借金がどれくらいの債務貨幣を生み出しているのであろうか。以下、分析を続けよう。**図1・5**はマネーストックM3を定期預金とM1に、債務総額を民間部門（主に企業と家計）の債務と政府の債務にそれぞれ分解して表示したものである。

すなわち、

マネーストックM3（曲線1）＝定期預金（曲線3）＋M1（曲線5）
債務総額（曲線2）＝民間（企業・家計）の債務（曲線4）＋政府債務（曲線6）

という関係性が成立しているが、こうした関係を資金循環の時系列データをもとに示したのが**図1・5**である。私たちの今回のデータ分析から、以下のような日本経済に関する3つの驚くべき結果が判明してきた。

図1.5　マネーストックM3≃債務総額の中身の分析

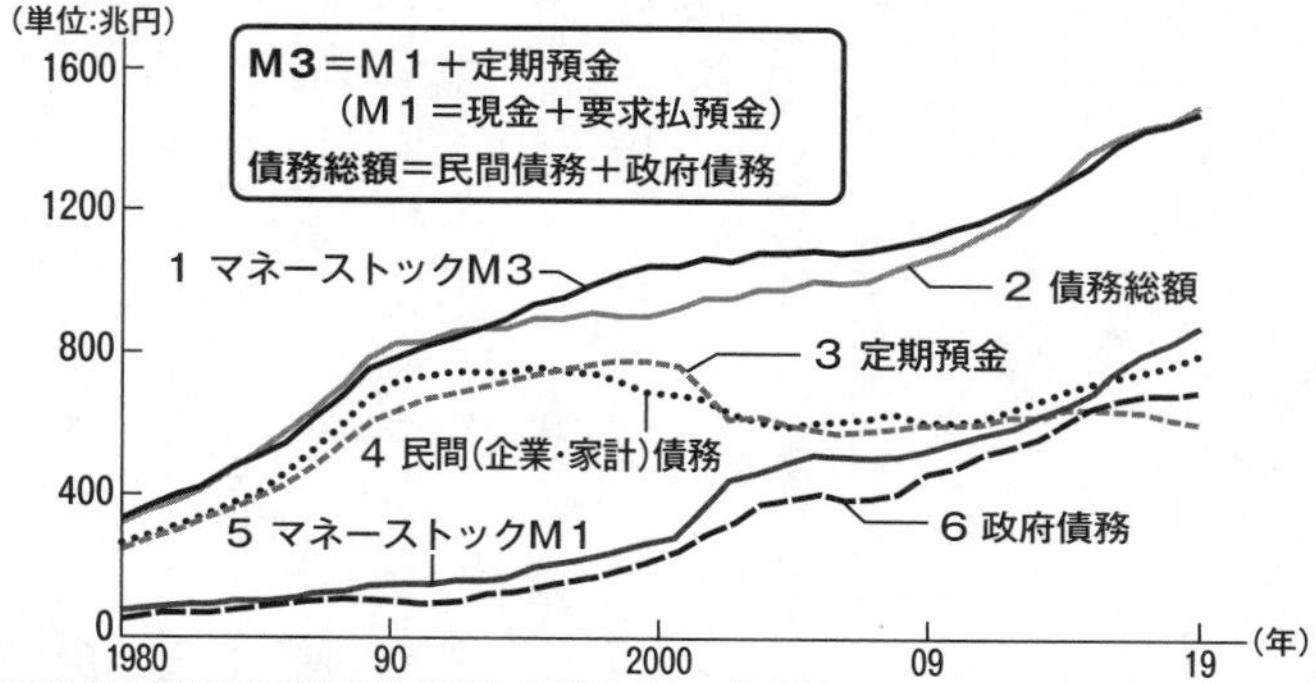

出所：日本銀行資金循環統計（2020年公表）をもとに筆者作成

驚きの結果その1：お金が増えても経済は停滞

この**図1・5**からも明白なように、日本のお金の総量M3（曲線1）は1980年からほぼ右肩上がりで順調に増加してきている。さらに、日々の経済活動や取引決済に必要なお金M1（曲線5）も順調に伸びている。すなわち、日本経済は1980年以来、全体的に見て、金欠病には陥らなかったのである。不況の原因はマネー不足に伴う企業の資金繰り悪化や消費の停滞であり、それに伴う経済活動の停滞である。幸いにも、日本経済はマクロレベルではそうしたマネー不足には陥ることはなかった。しかし、すでに**図1・4**で見たように1930年代の世界大恐慌ではアメリカのM1が1929年時点の270億ドルから1933年には200億ドルへと、わずか4年間で70億ドルも減少した。実にM1の4分の1（25・9％）に及ぶマネーが消失していったのである。これが引き金となり、膨大な数の企業や全国の銀行がバタバタと倒産し、25％に達する大量の失業が発生した。ＧＤＰが５００兆円台で停滞するという「失われた30年」にも及ぶ経済活動の長期停滞にもかかわらず、日本のＭ１やＭ３はなぜアメリカの大恐慌のときのように減少しなかったのか。バブル崩壊後の日本経済の振る舞いは、世界恐慌から得られた経済学の知見に相反する驚きの結果なのである。

そこで今回の研究結果である「Ｍ３≈債務総額」をもとに、債務の側からこの現象を改めて観察し直してみた。１９９０年代のバブル崩壊後、民間部門とりわけ企業・家計の債務が激減し始めている（曲線４）。すなわち、民間債務から生み出されるお金がバブルの崩壊によって激減し始めたのである。これを下支えするかのように、１９９０年後半からは公的資金の注入や大規模な財政支出によって政府債務（曲線６）が急増し始めた。その結果、債務総額そのものは右肩上がりで増大し、結果的にＭ３が増大した。すなわち、**図1・2**ではじめに見たように、表面的には平穏に見えるＭ３の動きではあるが、その水面下では民間債務の激減と政府債務の急増という逆転現象、質的変化が起こっていたのである。このことを今回の研究結果である「Ｍ３≈債務総額」に当てはめて分析すれば、バブル崩壊とともに大量のお金が民間部門の債務の激減によって内生的に破壊されていった一方で、政府部門の債務増大によって民間部門を肩代わりするようにマネーが内生的に創造されていったということがわかる。そして、民間部門の債務返済が収まり、その後も政府部門による創造が民間部門の破壊量を上回っていったことで、結果的にその後もM3が増大していくということに繋がったのである。にもかかわらず、日本経済は「失われた30年」という長期の景気停滞に陥ってしまった。主流派経済学の常識からすれば説明できない事態が日本経済で起こっていたのである。なぜこんなことが起こったのだろうか。

驚きの結果その2：借金が投資→貯蓄となる

図1・5中の定期預金と民間の債務について、さらに以下のような緊密な相関関係があることが判明し、その線形回帰式も次のように得られた。

定期預金（曲線3）≈民間（企業・家計）の債務（曲線4）（相関係数＝0.928）
定期預金＝30,092＋0.9012＊民間債務（決定係数＝0.861、単位：10億円）

なぜこれらが驚くべき結果なのか。主流派経済学で支配的な貨幣理論（第3章で詳述）によると、お金はまずはじめに政府や中央銀行によって流通に直接投下され、そうして外生的に供給されたマネーの一部が貯蓄として預金されることで銀行に還流し、銀行はそれら預金者の貯蓄を集めて融資資金とし、企業や家計に対して貸し出していると説明する。つまり、銀行はあくまでも賃金や売上の一部を貯蓄する預金者（家計や企業）と、銀行から借入を行う債務者（家計や企業）の間に立つ資金の仲介者にすぎないというわけだ。よって、投資活動を活発にして経済成長させるためには、まずは経済成長の原資たる国内の貯蓄が十分でなければならない。開発途上国が資本（貯蓄）不足に喘いでいることからもこのことは容易に類推できる。すなわち、まず貯蓄ありきで、それが回りまわって投資に配分されるというのである。我々はマクロ経済学でそう教えられる。

しかし、今回私たちが**図1・5**で得た日本経済の実態は、これとは真逆である。すなわち、企業や家計がまず銀行から借金をして当座預金や普通預金等の口座にお金を振り込んでもらい、それらの資金で設備投資や住宅投資を行う。こうして経済活動に投入されたお金（債務貨幣）はやがて家計や企業の所得となって蓄積していくが、それらはあくまで投資活動の結果としての余剰資金なので、資金循環の最終段階において家計や企業の定期預金として貯蓄されるということになる。まず銀行からの借金ありきで投資や消費が行われ、それが最終的に貯蓄として流通から漏れて、結果的にM3というマネーストックを増やすことになるのである（**図1・3**）。逆に民間の債務が減少して投資も減少すれば、その分GDPも影響を受け、所得も減少し、回帰係数が0・9なので計算上は貯蓄も90％減少する。実際に定期預金はバブル崩壊後に急落している（図1・5の曲線3）ので、日本経済はこの民間の債務激減が原因で完全に失速し、「失われた30年」へと突入したのではないのだろうか。お金の流れを追っていくと、こうしたことが明確に見えてくる。

驚きの結果その3：政府の積極財政がM1を増やす

次に、日々の取引決済に用いられているマネーストックM1の大半は政府の借金から供給されているという、政府債務とM1との間に緊密な相関関係が判明し、その線形回帰式も以下のように得られた。

マネーストックM1（曲線5）≃政府債務（曲線6）（相関係数＝0.992）

M1＝26,173＋1.1254＊政府債務（決定係数＝0.985、単位：10億円）

バブルが崩壊した1990年時点での日本政府の銀行からの借金残高は98兆円であったが、2019年度の借金は693兆円であり、この30年間で政府の銀行からの借金は595兆円も累積増加した。平均すれば、毎年の銀行からの新規債務の増加額は19・8兆円となる。[*9] 日本政府は財政健全化というプライマリーバランス（税収＝支出）の達成を目指して緊縮財政に努力してきた結果、国内総生産（GDP）が過去30年間も成長しなかったのだと批判する声が多いが、データが示す実態は逆で、政府の財政政策は総じて事実上の反緊縮財政、否、積極財政ですらあった。この点も今回の研究で改めて得られた驚きの結果ではあるが、他方、マネーストックM1は1990年の148兆円から2019年の879兆円へと増大しており、この30年間でマネーストックは実に731兆円も増加している。この両者の比較から、日本経済では政府債務の増加額595兆円がマネーストックM1の増加額である731兆円の大半を供給したということになる。より具体的には、回帰係数が1・125なので計算上は政府の借金は669兆円（＝1・125＊595）のM1を生み出したことになる。（国債の新規発行がなぜマネーストックの増加となるのかは第3章で詳説する）。仮に政府がこのような積極財政をしていなければどうなったであろうか。アメリカ経済が大恐慌のときに経験したのと同様に、積極財政抜きではM1は増えず、たちまち資金不足に陥り、日本経済は完全に失速していたであろうことは容易に想像できる。ではなぜこうした政府の積極財政にもかかわらず日本経済は浮上せず、過去30年にわたって経済成長ほぼゼロとなってしまったのであろうか。財政政策の有効性を主張してきた主流派経済学からすれば、日本経済の長期停滞という症例は不可解な現象なのだ。

以上、私たちが今回新たに得た3つの驚きの結果は、「失われた30年」の原因解明のためのヒントを与えてくれるとともに、新たな疑問点を私たちに問いかけてきた。主流派経済学が直面した不可解な現象を説明するには、債務貨幣システムに焦点を当てなければならないことが自ずと明らかになってきた。

1.4 日本経済の失われた30年

高度経済成長と日米貿易摩擦

ここからは、こうした主流派経済学が直面した日本経済のナゾを解いていくが、そのためにまず過去30年の日本経済の歩みと政策運営を簡単に振り返っておきたい。戦後日本は深刻なインフレを発症したが、傾斜生産方式などの経済計画が起業家らの挑戦や勤勉な労働者に裏打ちされて、50年代後半には復興、そして60年代、70年代の高度経済成長を遂げていった。様々な分野で技術革新が起こされ、1980年には国内の自動車生産台数が1000万台を突破して米国を抜き世界一となり、半導体産業では特にDRAMという揮発性メモリで成長していった。1985年頃には出荷高シェアでアメリカを抜き世界首位になるなど、まさにジャパン・アズ・ナンバーワンであった。もちろん深刻な公害問題などもあったが、三方よしに象徴される公益を重んじた独自の資本主義を発展させていったのである。こうして戦後日本は産業技術力で世界に追いつき追い越し、焼け野原から40年後にはアメリカを圧倒するまでその国際競争力を高めたのである。日本は輸出自主規制を要求するアメリカの通商政策に翻弄されながらも、1974年から84年にかけて実質GDPが概して安定成長したという意味で黄金期を享受していたといえる。だが、鉄鋼・工作機械・自動車・電気機器・半導体などの「重要産業」において集中豪雨的な対米輸出が行われていくなかで、レーガン政権下のアメリカ経済は双子の赤字に陥り、貿易摩擦が激化していった。いかに日本の産業技術力を削《そ》がせるか。日本の高度経済成長モデルを分析した欧米はまず日本の産業政策批判に始まり、ダンピング提訴や輸出自主規制、さらには規制緩和に始まる構造改革を迫ってきたのである。終戦以来アメリカの軍事的庇護下にあった日本は通商交渉において米国の要求を次々と呑んでいくことになった。その一つの帰結が1986年に中曽根政権下で締結された日米半導体協定であり、その後の我が国の半導体シェア凋落《ちょうらく》を招いた。アメリカ側はこの際、米半導体市場への進出が同国の先端技術や防衛産業を脅かすという安全保障問題として扱ったが、当時の日米摩擦の構図と本質的には異なるものの、まさに現在の米中経済摩擦は当時を想起させる。

こうした日米貿易摩擦の真っ只中の1985年8月には、日航機が御巣鷹山《おすたかやま》に墜落し520名の方々が亡くなるという大惨事が起きてしまった。翌9月には非公開でG5蔵相・中央銀行総裁がニューヨーク・プラザホテルに集まり、外為相場への協調介入が合意されると、その後の1年以内に1ドル＝250円から150円へ円高が進んだ。日本のような加工輸出型経済にとって急激な円高は深刻な不況をもたらし株価も反落しそうだが、1985年9月で約1万2600円だった日経平均は実体経済（ファンダメンタルズ）の底堅《そこがた》さを背景に安定的に推移した。日銀は1986年には公定歩合を1月・3月・6月・10月の4回にわたって5・0％から3・0％に下げ、翌年の1987年2月には3・0％から2・5％へのさらなる利下げを決定し、当時の史上最低値を更新するまで政策金利が引き下げられた。

バブル景気の預金創造

この低金利政策のもとで銀行の貸出競争が展開された結果、これまでに見ない好景気となり、株式市場も1986年を境に急上昇し始める。学生の就職も総じて売り手市場で、ブランド品が飛ぶように売れていった時代だ。1987年に初値160万円で好スタートを切ったNTT株は、同年4月22日に318万円の高値を記録。利下げによる借入コストの低下がさらなる銀行借入需要を引き出させ、担保価値の上昇がさらなる融資を生むというフィードバックによって過熱していった。1987年上半期でのこの利下げは、プラザ合意後の円高以来、前年同期比11％あたりで横ばいに推移していた全国銀行貸出増加率を再び2％程度上昇させている。超拡大型ともいうべき金融政策運営だ。まず東京の分譲マンションや都心の不動産価格が値上がりしていき、1988年からは大阪でも鰻《うなぎ》登りの様相であった。この低金利の維持が明らかにバブルの膨張を招いたとする人も多いと思われるが、元日銀理事によると87年10月19日のニューヨーク株式市場の暴落（ブラックマンデー）によって利上げの議論は頓挫したという。

ノンバンクによる猛烈な貸出が行われていたのもちょうどこの頃である。日銀統計で同時期におけるノンバンク全体での増加量をみると約25兆円／年程度であった。単純平均すると、月割で2・08兆円、日割では658億円の増加スピードだ。東京スカイツリーの総事業費が約650億円とされるが、毎日国内のどこかでスカイツリーが次々と建設されるような規模の増加量である。これらの資金は一体どこから来ていたのか。ノンバンクは貸出を行うための資金を誰かから借りてこなくてはならない。政府や日銀がお金をせっせと刷っていたのだろうか。本書をここまで読み進められてきた読者はもうおわかりだろう。民間銀行（母体行）によるノンバンクへの貸出によって、凄まじい勢いで預金創造が行われたのである。

ソニーが米コロンビア映画を買収し、また三菱地所がロックフェラーセンターを買収したのは翌年の1989年である。現在のソニーは資本構成という点では外国人持ち株比率が50％以上を超えた実質外資となっており、メイドインジャパン製品を世に送り出してきたかつての日本企業ではもはやなくなっている。いまチャイナマネー（中国資本）が世界中の企業や土地を買収し、日本もその勢いに飲み込まれているが、ちょうど80年代末には日本資本が軒並みアメリカを買い占めていくという危機感が米国で拡がっていた。当時、筆者（K）はハワイ大学の経済学部に在籍していたが、今でもその当時のジャパンマネーの勢いを鮮明に覚えている。ドル札をカバンに詰め込んだ日本の不動産業者が、手当たり次第にホノルルの不動産（特に高級住宅）を買い漁《あさ》っているというニュースが流れ、地元のテレビ局からインタビューを受けたこともあった。資産総額による世界銀行ランキングにおいて、バブル崩壊直前の１９８９年時点における上位10位の過半数を占めていたのが日系の都市銀行であった。すでに見たように、債務貨幣システムにおける銀行貸出は預金創造であり、銀行資産の拡大である。すなわち、それほど急激にマネーが膨張したということである。その後、中国系の銀行が世界ランキング上位に入ってきたのも本質は同じだ。

そして、ついに日銀は１９８９年５月に０・75％（２・５％→３・25％）の利上げ、さらに10月に０・５％（３・25％→３・75％）の利上げに踏み切った。同年12月に旧大蔵省出身の澄《すみ》田《た》智《さとし》総裁に代わって就任した三《み》重《え》野《の》康《やすし》総裁は、就任直後のクリスマスに公定歩合をさらに引き上げていった。１９８５年から続騰《ぞくとう》してきた東京株式市場もさすがに１９９０年の年明けには虚しく暴落していった。さらに同年３月27日に大蔵省銀行局長名で不動産融資の総量規制が通達されると、ようやく過剰な融資量の増加も終わりを迎えて、不動産バブルもこれで自然に崩壊していくと思われた。だが、日銀は金融引き締めをさらに続け、３月20日には１％の引き上げ（４・25％→５・25％）を決定。５カ月後の８月にはさらに０・75％の引き上げ（５・25％→６・０％）が実施された。1991年7月までの約1年半の間に、計5回にわたる金利引き上げである。株価暴落に始まったバブル崩壊の局面において断行されたこの金融引き締めは後に暴挙と言われたが、まさに膨れに膨らませた風船を自ら針で突くようなものである。

バブル崩壊後の経済政策運営

1993年には新規採用を見合わせる企業が現れ始め、バブル崩壊の影響は同年上半期には明らかなものとなっていた。同年8月には、1955年の結党以来、38年間にわたって政権を維持した自由民主党が敗れ、細川内閣が成立し戦後初の政権交代がなされた。結局、同内閣は10カ月で崩壊し、次の羽田内閣も2カ月弱で総辞職となったが、こうした景気の後退局面でも税制改革関連法が成立していった。1995年4月には日銀が0・75%の利下げ(1・75%→1・0%)を実施し、さらに9月の0・5%の引き下げで政策金利がついにゼロ近傍《きんぼう》に達する(1・0%→0・5%)。

図1・6は1985年から2017年までの政策金利と消費者物価指数の推移を示している。この利下げを反映してかどうかは不明であるが、同図からもわかるとおり、物価上昇率は1995年から98年にかけて上昇に転じている。しかしその後の景気後退を反映して、物価上昇率は低下し、ついにデフレへと突入していくことになる。利下げが行われた95年には1月に阪神

図1.6　政策金利と消費者物価指数の推移:1985-2017年

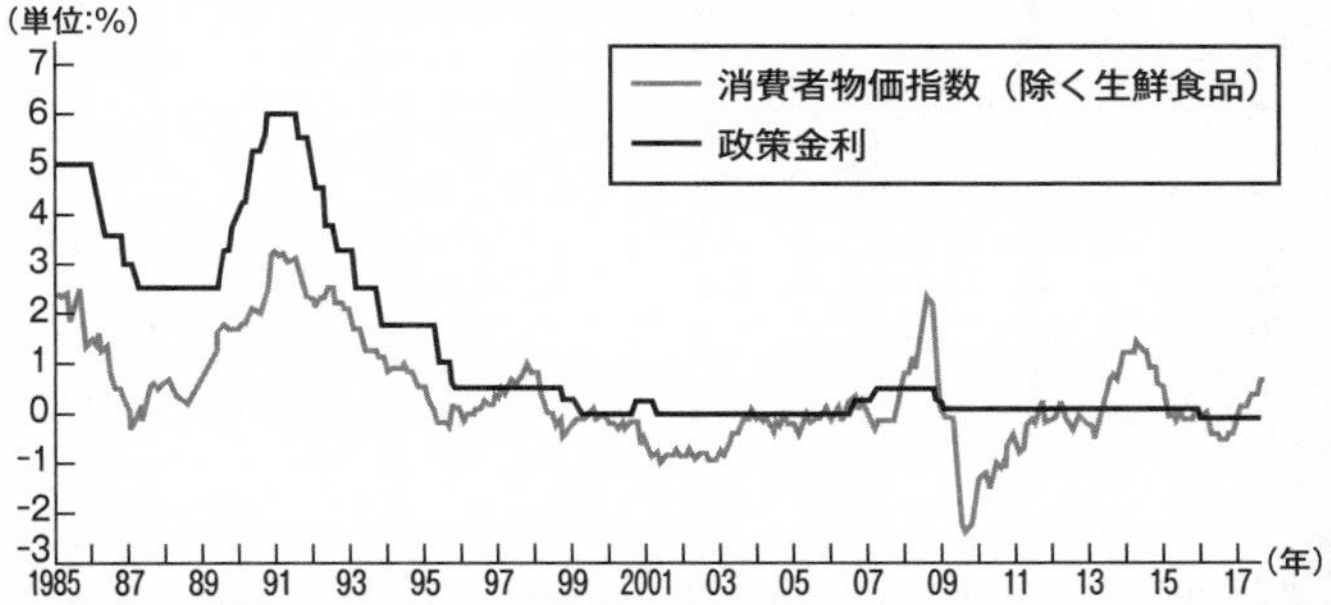

(注) 1.消費者物価指数(前年比ベース)は、消費税調整済み。2.政策金利がない場合は、当座預金への付利金利。
出所：黒田東彦(2017)「『量的・質的金融緩和』と経済理論」。スイス・チューリッヒ大学における講演の邦訳、図表1、日本銀行

淡路大震災が発生し、3月には地下鉄サリン事件が起きるという悲痛な年でもあった。その後の日本経済の動向を示す最も顕著な点としては、この年から銀行借入金の大量返済が始まったことである。この借金返済はその後、2004年末までの9年間に200兆円という規模で行われていく。平均で毎年25兆円もの借入債務の圧縮だ。先ほど見たノンバンクによる25兆円／年の貸出量とちょうど同じ規模の銀行借入金が、今度はバブル崩壊によって返済されていったのである。この怒濤の借金返済は、1986年頃から続いてきた貸出競争による預金の膨張という波が今度は一気に海へ引き戻されていくようなものであった。先に見たように、債務貨幣システムのもとでの銀行借入の返済は、預金マネーの破壊を意味する。1930年代の大恐慌で起こったあの預金収縮（信用収縮）である。大恐慌では4年間に約26

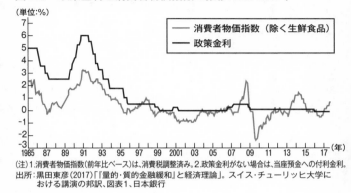

%ものマネーが減少したが、日本のバブル崩壊でも同様に約200兆円もの民間債務の減少（貸し剝がしや借金返済）によって、1990年時点のM3約800兆円の4分の1のマネーが潜在的に消滅したのである。低金利で加速した不動産向け融資が担保価値を引き上げ、担保価値の上昇がさらなる融資を引き出すというバブルの増強ループから、銀行による貸し剝がしや自主的な借金返済に伴うマネーの減少という逆のループに転換した。「今や財テクの時代ですよ」と金融機関に誘われて高められていった財務レバレッジが、借金圧縮という形で調整されていく最も苦しいデレバレッジ（Deleveraging）の局面である。あの大恐慌のときのように、こうして全国の中小企業金融機関の破綻が相次いだ。ご存知のとおり、あの住専問題は1995年に発覚し、長銀破綻は1998年のことである。

そして、1997年4月には橋本内閣で消費税がさらに5%（国4%＋地方1%）に引き上げられており、名目GDPの推移を見ると1997年には515兆円で完全に頭打ちになり、それ以後は停滞する。景気は上向くどころか真っ逆さまに堕ちようとしているのに、消費増税で生活必需品の値段がジワジワと高くなれば、家計の消費は停滞するしかない。低価格競争やディスカウントショップの成長で「価格破壊」が話題になったのもちょうどこの頃からだ。

この頃の為替相場も好ましいというものではなかった。1995年4月に対米ドルで79円台と当時の戦後最高値を記録した後、97年のアジア通貨危機の煽《あお》りで円安が進行した。同年11・

12月の2カ月間で、対ドル相場は120円付近から130円台と10円の円安が進んだ。政府・日銀は単独介入を実施するも円安は止まらず、翌1998年6月半ばには日米で協調ドル売り介入が実施されている。一時146円まで進んでおり、景気の鈍化による売上の停滞と円安に苦しめられた中小企業の経営者も少なくなかったのではないだろうか。その後、2008年のリーマンショック後に円高が再び進行し、対ドル相場は2011年10月に75円32銭を記録したことで、1995年当時の戦後最高値は更新されている。

90年代には10の景気刺激策、延べ146兆円規模の財政出動が実施されたといわれている。債務貨幣システムのもとでは、当然、政府は国債を発行して財源を借金によって調達する。先に見たように、銀行の民間部門への貸出は減少し大規模な預金収縮が起こっているが、一方で銀行が新規国債を購入していったことで民間債務の減少が政府債務の増加によって肩代わりされるということが起こっていた。金利は下がれど安定した利息収入が得続けられる国債は、不良債権処理に苦しむ銀行にとっても見逃せない。銀行にとって国債引受は、政府の支出によっていずれ準備金が還流してくるため、貸倒れリスク・調達コストの観点からもおいしい投資案件となったのである。こうしてバブル崩壊以後の国内銀行の収益柱は、この巨額の国債から発生する利息収益となっていった。民間企業への貸出から、政府への貸出に質的変化していったのである。これが**図1・5**で見た債務の内訳の質的変化の正体である。日銀券発行残高が常に

50兆円を超えるようになったのもこの頃からだ。

非正規雇用化・消費増税で経済成長ゼロに

２０００年代初頭から日本経済が本格的に突入したデフレを分析する際に忘れてはならないのが、バブル崩壊後の30年の間に粛々《しゅくしゅく》と行われてきた労働市場の構造改革である。バブル以前の１９８６年に成立した労働者派遣法を嚆矢《こうし》として、日本の被雇用者を取り巻く環境は１８０度転換してきている。未曽有の不況に喘ぐ中で借金返済を強いられる企業は、当然その合理的な行動として人件費の圧縮を行おうとする。その後、歴代政権は派遣法を改正していき、１９９６年には派遣労働対象が26業種に拡大された。99年に派遣労働の原則自由化が行われると、非正規雇用者はそこから増加の一途を辿っていくことになる。規制緩和はさらに進められ、２００４年３月の法改正で26業種の派遣労働の無期間化が行われると、その３年後の２００７年には製造業の派遣期間が３年に延長された。**図１・７**によると、平成元年（１９８９年）から平成30年（２０１８年）の30年間に正規雇用者は３４５２万人から３４２３万人へと29万人減少した。[*10] 他方、非正規雇用者は８１７万人から２１１７万人へと１３００万人増加した。比率で見ると、非正規雇用者は19・１％から38・２％へと増大し、約40％となった。「失われた30年」に雇用された労働者の増加は全て非正規雇用者であり、現在の東京の人口１３９５万人にほぼ

図1.7 正規雇用者と非正規雇用者の推移

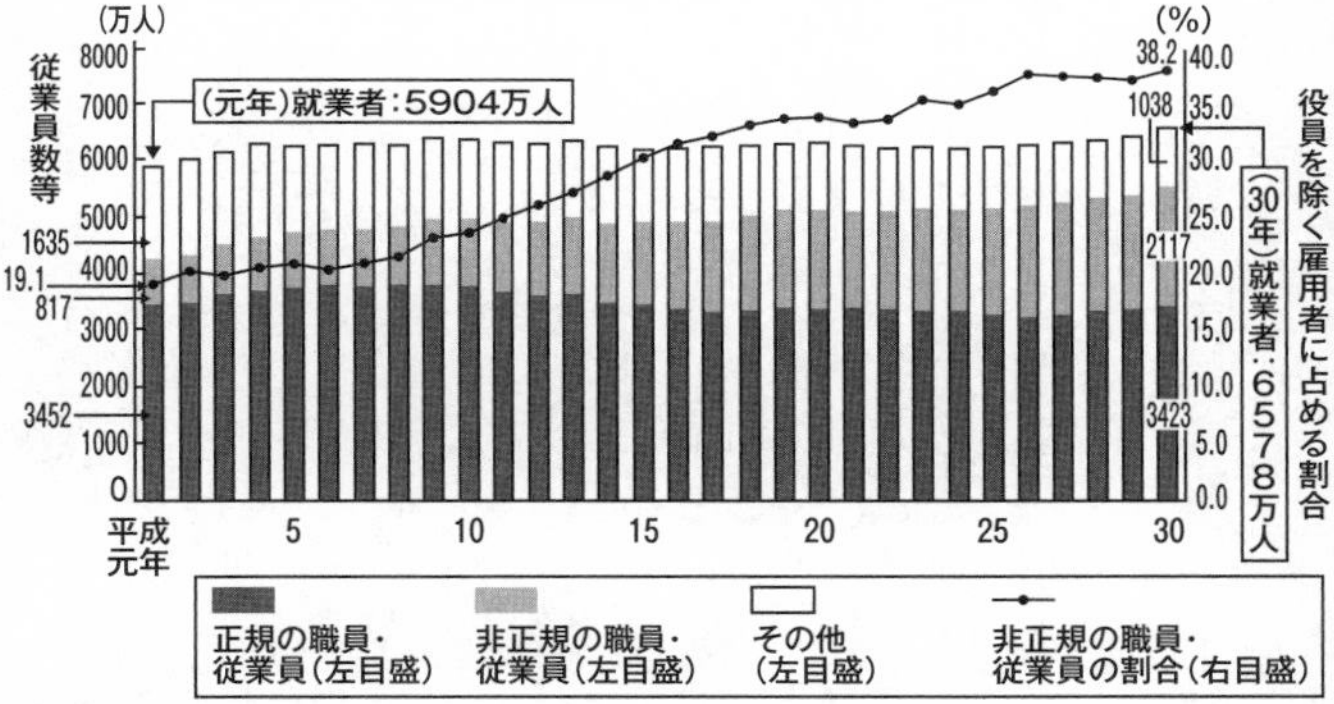

出所：総務省統計局

匹敵する。すなわち、東京都民が過去30年間にわたって全て非正規の職員や従業員として雇用されたのと同じ数字となる。こうして非正規雇用は景気の長期停滞のもとで増加していき、96年当時に約20％だった非正規雇用率（役員を除く雇用者に占める非正規の職員・従業員の割合）は2018年に約4割まで上昇してきている。サービス業における非正規雇用率はすでに7割を超えたとされ、いまや非農林業従事者の3人に1人が非正規雇用といわれる時代にまでなった。かつての日本的経営がその根幹から変貌させられてしまったのである。

そうした中で2008年8月から日本経済を襲ったのがリーマン・ブラザーズの倒産に始まるその後の世界経済ショックであった。製造業での派遣切りは22万人に上ったとされ、日比谷公園に開設された年越し派遣村を覚えている方もいるだろう。2009年8月の第45回総選挙で「消費税率を4年間は上げない」とした民主党が勝利したのも、こうした要因が積み重なった結果だといえよう。バブル崩壊以後、実質賃金は上がらない。不況がまた来ればいつ首を切られるかもわからず、もはやリストラも他人事ではなくなった。不安定な雇用のもとで消費支出は増えようがない。消費が伸びなければ、企業の売上も伸びるはずがない。売上が伸びなければ、割引などによって販売価格そのものを抑えざるをえない（デフレ）。利益率が減少すれば、費用削減に手をつけなければならない。費用の大半を占める人件費を抑えるには派遣労働やパートを雇うのが手っ取り早い。こうして非正規雇用化が進むにつれ実質賃金は伸び悩み、消費も増えず、結局、企業の売上も伸びないという悪循環に陥っていく。「選択と集中」が叫ばれ、かつて日本を代表した大企業でも主力事業の切り分けや、現在も続く外資への売り渡しが本格的に始まったのもこの頃だ。こうして日本経済はデフレスパイラルに突入し、景気停滞の長期化が鮮明になった。

この頃の日本の人口動態を見ると、すでに1996年頃には労働人口（15〜64歳）が減少し始めていたが、2005年にはついに年間出生数＜死亡数となり、総人口がピークに到達した。日本はこのデフレ不況の最中に、人口静止社会に突入していたのである。2011年以降は人口減少が始まり、現在、日本の人口減少スピードは加速している最中である。消費の中心世代でもある勤労世代の人口減少が今後も予定どおり進み、いよいよ消費のパイそのものが増加することが見込めなくなってくれば、日本経済の規模縮小は現実となるだろう。また、経済規模の縮小がもたらす社会保障制度の持続性への悪影響も計り知れない。今回の新型コロナ・パンデミック騒動によって引き起こされたさらなる経済ショックによって、各種社会保障制度の綻《ほころ》びが前倒し的に顕在化してきている。

非正規雇用化によって労働者の心理に根本的な変化が起こる中で、２０１４年には安倍内閣がついに消費税を８％に、２０１９年10月にはついに10％に引き上げた。私たちは人生設計をもとに現在の消費支出を変えていくが、この消費増税によっておそらく大半の家計世帯の消費姿勢はそれまでの「節約」から「生活防衛」に変化していったと思われる。家計の最終消費支出はあらゆる経済活動の起点であり、日本のＧＤＰの約６割にあたる。その家計の消費姿勢の根幹には、雇用の安定性がある。日本の家計消費支出は１９９７年にピークに達してからほぼ横ばいで推移してきたが、バブル崩壊後の実質賃金の低下のもとで行われてきた一連の消費増税や、非正規雇用率の拡大がもたらした将来に対する不安の蓄積が国民のデフレマインドを硬直化させ、消費を停滞させてきたのだ。こうしてもたらされたのは、先進国で唯一日本だけが経験した過去30年にわたって経済成長ゼロというものだった。国民の将来不安は立ち消えず、心や精神の不安定性が様々な病《やまい》を生み、自殺者やがん患者、ひとり親家庭の貧困といった問題を深刻化させている。ジャパン・アズ・ナンバーワンの時代からは考えられないような現実であるが、これが失われた30年の末路を行く日本の現状である。私たちはこうした現実を冷静に認識しておかなければならない。

失われた30年を引き起こした「構造改革」

この非正規雇用化がもたらしたのは、もっぱら雇用の安定性の低下であり、その結果、国民に蓄積した将来に対する不安である。不安は将来展望を弱め、精神を不安定にさせていく。1998年には年間自殺者数が3万人を超えており、景気後退期の最中にあたる2003年に過去最高となったが、ちょうどこの時期はバブル崩壊から10年が経とうとする中でデフレ不況が深刻化し、企業の資金繰りが悪化し、非正規雇用率がますます増大していった時期と重なっている。

デフレ不況による消費の停滞以外にも、民間の住宅投資や設備投資が減速し、その結果、国内需要はさらに大幅に落ち込み、日本の経済成長は完全にストップしてしまった。本章でこれまで分析してきたように、マネーストックと債務貨幣の観点から眺めると、1990年頃までは順調に拡大していた企業・家計の債務がストップし、減少し始めた。すなわち、企業の設備投資や家計の住宅投資のための借金が減少し始め、日本経済の成長エンジンである民間の投資活動が完全に止まったのである。これに代わって今度は政府が国債を発行して借金を増やし、その結果、日本のマネーストック減少は辛うじて免れた。しかしながら政府支出は非生産的な方向に向かい、投資効果を生まず、生産波及も弱く、借金のみが残って、累積増大するという借金地獄を自ら出現させてしまった。２０１３年からの日銀による大量の国債引き受けはこの借金地獄によって低下していた日本国債の市中消化機能を中央銀行が補うという役割を果たしたが、財政ファイナンスをいつまでも続けることはできない。平成の失われた30年は、非正規雇用の増加によって低下した雇用の安定性と将来展望の喪失がもたらした消費の停滞であった。よって政府が採るべき経済政策は、人々の消費の回復を促すことで国内需要を刺激し、再び需要サイドを刺激する政策である。民間だけでは対応できなくなったデフレスパイラルの悪循環を断ち切ることである。ところが、日銀はバブル崩壊後の不況は「供給サイドに問題がある」と分析し、それに騙された政府が行った政策は、構造改革という名のもとで経済の供給側（サプライサイド）を刺激し、もっぱら「生産性」を高めようとするものであった。非正規雇用化（労働市場の規制緩和）や大企業優遇税制、郵貯民営化に代表される行政組織改革、さらには日本をグローバル企業支配ネットワークに組み込むために便利な金融持株会社の導入に始まる金融制度改革（金融ビッグバン）である。この結果、外資化が進み、株主利益を優先する欧米型の企業経営が推し進められてきた。こうした構造改革や規制緩和が日本経済の復活に直接結びつく政策でないことははっきりしている。

だが、その構造改革・規制緩和を一貫して旗振りしたのが、ほかでもない日本銀行だったのである。この構造改革のガイドとなったのが1986年4月に出されたいわゆる「前川リポート」[*11]である。その夏に筆者（K）はハワイ大学マノア校のビジネススクールで経済学を教えていた。受講生の一人が「前川リポートで示されたように、日本の未来はこれから日銀主導の構造改革が進んでいき、米国からの貿易も増えるようになると思うが、先生はどう思いますか」と、講義終了後に質問してきた。「さすがビジネススクールの学生さんだ。着眼点が違う」と妙に感心すると同時に、当時、未来研究にのめり込んでいた筆者（K）にとって、そのときに初めて知った日本の未来を展望する前川リポートなるものに興味をそそられたのを思い出す。日銀はその後、このリポートに沿って動いたようで、1995年の2回目の金利引き下げ時において「日本銀行としては構造改革の実施を伴ってこそ、こうした金融緩和の効果が十分に発揮されるものと考える」と構造改革をしきりに吹聴《ふいちょう》していたのである。ハワイ大学時代から35年。今にして思うに、バブルと円高不況、それに続く金融緩和と構造改革は全て日銀の筋書きどおりではなかったのだろうか。そして、日本はその後「失われた30年」に突入させられた。

1.5 バブルの根本原因とその教訓

バブルと不況は債務貨幣システムの宿命

経済を復活させるために行われたはずの「構造改革」そのものが「失われた30年」を招いたという分析をしてきた。しかし、その失われた30年はなぜ起こったのかというと、そもそもバブルが崩壊したからである。ではバブルはなぜ起こったのかというと、猛烈な貸出によって世の中に大量のマネー（購買力）が溢れたからである。このように、現行の債務貨幣システムではマネーが銀行貸出によって内生的に創造される。この事実そのものについては19世紀中頃にマクラウド（1821-1902, Henry Dunning Macleod）によって、法的・経済学的な観点から分析されている。*12 すなわち、経済学説史的に、この預金創造メカニズムは１８８２年の日本銀行設立、いや大政奉還の10年以上も前に分析されていた。マクラウドはスコットランド出身で、ロンドン・シティのインナー・テンプル（法曹学院）の法廷弁護士となり、１８４９年からはロイヤルブリティッシュ銀行*13の役員として銀行経営に携わった経験から、理論と実務の双方に根ざした経済分析に関する著作も残している。マクラウドによる銀行貸出に関する著書の出版から約70年後、大西洋を挟んだアメリカ合衆国は「狂騒の20年代（The Roaring 20's）」を迎え、ニューヨーク株式市場も賑わっていった。１９２０年代の投資家もリーマンショックのときと同じように、莫大なレバレッジをかけて借金をし、証券投資をしていた。そして、ついに１９２９年10月には市場が暴落し、やがて預金取り付け騒ぎの連鎖によって信用不安が全国的規模に発展した。この大恐慌の真っ只中に、当時アトランタ連邦準備銀行の与信部門における担当責任者であったロバート・ヘンフィルは、実務者として部分準備銀行制度のもとでのマネーストックの不安定性と金融システムの脆弱《ぜいじゃく》性の根本的な原因に気がつき、フィッシャーの貨幣改革に関する著書『100％マネー』（Fisher 1945, 初版1935年）の序文に以下の言葉を書き留めた。

銀行家も借り手自身も、たったいま実行された融資によってその分の新たなお金が流通に投下されたということに普段は気づいていません。……仮に、世の中の全ての銀行ローンが完済された場合、もはや誰も銀行に預金を持ちあわせてはおらず、また1ドルの通貨も硬貨も流通しなくなってしまうのです。衝撃的なことですが、私たちは完全に商業銀行に依存しているわけです。現金やクレジットといった全てのマネーを誰かが必ず借りなければいけないのです。

日本銀行の窓口指導

では、1986年頃からバブルが加速度的に加熱していく中で、銀行の資金繰り監視機能を担っていた日本銀行営業局、とりわけ都市銀行を担当していた同局総務課第一資金係、同課長、営業局長並びに担当理事らは、当時の融資量の猛烈な増加を目にしながらヘンフィルと同様のことを感じていたのだろうか。これに関して、元日銀理事の鈴木淑夫《よしお》氏による日銀旧友会『日の友』2019年7月号に掲載された寄稿文「佃亮二《りょうじ》君を偲ぶ[*14]」の一部をここに引用させていただく。

> 酒好きの2人は、よく飲みながら互いの局の情報を交換した。ある時佃君は、「公定歩合を上げ窓口指導を強化しても、コールレートの上昇を誘導しない限り金融引締めは効かない」という言い伝えが営業局にあると話してくれた。調査局流に言えば、コールレートは銀行行動のキーバリアブルであり、同時に重要な政策変数ということだ。（中略）私はこれを計測し、『調査月報』論文、東大経済学部の特殊講義、学位論文に使ったが、元はと言えば佃君のお陰なのである。（中略）本店に戻ってからも、再び営業局と調査局に分かれたが、支店長は新潟支店と松本支店の隣りあわせとなり、交流は続いた。その後佃君は、大阪支店次長、人事部次長、名古屋支店長、営業局長と歩み、86年9月に同期のトップを切って理事に昇進した。
>
> 88年5月に私も理事になってからは、2人は営業担当、調査担当の理事として丸卓で椅子を並べたが、この頃を振り返り、晩年の佃君は「俺達はバブルの戦犯だな」と酔う度につぶやいた。西独が利上げをした88年、日本も利上げすべきだと2人で話し合っていたが、職を

賭してまで丸卓で主張しなかったからである。

補足しておくと、丸卓（円卓）とは日本銀行総裁・副総裁・理事が出席する役員会議で、政策委員会とは別の金融政策に関するいわば実務上の最高意思決定機関である。当時の配置は、総裁に大蔵省出身の澄田智（1916～2008）、副総裁に三重野康（1924～2012）、営業局長は福井俊彦（1935～）である。福井氏は佃亮二（1931～2018）氏の後任として、営業局長を1986年9月から1989年5月まで務めている。窓口指導とは、かつての営業局[*15]が銀行に資金繰りや融資方針などについて直接指導して新規貸出量を統制するというもので、非公式ではあるが金利操作と並ぶ重要な金融政策手段とされていた。特に1950年代初頭に経済が2桁成長を果たし、銀行融資の申し込みが莫大になっていた時代には、貸出による預金創造量を中央集権的に統制することで、購買力を抑えインフレを制御する機能を果たしていたのである。銀行は融資計画を毎月提出するよう求められ、金融政策の実働部隊である営業局が銀行ごとに融資額を割り当てていくのである。市場調節を通じた金利操作に加えて、日本銀行はバブルが崩壊した1991年7月に廃止するまでこの窓口指導を行っていた。実際には貸出量だけでなく業種別に細分化し、大口融資先についてはその氏名まで事細かに把握していたという。どの業態のどの会社にどれだけの資金が供給されるかを指導するということを通じて、実質的に日本経済の操縦桿《かん》を操作するようなものである。この日銀における窓口指導はもともと第18代総裁の一萬田尚登《いちまだひさと》（1893〜1984、在任期間：1946・6〜1954・12）が1920年代のドイツ駐在時にライヒスバンクで学んだものとされ、歴代の日銀プロパー総裁のほとんどが経験させられた業務だ。[*16]

では、日本銀行は未曽有の規模に膨張するバブルを見過ごしてしまったのか。あるいは意図的に放置したのか。その答えは当事者にしかわかりえないが、バブルの発生と崩壊は特定の個人によって引き起こされたと結論できるものではない。したがって、その責任が一個人の職務責任として追及されるべき問題ではないが、ここで敢《あ》えて強調すると、その業務上、我が国の金融システムの状態を最も俯瞰的な視点から把握する立場にあり、金融システムの安定維持（マクロプルーデンス）の観点からバブルの膨張をコントロールする政策手段を有し、かつそれを実行する任務にあったのは他の誰でもない日本銀行だったのである。事実、1990年時点で不良債権問題が深刻化することを見越して真っ先に信用機構局を設置していたことからも、バブルの崩壊が金融システムに与える深刻さを肌で感じていたのはほかでもない日銀の政策担当者であった。金融政策は経済動向の先行きに関する不確実性の中で実施していくことが求められる。後から振り返れば1986年以降にバブルが膨張したことは明らかなように見えるが、日本全体が狂騒していた時代に誰もが冷静な判断力を失っていたのではないかという指摘もこれまでされてきた。そうした指摘も完全には否定されえない部分があるだろう。しかし通貨当局たる日本銀行は、少なくとも銀行貸出統計やマネーサプライの動向、物価統計に基づいて、バブルを誰よりも先に察知し、ソフトランディングに最善の努力を払うべきであったのである。あれほどの猛烈な利上げを1年弱という短期間のうちに、なぜあの局面になって断行したのか。金融政策運営を航空機の操縦に例えるならば、銀行貸出伸び率はエンジン出力に相当する最も重要な景気動向のバロメーターである。そのエンジン出力が1980年代後半には10〜15%という高水準で推移していたときに、パイロットが操縦桿を突然前に突き出し（急激に利上げし）機体を急転回させたことに等しい。考えうる中でおそらく最も乱暴な操縦であったのだ。

こうして1930年代の大恐慌から50年後に今度は太平洋を挟んだ日本で、債務貨幣システムが内包する重大な構造的欠陥が再び明らかになった。当時のアメリカの経済学者が指摘したように、バブルと不況は債務貨幣システムの宿命なのである。

バブル崩壊と失われた30年の教訓

先に引用した鈴木氏の寄稿文は日本銀行の役員レベルでヒューマンエラーがあったことを伝えているが、日本社会では上下関係を重んじる傾向が強いがゆえに上司に率直な意見を伝えられない心理的要因があったこと、あるいはそうした組織風土であった可能性も示唆している。

また、個々人の認知力には限界がある。だからこそ、ミスは必ず起こるという前提で訓練を重ね、なおかつ担当者が危機の萌芽《ほうが》を見過ごしたとしても、システムレベルでヒューマンエラーの連鎖を止める制度の整備や組織体制の構築が重要なのである。ヒューマンエラーについて労働災害を統計的に調査したハインリッヒは1931年出版の『災害防止の科学的研究』で、1件の重大事故の背景には29件の軽微な事故（アクシデント）があり、さらにその背後には、事故につながりかねない300件のヒヤリとする事例（インシデント）があると指摘した。このハインリッヒの経験則は現在でも様々な産業における事故防止の基礎にある考え方だが、貨幣システムという国家の根幹をなす制度にこそ、ヒューマンエラーを前提にして、安定性を最優先事項とする制度設計が必要なのである。

しかし、当時の日本銀行にはバブル膨張の放置を防止する組織体制が欠落していたどころか、その後、日本銀行の元総裁や元役員を中心に、その後の長期停滞の原因は日本経済の供給側、すなわち労働力や生産性といったサプライサイドにあるという論調が吹聴されてきた。こうした意味で、金融政策運営に失敗した日銀は失われた30年の根本原因を究明するどころか、あたかも日本には少子高齢化が進む人口動態があったからと言わんが如く、国民にその責任転嫁をしているように聞こえる。日本銀行は人口減少という課題に対する直接的な政策手段を持ち合わせてはいないので、政策実施主体としても都合が良く、構造改革を進める上でも不況の原因をサプライサイドの問題としなければならなかったのだろう。いずれにしても、バブル崩壊後の金融政策がその他の経済政策との協調に失敗し、その後の失われた30年を招いたという意味で、1997年の日銀法改正でなされた政府からの独立性の前提が破綻したことを自ら証明した。

ここで、私たちが1930年代の大恐慌と1990年代のバブル崩壊から学んだ教訓をまとめると、以下の2つに集約される。

1　現行の債務貨幣システムは、銀行貸出によってマネーストックが変動し、バブルを発生させる不安定な貨幣制度であるということ

2　政策担当者が保身に走ることでバブル膨張という重大事故を防止できなかったこと

1つ目の教訓は債務貨幣システムの構造的な欠陥を示しており、2つ目はその欠陥システムのもとでヒューマンエラーが起こったことを示している。そして、これらの事実がありながらも、その後の構造改革において「貨幣改革」は行われずに今日まで至っているということである。これは突き詰めれば、バブルの原因を解明し、不況脱出の処方箋を出すべき主流派経済学のエラーでもあったのだ。では、経済学にどのようなエラーがあったのか。次章で検証するこ

とにするが、その前に今のような「失われた30年」が今後もズルズルと引き伸ばされていけば日本経済はどうなるのかといった点について、政府の借金地獄に焦点を当てて考察しておこう。

1.6 借金地獄と3つの破局シナリオ

政府債務の増大は止まらない

日本の失われた過去30年で積もり積もった政府の借金は、2019年現在の国・地方の長期債務残高でみると1106兆円（うち国の債務残高は914兆円）である（財務省の国及び地方の長期債務残高データ）。同年の人口を1・26億人として計算すれば、国民一人当たり877・8万円もの借金である。2019年度の政府の歳入のうちで税収は62・5兆円であった。歳出のうちで国債費が23・5兆円となり、そのうち利払いは7・8兆円であった。すなわち、税収の実に37・6％が借金の支払いに当てられているのである。国民一人当たりの借金返済額（元利合計）は、18・7万円／年となる。新型コロナの特別定額給付金が一人当たり10万円といっても、毎年その約2倍のお金を政府は借金の利払いとして私たちから税金として徴収しているのである（毎年ですよ！）。それでもまだ足りないというので、2019年度は32・7兆円の借金をした。9・2兆円の借金の純増、いわゆるプライマリーバランスの赤字である。このことからも政府は決して緊縮財政ではなく、借金返済のために毎年、財政支出の拡大を余儀なくされているのである。さらにこれらの一般会計の借金返済に加えて、政府は毎年莫大な借換債を発行して、万年借金漬けとなっている。2019年度の借換債発行額はなんと127・6兆円であり、一般会計予算の101兆円よりもはるかに多いのである。

以上の簡単な分析からも明白なように、政府は2019年10月の消費税10％増税に続き、さらに将来20～30％の増税を強行するとしても、あるいは緊縮財政によってプライマリーバランスを達成するとしても、政府債務の返済は100％不可能なのである。政府債務の累積（借金）をストップさせる現実的な政策は、もはやどこにもない。こうした借金地獄に陥った政府の現実を冷静に受け止めて、私たちが問わなければならないのは、「このまま借金を積み重ねていけばどうなるのか？」ということである。これはすでに『公共貨幣』第6章で掲げた問いであるが、この問いに答えるために、同書で「図：日本の政府債務推移及びGDP比：1970～2014年」を作成した。そして次のように分析した。

この両曲線（GDPと債務残高）から観察できることは、第1に1998年に長期債務残高がGDPを超えたということ、第2に1990年代中頃から「失われた20年」となり名目GDPの成長が止まったにもかかわらず、長期債務残高はGDPのゼロ成長とは無関係に増加

図1.8 政府（国・地方）の債務残高およびそのGDP比：1970-2050年

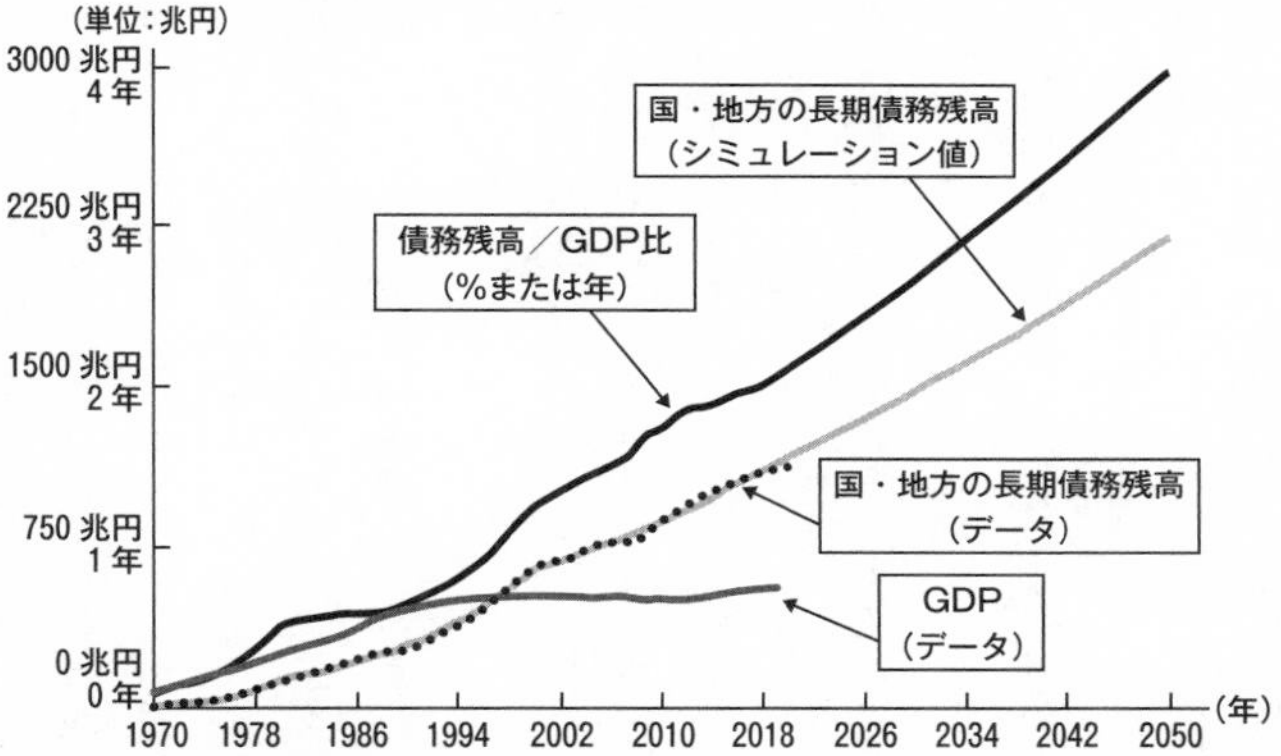

出所：『公共貨幣』「第6章 図6.2」をもとに筆者作成

し続けているという点である。なぜこんなことが生じるのか。第5章の「借金地獄の恐怖」で既に述べたように、一旦借金をすればそれが複利計算のために指数的に増大してゆくからである。（『公共貨幣』第6章）

今回、その後のデータを2019年まで追加した同様のシミュレーション図を新たに作成した。それが**図1・8**である[*17]。

このシミュレーションによると、2015年の『公共貨幣』の出版から6年が経過した現在も事態はなんら変わっておらず、むしろ悪化しているように見える。そこでシミュレーションの期間を2050年まで延長してみた。その結果、2020年現在から16年後の2036年には債務残高は1674兆円となり、日本の債務残高／GDP比が３００％（正確にはＧＤＰの3年分）を超えるようになる。さらに、30年後の２０５０年には債務残高は２１９３兆円となり、我が国の債務残高／ＧＤＰ比は約４００％となる。[*18] このままの日本経済が行き着く先は、同書第6章で述べた3つの破局シナリオ、すなわち①金融メルトダウン、②ハイパーインフレ、そして③日本政府のデフォルトであり、私たちはそれらに向かってまっしぐらに突き進んでいる最中だ。

日本経済の破局シナリオ

第1のシナリオ、金融メルトダウンとは、政府がこのまま借金を重ねていくと必ずやどこかの時点で金利が上昇して国債価格や株価が暴落し、銀行や証券会社の金融資産が激減して債務超過となり、やがて体力の弱い預金取扱金融機関や証券会社から次々と倒産が続出し始めるという金融崩壊のことである。もちろん現段階ではこうした危機的状況にはなっていない。なぜならば、日銀が量的金融緩和（ＱＥ）という名目で「80兆円のめどを撤廃（２０２０年4月現在）」して国債や株を購入し、国債価格や株価の暴落を必死になって押さえ込んでいるからである。バブル期には６５０億円／日ものノンバンク貸出が行われていたが、ＱＥ政策の導入以降、日銀は連日のように７００億円規模の株価指数連動型上場投信受益権（ＥＴＦ）や不動産上場投資信託（Ｊ－ＲＥＩＴ）を購入し、通貨を乱発している。しかしながら日銀も政府からは独立した民間銀行であるので、この金融緩和を今後も数十年にわたって継続する保証はどこにもなく、自らのバランスシートが債務超過となる危機に直面すれば、自己防衛のために直ちに国債や株の購入をストップせざるをえなくなり、その時点で金利が上昇、国債価格や株価が暴落し、たちまち金融メルトダウンとなる。

第2のシナリオ、ハイパーインフレとは、インフレの状態が急激に進行する状態であり、よく引用される米国経済学者フィリップ・ケーガンの定義「毎月のインフレ率が50％以上」を用いれば、1年後には129・7倍(年率1万2970％)以上となるが、国際会計基準(IFRS)では「3年間で累積100％(年率26％、毎月9・9％)以上の物価上昇」と定めている。戦後の混乱期の昭和21年のインフレ率(東京小売物価指数)は年率で約500％(毎月のインフレ率約14・4％)であったので、国際会計基準ではまさしく日本経済はハイパーインフレからの復興となった。政府債務の増大に伴うハイパーインフレの可能性として2つのルートが考えられる。まず、日銀の金融緩和による金融メルトダウンの可能性が出てくると、政府や日銀はますます追加的金融緩和に追い込まれ、その結果、ベースマネーが急増。そして今回の研究で明らかになったように政府債務の増大でM1も巷にあふれ始めるようになるが、GDPは成長しないという状態が継続していく。やがて有り余ったお金が財・サービスの供給不足を追っかけ回るという典型的なインフレ状態がいずれ発生する。こうして物価が一旦上昇に転じると、今度は銀行や証券会社が金融緩和でジャブジャブのおカネを信用創造でさらに膨らませて株式・不動産等の金融市場に流し込み、やがてそれが金融市場のバブルを引き起こし、一気にハイパーインフレという最終局面に引き込まれるという可能性である（デマンドプル型インフレ）。次に、国債の暴発とそれに伴うベースマネーの急増の結果、為替市場で円への信認が急速に低下して一気に円安となり、原油等の輸入価格が高騰し、ハイパーインフレとなるという可能性である（コストプッシュ型インフレ）。いずれかのルートまたはそれらの複合で発生するハイパーインフレは、まず低所得者、年金生活者の生活を直撃し、次に中間層をも襲い、社会的混乱や日本経済の崩壊へと拍車をかける。

第3のシナリオ、デフォルトとは、政府が借金を払えなくなり、債務不履行となってやがて倒産へと追い込まれるということである。政府の借入が増大して債務残高が累積的に膨れあがり、借換債の発行もままならず、元金の返済や金利の上昇に伴う利息の支払いも税収ではカバーできなくなるという状態である。こうして政府はいよいよデフォルトへと追い込まれる。政府のデフォルトの例としては、対外債務の支払停止が主である。例えば、メキシコ（1982年）、ブラジル（1987年）、ロシア（1998年）、アルゼンチン（2008年、2014年、2020年）、ギリシャ（2015年）、レバノン（2020年）等々の金融危機の全ては、政府が外国から借金したお金を返済できないという対外債務デフォルトであった。これらの国のデフォルトに対して、日本は対外純債務がないので政府はデフォルトしないという見解が巷にあふれている。ここで私たちが指摘しているデフォルトは政府部門のデフォルトであり、日本国のデフォルトではない。各経済部門の総体である国家と、その一部門の政府とを分けて議論しなければならない（第3章で詳述）。因《ちな》みに日本国の対外純資産は364兆円（2019年）で世界最大の純債権国ではあるが、それら純資産の大半は民間企業や個人の海外資産である。政府というマクロ経済部門が借金地獄に陥って借金を払えず、かつ民間の資金も海外に逃亡して国民からも見放されてしまい、その結果、政府自体が自滅してゆくというシナリオである。この日本政府のデフォルトで社会制度の機能が停止し、為替相場をはじめ内外の金融市場も危機状態に陥り、日本経済はやがて大混乱に向かう。

図1・8のシミュレーション結果が示しているように、債務／GDP比が300％という心理的な大台に近づくにしたがって、日本経済はこれらの破局のいずれかに遭遇し始めるようになると予想される。しかも債務貨幣システムのデザイン欠陥に起因するこの流れは、誰にも止められないのである。このままいけば、そうした日本経済の破局までに残された時間的猶予は楽観的に見積もっても、債務残高／GDP比が約300％に到達する2036年頃となるだろう。あと15年である。だが、果たして日本国債の格付けは15年も現状のままで維持されるのだろうか。円は15年後も安全資産なのだろうか。果たして国際社会はあと15年も待ってくれるの

だろうか。

＊1　本書では、SDシミュレーション分析ソフトウェアのVensim DSS（Ventana Systems社）を使用している。

＊2　貸出金データの詳細度の制約から生じる計数合算における仮定や分析枠組み等についてはYamaguchi & Yamaguchi（2021）を参照されたい。本章の分析は同書4章の追加分析という位置付けになっている。

＊3　相関係数とは2つの変量間の相関関係の程度を表す数値のことで、-1から1までの値を取る。例えば変数XとYの相関係数は、1に近いほどXとYは正の相関があって同じ方向に動き、-1に近いほど両者は逆方向に動くことを示す。0に近い場合には両者は無相関となる。ただし、相関関係があっても、XがYを、またはYがXを説明するといった因果関係は導き出されないことに注意する必要がある。
一方、因果関係は、例えば変数X（説明変数）がY（目的変数）を説明できる場合に成立する関係である。最も簡単な因果関係は横軸にX、縦軸にYをとって表される線型方程式Y＝a＋bX（aは切片、bは傾き）で、時系列データX、Yからこの関係式を求めたものが回帰モデルとなる。決定係数はこの回帰モデルの精度を表す評価指標として使用され、0と1の間の値を取

る。1に近いほどX（説明変数）がY（目的変数）を高い精度で予測できる良いモデルであると評価できる。決定係数は相関係数（R）の2乗で与えられる量で、R^2とも表現される。

＊4 回帰式の係数（傾き）のこと。

＊5 『公共貨幣』第5章「お金はなぜ支配の手段となるのか」を参照。

＊6 仮に、預金者が純粋な寄託として銀行に金銭を保管してもらっていれば、それらの預金に対する利子を預金者が銀行から受け取るのは奇妙である。本来なら、寄託者である顧客のほうが銀行に保管料を支払うべきだからだ。

＊7 ベースマネーのうちの「現金残高」を定義する場合、銀行等の預金取扱金融機関が保有する現金を除いて定義される通貨流通残高（Currency in circulation）と、中央銀行の負債科目である通貨発行残高（Currency outstanding）の2つは厳密に区別しなければならない。貨幣理論上では前者の定義によるM0をハイパワードマネー、後者による定義をベースマネーと定義する。Yamaguchi & Yamaguchi (2016) を参照。多くの教科書では、ハイパワードマネー＝ベースマネーと不正確に定義している。

＊8 『公共貨幣』第8章「シカゴプラン（貨幣改革）とは何か」を参照。

＊9 財投債を含めた政府の国債発行総額で見ると、1990年は198兆円、2019年は1208兆円となり、この30年間で1010兆円の累積増加となる。平均すれば毎年33・7兆円の財政赤字となる。

＊10　総務省統計局　https://www.stat.go.jp/data/topics/topi1192.html

＊11　内閣総理大臣の中曽根康弘氏（当時）の私的諮問機関である「国際協調のための経済構造調整研究会」がまとめた報告書。同研究会の座長であった前川春雄氏（第24代日本銀行総裁）の名前に因む。

＊12　Macleod (1856). 巻末「主要参考文献」参照。

＊13　同行は、イギリス・ピール内閣で制定されたJoint Stock Banking Act of 1845に基づいて1849年に設立された商業銀行で、1856年に解散している。

＊14　鈴木（2019）。巻末「主要参考文献」参照。

＊15　日銀法改正に伴う本店体制の改編で、1998年には営業局の機能は金融市場局と考査局に移管された。なお、考査局は2005年に信用機構局と統合後、現在の金融機構局へ継承された。

＊16　石井・ヴェルナー（2003）。巻末「主要参考文献」参照。

＊17　今回新たに最適化手法で求めた債務増加率は、以下のようになった。1970〜1979年：32・7%、1980〜1999年：8・3%、2000〜2020年：3・07%。これを用いて、2050年までシミュレーションした。

＊18　GDPは2019年度で計算。読者の皆さんには『公共貨幣』第5章で述べた指数的成長による「借金地獄の恐怖」を再度お読みいただきたい。

＊19　これはオイラー法による計算で、ルンゲ・クッタ法を用いればなんと約403倍となる。

第2章　主流派経済学の破綻

2.1 市場原理主義の新古典派経済学

自由放任主義に基づく経済学

1990年にバブルが弾けて以来、日本はGDPが500兆円台で低迷するといういわゆる「失われた30年」を経験している。OECD先進諸国の中でかくも長きにわたって経済が停滞するという経験をしているのは唯一日本だけである。政府や日銀の政策担当者はこの間、主流派経済学のあらゆる政策手段を駆使して必死にこの長期不況からの脱出を図ったが成功しなかった。「失われた30年」とは主流派経済学の処方箋が間違っており、それによる政策が失敗した結果であると断言できる。それでは主流派経済学とは何で、どの処方箋が間違っていたのか。

海外の経済学者にその答えを求めても徒労であろう。私たちは偉大な先人たちが残した大恐慌からの脱出のための提案に導かれながらも、今回の「失われた30年」の原因を解明するのは、その渦中で厳しい日々を余儀なくされた私たち日本の経済学研究者の仕事でなければならないと強く思っている。私たちには独自の仕事をしなければならない責務もある。それではどのような仕事をすればいいのか。ズバリ一言でいえば、主流派経済学の政策論の前提となっている主流派の貨幣論（2つある）が間違っていたという理論的解明である。そして、その代案としての「公共貨幣」による貨幣理論の確立である。貨幣論の詳細分析は第3章で行うことにし、本章では主流派経済学の政策破綻を分析する。

現在も影響力を行使し続けている主流派経済学を大別すれば、「新古典派経済学」と「ケインズ経済学」の２つとなる。経済学の父と言われるアダム・スミスが１７７６年の『国富論』で提唱した自由放任主義に基づく経済学が古典派経済学であるが、１９２９年の世界大恐慌でその信用が失墜した。１９５０年代に証明されたアローとドブリューの一般均衡の存在証明で古典派経済学は再び新古典派経済学として息を吹き返した。この一般均衡論に立脚したＤＳＧＥ（動学的確率的一般均衡）モデルが、現在の新古典派経済学の中核となっている。このモデルが有効となるためには、市場は競争的であり、価格は伸縮的で自由に変動し、情報も完全で、消費者や企業はそうした自由競争市場で効用極大や利潤極大といった合理的な経済行動を行っているといった仮定を設定しなければならない。そうすれば、全ての市場で一般均衡は自ずと達成されるという理論である。

もう１つの主流派経済学がケインズ経済学である。１９２９年の世界大恐慌による自由放任の古典派経済学の失敗に直面した当時の偉大な２名の経済学者が、その６年後の１９３５年にそろって大恐慌からの脱出策となる斬新な経済理論を提案した。アービング・フィッシャーの「１００％マネー」とジョン・メーナード・ケインズの「一般理論」である。ケインズの一般理論はその後、マクロ経済学として発展し、世界中の経済学の教科書でも取り上げられるパラダイムとなった。その主な骨子は、市場経済は自由放任では均衡しないが、政府が適切な政策を実施すれば、均衡が達成できるというものである。ここでいう政策とは具体的にケインズ経済学の財政・金融政策およびリフレ理論を指す。他方、フィッシャーの「100%マネー」の提案は、その後、経済学のタブーとされ、経済学の教科書や講義からは完全に抹殺されたが、私たちはそれを「公共貨幣」という形で受け継いだ。

市場原理主義政策の幻想

このように大別すれば、現在2つの大きな流れが主流派経済学を形成していることになる。ケインズ経済学の処方箋である財政・金融政策およびリフレ政策は次節から詳細に検証するとして、ここではまず新古典派の処方箋から考察を始めよう。新古典派経済学の中核は前述したDSGEモデルであり、この理論から派生する政策は、現実の市場経済の歪んだ非競争的構造をできるだけこのモデルの仮定（価格の伸縮性、完全競争、完全情報、合理的行動等）に合うような構造にしなければならないということになる。自由競争を阻害する供給サイドのあらゆる経済構造を破壊し、モデルの仮定に沿って現実の経済を改革するという政策である。いわゆる「市場原理主義」といわれる政策となるが、現実の経済構造をこうしたモデルの非現実的な仮定に合わせるように構造改革するということで、一種の宗教の教理ともみなされなくもない。

1970年代のスタグフレーション（不況・失業とインフレの共存）の出現でケインズ経済学が失墜し、この市場原理主義が再び勢いを増した。弱肉強食の市場で自由に競争させ、自分たちはそうした市場の競争・喧騒からは超然とし、マネーで市場をコントロールし、市場での成果を掠《かす》め取るという国際銀行家の政策がこの市場原理主義なのである。そうした国際銀行家によって画策・提案されたのが金融ビッグバンといわれる金融の自由化（日本では1996〜2001年）であり、1933年の成立以来、彼らの「目の上のタンコブ」となっていたグラス・スティーガル法[*1]の廃止等の金融自由化政策であった。その後、こうしたいわゆる「グローバリゼーション」という仕掛けられた波に世界経済は襲われた。

　彼らの思惑どおりグラス・スティーガル法は1999年に彼らの操り人形クリントン大統領によって廃止され、金融自由化の波は「ハゲタカ資本」として不況に苦しむ日本の銀行や地方都市の旅館等をも容赦なく襲った。第1章で概観したとおりである。この金融ビッグバン政策で国内金融機関の「護送船団方式」が崩壊し、銀行、保険、証券業界間の規制緩和が進行し、金融界の日本的構造改革が一気に行われた。こうした結果、世界の経済状況は1929年の世界大恐慌以前の自由競争状態に引き戻され、歴史は繰り返すごとく、2008年9月15日のリーマンショックによる金融恐慌が発生した。この時点で、新古典派の市場原理主義の政策は破綻したのである。しかるにこうした主流派経済学の破綻を「あたかも一過性の悪夢」にすぎないとして認めようとしない経済学者が、「喉元過ぎれば熱さを忘れる」ごとくまた蠢《うごめ》き始めているのが現状である。[*2]

このグローバリゼーションの世界的なうねりの中で、日本経済にとって最も重要な市場原理主義政策がいわゆる「構造改革」の名のもとで強行された。第1章で分析した終身雇用に立脚した日本的経営の破壊、正規社員の非正規社員化による労働市場の規制緩和、流動化である。いわゆる「構造改革なくして経済成長なし」といった小泉政権による市場原理主義政策の幻想に日本の労働市場は踊らされたのである。このスローガンのように、労働者の賃金は上昇し、景気は上向き、日本経済は「失われた30年」から脱却できたのであろうか。結果は真逆であった。すでに第1章で分析したように、こうした新古典派政策による構造改革、特に日本的雇用形態の破壊が「失われた30年」をもたらした根本原因となった。

以上、主流派経済学による処方箋、特に新古典派の市場原理主義政策による金融の自由化および構造改革による労働市場の流動化、具体的には正規労働の非正規化について概観した。政府および日銀の政策担当者は過去30年間、こうした主流派経済学の諸政策を優等生のように真面目に実施してきた。にもかかわらず日本経済は「失われた30年」の不況から脱出できなかった。医療に例えるならば、誤った処方箋による治療が施された結果、患者が救済されなかったということである。すなわち、アダム・スミス以来の新古典派経済学は破綻したのである。このことは次章で検証する新古典派の貨幣理論の破綻からも明白となるであろう。これらを踏まえて、第5章では公共貨幣システムのもとでの日本的経営への復活が「失われた30年」からの脱却に不可欠であるとする私たちの政策提言を行うことにする。

2.2 外生的債務貨幣を想定するケインズ経済学

不況とはＧＤＰギャップが発生する事態

ここからはケインズ経済学の破綻について見ていく。ケインズの一般理論から派生するのがマクロ経済学の財政・金融政策およびリフレ理論の政策である。これらのケインズ政策による処方箋が間違っていたことを論証していく。ケインズ経済学では貨幣は外生的に中央銀行から供給されると想定して理論を構築するが、今回私たちは「債務貨幣は全て誰かの借金によって内生的に生まれる」という真逆の債務貨幣理論を論証した。誰かとは家計や企業、そして政府である。ではなぜ誰かが借金をする必要があるのか。その答えは現在の債務貨幣システムのもとでは家計や企業、政府が借金をしないとお金が生まれないし、経済が回っていかないからである。では家計はなぜ借金をするのか。車や冷蔵庫等の耐久消費財、子供の教育ローン、マンションの購入や住宅建築等の大型出費のためには給与や貯蓄等では賄《まかな》い切れないからである。

企業はなぜ借金をするのか。現在の資本主義のもとでは企業は株主の所有であり、企業活動から得た利益は全て株主への配当となり、企業には原則として内部留保が許されない。よって企業活動を継続していくためには、雇われ経営者は投資資金を常に外部から調達するように宿命づけられているからである。資金調達の方法は銀行からの借入、社債発行、新株発行等があるが、大多数の中小企業にとっては銀行借入が主な調達手段となる。政府はなぜ借金をするのか。税収では賄い切れない不慮の支出（災害、新型コロナのような疫病、戦争等）やインフラ整備に必要となるからである。また高齢化社会を迎え、医療費や社会福祉等の社会保障経費が年々増大していくからである。ではこのようにして借金でお金が生まれてきたとして、それがどのように経済活動と関わってくるのだろうか。ここでは経済活動を国内総生産（ＧＤＰ）に代表させて考えていく。そうするとこの問いは、これらのマクロ部門の借金とＧＤＰとの関係はどうなっているのだろうかといったようにより具体的になる。ケインズのマクロ経済学によるとＧＤＰは次の所得決定式で決まる。

GDP ＝ 消費 ＋ 投資 ＋ 政府支出 ＋ 純輸出

政府支出 ＝ 税収 ＋ 政府債務（国債発行）

「貯蓄＝GDP－《マイナス》税収－消費」と定義すると、所得決定式は次のように簡素化される（さらに話を簡単にするためにここからは純輸出を無視する）。

貯蓄 ＝ 投資 ＋ 政府債務(国債発行)

ここで貯蓄と投資の差額（投資貯蓄バランス）をGDPギャップと定義すれば[*3]、この所得決定式は「GDPギャップ＝政府債務」となる。ケインズ経済学では、生産によって所得が発生し、その所得が流通から漏れる貨幣量が貯蓄となるという想定で議論を展開する。そうすると投資が貯蓄を下回った場合（貯蓄＞投資）には需要不足による不況が発生し、商品が売れ残り、在庫が積み上がり、企業の生産調整で雇用が減少して失業が発生する。不況とはこのようにGDPギャップが発生する事態であり、マクロの均衡状態とは「GDPギャップ＝0」となることであると定式化する。そして政府の財政が収支均衡の場合には「GDPギャップ＝0」が均衡状態となり、赤字財政の場合には「GDPギャップ＝政府債務（国債発行）」で均衡が達成されるとする。こうした均衡達成のための主流派経済学の経済政策を金融政策、リフレ政策、財政政策の3つに分けて、以下順次検証していくことにする。

1　GDPギャップをゼロにする金融政策

まず政府の均衡財政のもとで不況（貯蓄＞投資）が発生する場合から考察していく。この場合には不況を脱出しマクロ均衡を達成するためには、企業と家計が投資を増やしてGDPギャップをゼロにしなければならない。では投資を増やすにはどうすればいいのか。金利を下げて家計や企業が投資資金を借りやすいようにするのである。では金利を下げるにはどうすればいいのか。日銀がマネーストックM1を増やせば、貨幣供給が増えてやがて金利は下落する。こうした一連の政策がいわゆるケインズの金融政策となる。マクロ経済学のほとんどの教科書ではいわゆるIS－LM曲線分析を用いてこのケインズ理論を徹底的に説明する。そして私たちは次第にインフレや不況・失業等のマクロ経済現象は、政策当局者によるケインズ政策で制御可能になると洗脳される。このように洗脳された日銀の政策担当者は間違った処方箋を日本経済に適用した。まずはこの金融政策から検証していく。

クラウディングアウトと金利下落の謎

すでに第1章の「驚きの結果その3」でみたように、「失われた30年」で政府は595兆円もの国債を発行して財政出動をした。平均すれば毎年約20兆円の借金をしたのである。それにもかかわらず国債金利は、10年物国債で1990年9月28日の8・1％をピークに下落し始め、

図2.1　クラウディングアウトと金利の謎

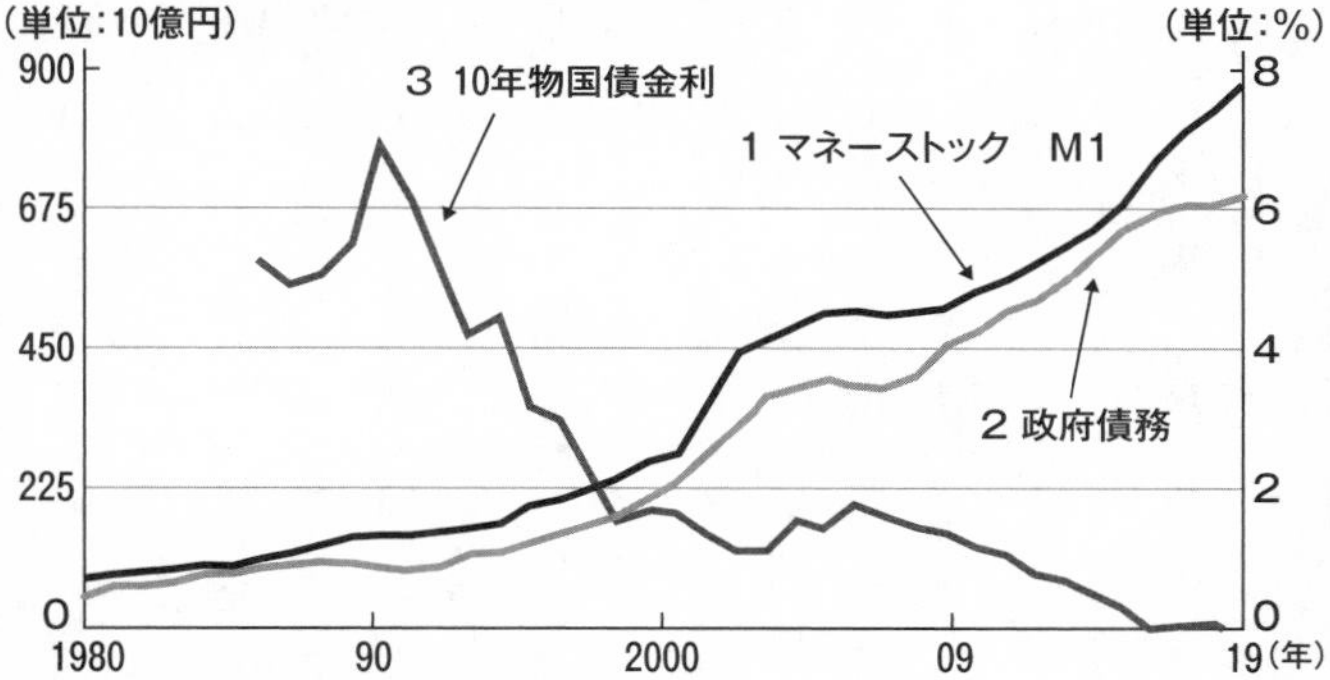

出所：日本銀行の関連データをもとに筆者作成

２００２年10月31日には何と１％台を割って０《ゼロ》％台に突入した。その後１年近くにわたり０％台を低迷し、今日（２０２１年７月現在）に至るまで１％台でウロウロしている。２０１６年２月24日には異常ともいえるマイナス０・０４６％の金利となり、このマイナス金利は11月まで続いた（図２・１の曲線３参照）。マイナス金利とは政府にわざわざ利息を支払ってまでして国債を購入するということであり、デフレで貨幣価値が上昇していなければ決して起こりえない異常な水準なのである。

　主流派経済学の理論では政府が国債を発行して市場から資金を調達すれば、資金市場の需給が逼迫《ひっぱく》するので金利は上昇し、国債価格は下落すると説明する。なぜならば、流通貨幣量は日銀によって一定量が外生的に供給されていると想定しているからである。これがいわゆるクラウディングアウトといわれる理論である。

では政府は595兆円もの国債を発行して資金調達をし、その結果、資金市場が逼迫したであろうにもかかわらず金利は上昇せず、逆になぜマイナスになるまで下落し続けるという異常な状況が発生したのか。国債価格はなぜ暴落しなかったのか。主流派経済学のクラウディングアウト理論では決して解けない謎となった。

今回私たちは債務貨幣論を用いてこの謎を解いた。すでに第1章の「驚きの結果その3」で実証分析したように、政府債務とマネーストックM1には緊密な正の相関関係がある。これを因果関係として回帰分析した結果、回帰係数が1・125となり政府債務はその1・125倍のM1を増加させるということが判明した。「失われた30年」における政府の実際の債務は595兆円だったので、回帰式の単純計算でも政務債務によるM1の増大は669兆円（＝1・125*595）となる。この間のM1の実際の増加は731兆円だったので、実にその91・5%が政府債務によって供給されたマネーストックであったと解釈できる。このようにしてマネーストックM1は政府債務の増加で増大し続けた。これを可能にしたのが日銀の量的緩和（リフレ）政策による大量の国債購入である。その結果、マネーの需給関係からその利子は下落し続け、**図2・1**のように国債の金利もそれに連動して下落し続けたのである。すなわち、大幅な財政出動→日銀の大量国債購入→M1の増加→金利下落、となったのである。この金利下落からも、マネーストックは内生的に生まれるという私たちの債務貨幣理論の正しさが論証された。

債務貨幣のもとでは政府債務の増大と金利の下落は決して謎ではなく、現行の債務貨幣システムにおける経済合理性の結果なのである。逆に推論すれば、もし日銀が国債の購入をストップすれば金利は上昇し、国債価格や株価は暴落し、第1章で論じた金融メルトダウンが始まる。ケインズ経済学の外生的貨幣の想定のもとでのクラウディングアウトという理論構築そのものがそもそも間違っていたのである。

こうした継続的な金利下落の状況の中で、日本経済はケインズ理論のいわゆる「流動性の罠《わな》」といわれる状態に陥ってしまい、金利はほぼゼロに近い状態で膠着《こうちゃく》してしまった。そこで日銀はやむなく1999年2月から2000年8月まで無担保コール金利という政策金利を0・15%に誘導するいわゆる「ゼロ金利政策」を導入せざるをえなくなった（図1・6）。しかしながら、こうしたゼロ金利下でもケインズの金融政策が想定するような投資や消費は活性化されなかった。企業はバブルのときに借りたお金の返済を優先させ、家計は将来不安のために住宅投資や消費を控えるようになり、たとえ借入資金のコストがゼロになったとしても、このゼロ金利には全く反応しなくなった。主流派経済学の投資理論からは想定不可能な経済状況が発生したのである。このゼロ金利政策を導入した時点で、金利操作という政策手段によって投資や消費に影響を与えるという主流派の金融（金利）政策が破綻したのである。そして日銀は自らこの伝統的な金融政策を放棄した。

2　GDPギャップをゼロにするリフレ政策

こうした深刻な事態に直面して日銀が採用したのが禁じ手といわれる量的緩和・リフレ政策である。量的緩和政策（QE）とは、日銀が国債をどんどん市場から買い入れることによって国債購入代金を銀行の準備預金口座に振り込み、M0を増やすというものである。金利を伝統的な政策変数とするケインズ経済学の金融政策の破綻に伴う日銀の苦肉の策なのである。具体的にはインフレターゲットを2％に設定して日銀がマネーストックを増やしていけば、やがて貨幣価値が下がり始め、流動性の罠で名目利子率が不変でも実質利子率は下がり始めるようになる。この結果、家計や企業の債務も実質的に軽減されることになり、家計はインフレ予想でさらに消費活動を早め、企業も投資活動を活発にすることになるというのがリフレ理論である。

このリフレーション理論は1933年にフィッシャーによって初めて提案された大恐慌からの不況脱出政策である。しかしながらこの直後にシカゴプランという貨幣改革案を手渡された彼は直ちにこの理論の過ちに気づき、自らの手でこの理論を葬り去った。[*4] フィッシャーは現行の債務貨幣システムのもとでは、中央銀行はM1をコントロールできないということに気づき、それに代わるシカゴプランという100％マネー（公共貨幣）の貨幣改革を新たに提案した。にもかかわらず、こうしたフィッシャーの理論的葛藤を知ってか知らずか日銀はこのリフレ理論に飛び付き、M0の増大という量的緩和政策を大胆にも3度にわたって実施してきた。福井総裁下での金融緩和シリーズ1（2001〜2006）、白川総裁下での金融緩和シリーズ2（2010〜2013）、そして黒田総裁下での金融緩和シリーズ3（2013〜現在）である。日銀は主流派金融政策の破綻によほど追い詰められていたのであろう。

リフレ理論の前提その1：貨幣乗数一定

すでにみてきたように日銀はベースマネーM0しか制御できない。このM0からM1も制御できるとするのが次の式で示される貨幣乗数理論である。[*5]

M1 ＝ 貨幣乗数＊M0 ⇩ M1の増加率 ＝ M0の増加率

この関係式が成立するのは貨幣乗数が一定となる場合のみであり、この場合には日銀はM0を制御することによってマネーストックM1も制御できるようになる。すなわち、教科書が想定するようにマネーストックを政策変数とする金融政策が可能となる。

しかるに、**図2・2**が示すように貨幣乗数が安定したのは1998年の貨幣乗数＝3・89までで、それ以後は上下に変動しながら上昇して2006年には5・55となりピークを迎える。そして2011年頃から急速に下落し始め、2019年現在では1・72まで下落している。す

図2.2　貨幣乗数および貨幣の流通速度の推移：1980-2019年

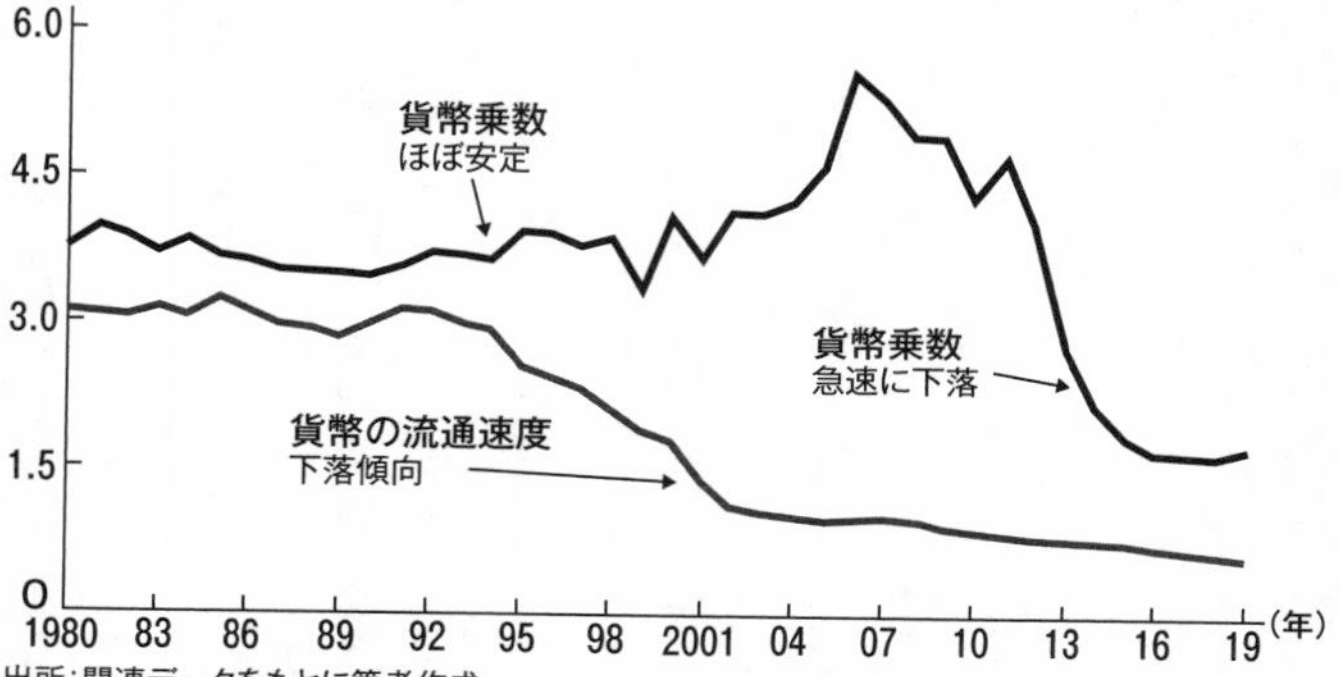

出所：関連データをもとに筆者作成

なわち日銀がいくらベースマネーを増やしても貨幣乗数の下落でマネーストックM1は想定したほど増加しないという事態が発生した。すなわちリフレ理論の前提が破綻したのである。

リフレ理論の前提その2：流通速度一定

このリフレ理論が有効となるためには貨幣乗数の安定性だけでは不十分で、流通速度の安定性も必要となる。このことを理解するためには主流派経済学（特にマネタリズム）が提唱している貨幣数量説の理解が必要となる。この貨幣数量説もフィッシャーが初めて提唱したものであり、以下のように定式化される。

MV＝PT（M：マネーストック、V：流通速度、P：物価、T：取引量）

流通速度Vが一定であれば、Mの増加は、いずれ物価Pの上昇か、取引量Tの増大をもたらすというのがこの貨幣数量説である。ここでMをM1とし、PTを名目GDPとみなし、さらに貨幣乗数および流通速度を一定と想定すれば以下の関係式が成立する。

M0の増加率＝M1の増加率＝名目経済成長率（＝インフレ率＋実質経済成長率）

その結果、日銀がインフレターゲット2％を設定して、買いオペで国債をジャンジャン購入してベースマネーM0（主に日銀準備預金）を例えば5％増やせば、M1も5％上昇し、その結果、物価も緩やかに期待インフレ率2％に近づき始め、それが消費や投資を刺激して、やがて名目経済成長率5％（実質経済成長率3％）が達成されるというめでたしめでたしの不況脱出となる。

しかしながらこのリフレ理論も見事に「取らぬ狸の皮算用」に終わってしまった。その理由は明白である。すでに述べたように貨幣乗数のみならず、貨幣の流通速度も一定であるというリフレ理論の前提が崩れたからである。**図2・2**で示している貨幣の流通速度はM1と名目GDPのデータから計算したものである。これによると貨幣の流通速度はバブル崩壊直後の1991年の3・14から下落し始め、2019年現在ではなんと0・6にまで落ち込んでしまった。

この間政府債務の増加でM1も増加し続けたが、この流通速度の下落でM1の増大効果が吸収され、貨幣がほとんど回転・流通しなくなった結果、名目経済成長率は増加せず、日本は「失われた30年」という悪夢に突入したのである。

それでは「失われた30年」にわたってGDPとベースマネーM0やマネーストックM1はどんな関係にあったのであろうか。GDPとM0との相関係数は0・615であり、M1との相関係数は0・452であった。すなわち、GDPとベースマネーM0やマネーストックM1には親密な相関関係がなかったということになる。第1章で私たちは債務総額が経済活動に影響を与え、その結果、マネーストックが内生的に生まれてくるという債務貨幣理論をすでに論証した。この債務貨幣の見方と真っ向から対立するのが、マネーストックは外生的に供給されるという主流派の貨幣論である。本章で見たように、この貨幣外生論と貨幣数量説を組み合わせれば、マネーストックがGDP等の実質経済活動に影響を及ぼすということになる。そこで、百歩譲ってこの主流派の理論が正しいとして、「失われた30年」でマネー（説明変数）がどのようにGDP（目的変数）の決定に影響を与えたのかについて回帰分析を行った（単位：10億円、以下同様）。

GDP = 486,858 + 0.0683＊ベースマネーM0（決定係数 = 0.3781）

GDP＝482,113＋0.0347＊マネーストックM1（決定係数＝0.2042）

これによるとベースマネーの増大はその6・8％しかGDPに寄与しないし、マネーストックM1の増大はさらにその半分の3・5％しかGDPに寄与しないということになる。[*6] この回帰分析によって、貨幣乗数や貨幣の流通速度が低下してM0やM1の増加を吸収し、GDPの成長が妨げられたという私たちの分析が再確認される結果となった。

では、貨幣数量説（マネタリズム）を援用したリフレ理論はなぜ破綻したのか。貨幣乗数や流通速度が一定であるという前提が誤っていたからであり、実際には下落したからであるといえなくもないが、これも本末転倒の議論で正しくない。正解は、すでに論証したようにマネーストックは主流派経済学が主張するように外生的に供給されるのではなく、内生的に創造・破壊されるからである。すなわち、取引量が貨幣量を内生的に決定するのであり、その結果、前述の貨幣数量説は方程式ではなく、常に成立する単なる恒等式にすぎないということになる。もともとフィッシャーはこうした恒等式としての貨幣数量説を提案したのであるが、いつのまにかこれがフリードマンらのマネタリストによって物価や実物経済を決定する方程式に変質したのである。恒等式としての貨幣数量説は、マネーストックは取引量の関数となるとして、以下のように正確に表現されなければならない。

M(T)V≡PT：恒等式　※≡は常に等しい

このように表現すればマネーストックが物価や実物経済に影響を与えるという推論は成立しなくなる。むしろ逆にマネーストックは経済活動から内生的に生み出されるという債務貨幣の本質が明確となる。貨幣乗数論や外生的貨幣数量説という誤った解釈に立脚してリフレ理論を再構築し実践した日銀の政策担当者は「失われた30年」という政策失敗をどのように考えているのであろうか。この政策失敗は現在も進行中で、日本国民を苦しめ続けているのである。

3　GDPギャップを埋める財政政策

ここまでは主流派の金融政策やリフレ理論ではGDPギャップ＝0となる均衡が達成されないということを検証してきた。すなわち、主流派のこうした政策は「失われた30年」を救済できなかったのである。ではGDPギャップをゼロとできない場合には、どうすればいいのだろうか。均衡達成の第2の式は、「GDPギャップ＝政府債務」である。すなわち、政府が国債を発行してGDPギャップを埋めるという政策である。これがケインズの財政政策、反緊縮政策であり、ケインズ経済学のエッセンスとなる。

ケインズの『一般理論』が出たのが1936年。世界経済がまさに1929年の世界大恐慌で喘いでいた時期である。その後このケインズの財政政策がOECD諸国で実践され始め、1960年代に始まる世界的な高度経済成長期にはそれなりに効果を発揮し、「GDPギャップ＝政府債務」とする財政政策の出動が不況対策の切り札とされてきた。その結果、不況が克服され、高度成長時代が出現することになったので、もはや我々はマクロ経済をエンジニアのようにファインチューニングで制御することができると豪語する経済学者も続出してきた。ところが1990年にバブルがはじけて日本経済は不況に突入した。不況から脱出すべく、ケインズの財政政策が日本でも当然のように積極的に導入された。しかしながら日本経済は一向に回復せず、現在も「失われた30年」の中で喘いでいる。

GDPギャップなど存在しない

ではケインズの財政政策はなぜ機能しなかったのか。ケインズ経済学の根源的な誤りは、外生的貨幣論に立脚してマクロ経済理論を構築したことにある。その結果、流通から漏れるお金をまず最初に貯蓄ありきと想定して、投資がその貯蓄を下回ればGDPギャップが発生するので、そのギャップを穴埋めする政策が必要となるとしたことにある。ケインズは世界大恐慌の根本原因は有効需要（＝消費＋投資）不足にあるとして、このGDPギャップを財政政策で埋め合わせればこうした恐慌や不況は克服できるとした。これに対してフィッシャーは内生的に生み出されたり破壊される債務貨幣そのものが大恐慌の根本原因であると分析して、100％マネー（＝公共貨幣）という貨幣改革を提案したが、この提案はその後、経済学のタブーとされ、経済学の教科書や大学の講義からは完全に抹殺された。債務貨幣システムのもとでの銀行の与信行動と景気変動、すなわちバブルの発生と崩壊との直接的な関連性を指摘することがタブーとなったのである。

それではもし投資がGDPを決定して、その投資に見合うように貯蓄が事後的に派生して投資＝貯蓄となり、GDPギャップなどもともと発生しないとすればどうなるであろうか。すでに第1章の「驚きの結果その2」で述べたように、債務貨幣システムではお金の流れは「民間（企業・家計）の債務→投資→貯蓄→定期預金」のようになることを突き止めた。すなわち、借金による投資でGDPが決まり、それに見合う貯蓄が内生的に生まれてくるので、まず初めに貯蓄ありきのGDPギャップなどそもそもどこにも存在しない。存在しないのであればその計算もできないはずである。となれば、それを穴埋めする財政政策の出動ということなど不可能となる。もしそのGDPレベルでも完全雇用が達成されないのであれば、民間の投資水準をさらに引き上げて経済活動の活性化を促すような雇用政策が提案されてくるはずである。例えば第5章で私たちが提案する非正規雇用を正規雇用とする政策等である。よって、財政出動があ

図2.3　民間および政府債務とGDP

（単位：兆円）

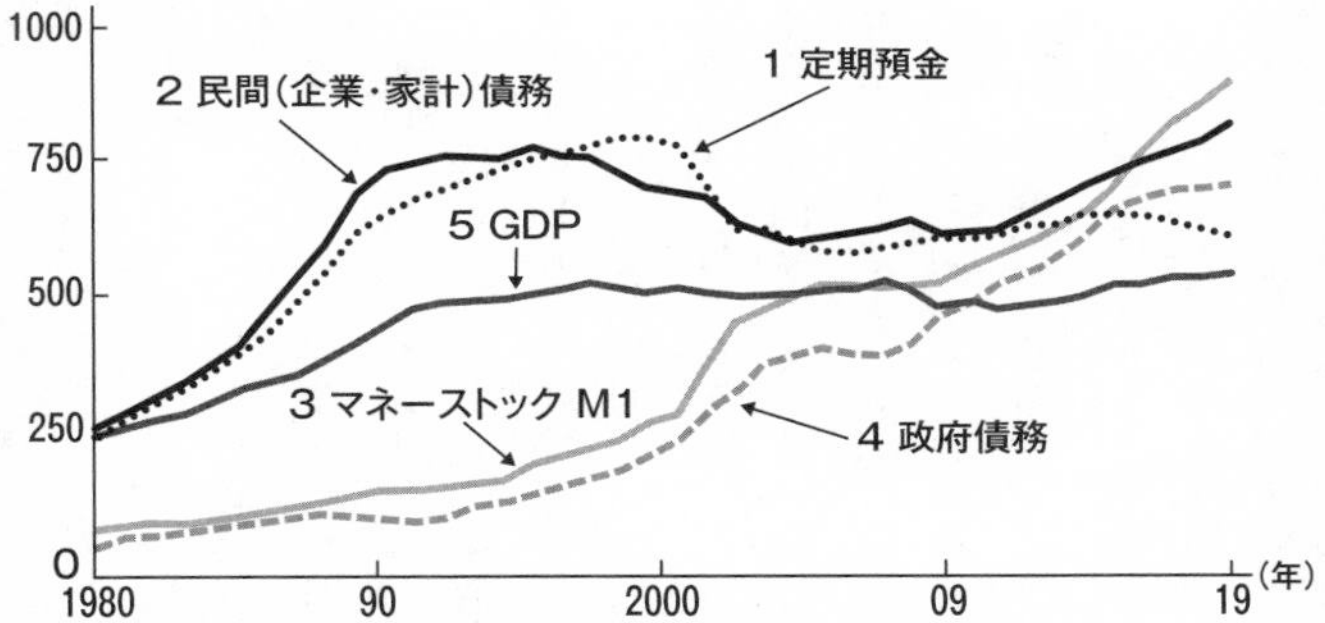

出所：日本銀行資金循環統計（2020年公表）をもとに筆者作成

るとしてもそれはあくまでも民間の投資活動を側面支援するための限定的なものとなり、不況対策の主役には決してならない。第1章の「驚きの結果その3」で検証したように、政府債務による財政出動は確かにM1を増加させた。しかしながら、このM1の増加は必ずしもGDPの増加に貢献しなかったということが上述のリフレ理論の破綻でも明白となった。

　では民間債務や政府債務は実際にどのようにGDPに貢献したのであろうか。このことを検証するために第1章の**図1・5**からM3と債務総額を除き、GDPを新たに重ね合わせた**図2・3**を作成した。定期預金と民間債務（曲線1と2）、およびM1と政府債務（曲線3と4）が密接な正の相関関係になっていることについてはすでに「驚きの結果その2」および「その3」で述べた。すなわち、民間の借金が増減すれば投資活動も増減し、それに伴って貯蓄（フロー）や定期預金

（ストック）も増減する。さらに、政府が借金をすればするほどM１は増大する。そうした正の相関関係である。

そこでここではこうした借金がＧＤＰにどのような影響をもたらしたのかについて検証する。上述のケインズの所得決定式から、家計や企業が借金をすれば消費や投資が増大し、政府が借金をすれば政府支出が増大するので、いずれの場合にも景気を刺激し、ＧＤＰを押し上げることになる。ほとんどのマクロ経済学のテキストはそう教えるが、本当にそうだろうか。まず民間の債務とＧＤＰとの関係であるが、企業や家計の借金で設備投資や住宅投資が増大すれば、マクロレベルで投資が増大し、その結果、雇用も拡大し、賃金や消費も増加する。逆に不況で投資が下落すれば、賃金も下がり、消費も下落する。このように、企業や家計の債務とＧＤＰには正の相関関係があることは容易に想定できる。**図２・３**より１９９０年までは、企業・家計の債務（曲線２）とＧＤＰ（曲線５）がともに成長しており、バブル崩壊後は企業・家計の債務が激減し、その結果、設備投資や住宅投資も激減し、ＧＤＰの成長もそれに伴って停滞したということが観察される。そこで両者の相関関係を求めてみたところ相関係数＝０・９０９となり、非常に密接に関係していることが判明した。バブル崩壊後に民間債務が急速に減少しているので、この密接な正の相関関係から民間債務の減少がＧＤＰを大きく下落させた要因となったのはほぼ間違いないであろう。次に政府の債務とＧＤＰとの相関関係を求めたところ、相関係数＝０・６２４となり、あまり相関がないことが判明した。

効率が悪い政府債務

そこで相関関係だけではなく、民間債務と政府債務が具体的にＧＤＰにどのように影響を与えたのかをさらに検証するために因果関係による多変量解析を行ったところ、以下のような結果を得た（単位：10億円）。

GDP＝132,873＋0.4638＊民間債務＋0.10796＊政府債務（決定係数＝0.88795）

すなわち、民間投資が増減すればその46％のＧＤＰを増減させるが、政府債務をいくら増大してもその10％しかＧＤＰの増大に寄与しないということが判明した。同じ金額の借金をしても政府債務の場合には民間の場合に比べてその約5分の1しかＧＤＰの増大に貢献しないのである。マクロ経済学のテキストでは、投資の対ＧＤＰ効果を投資乗数、政府債務の対ＧＤＰ効果を財政乗数として、どちらも同じ乗数倍でＧＤＰを増加させると説明する。マクロ経済の所得決定式[*7]に従えば、例えば限界消費性向を０・６、税率を０・16とすれば、投資乗数・財政乗数ともに２・９７６となり、投資や政府債務の約３倍のＧＤＰが増大するとする。

しかるに今回、民間債務や政府債務という債務貨幣の視点でGDPとの関係を捉え直してみたところ、ケインズ経済学のこれまでの常識に反する驚くべき実態が浮かび上がってきた。すなわち、経済を同じ債務金額で活性化させるとすれば、政府債務のほうがはるかに効果が悪いのである。M1とGDPはほとんど相関関係がないという点についてはすでに述べた（相関係数＝0・452）。これらを組み合わせると、政府債務はマネーストックM1は増大させるが、GDPはそのわずか10％しか増やさないということになる。民間債務のわずか約5分の1である。リフレ理論に基づく金融政策でベースマネーM0をいくら増やしてもGDPはその6％しか増やさないということはすでに検証したが、政府債務によるケインズの財政政策もその10％しかGDPに寄与せず、同様に効果がないことが判明した。

なぜこのような財政政策の破綻が生じたのか。**図2・3**から観察できる民間債務が激減し始める1995年から2012年の期間をとって、上の回帰式を用いて簡単な計算をしてみた。民間債務はその間120兆円減少しており、GDPを55兆円（＝120＊0・46）減らしている。他方、政府債務は392兆円増加しており、GDPを39兆円（＝392＊0・1）増やしている。よって両者によるGDPの増減を合計すると、16兆円減少（＝－55＋39）したことになる。実際のGDPデータではこの間にGDPは19兆円減少しているので、この回帰式で求めたGDPの減少額16兆円とかなり近い値となっている。

1995年から2012年の間、日本の債務総額は272兆円（＝392－120）増大しており、マネーストックM3も271兆円とほぼ同額増大している（M3≒債務総額）。さらにマネーストックM1は実に391兆円も増加していたにもかかわらず、GDPは19兆円も減少したのである。もしこの間、政府の債務を全て民間に肩代わりしてもらっていたらどうなったであろうか。すなわち、272兆円の債務純増額を全て民間に投資してもらったとして、政府は側面からこの民間債務の返済を補償する政策に切り替えたとするのである。その結果、GDPは実に125兆円（＝272＊0・46）も増加することになり、日本の「失われた30年」はたちまちにして消滅し、「ジャパン・アズ・ナンバーワン」の再来となったであろう。このような単純な計算からも、ケインズの財政政策・反緊縮財政は破綻していることは明白である。

財政乗数神話の破綻

この財政政策の破綻を覆い隠してきたのが財政乗数の神話である。マクロ経済学のテキストでは、政府支出が増加すれば、その乗数倍のGDPが増加すると説明している。すなわち、「GDPの増加＝財政乗数＊政府支出の増加」とする。この乗数効果が1年後なのか、はたまた数年後にそうなるのかの説明はない。いわゆる比較静学という手法を用いて2つの均衡状態を比較分析しているにすぎないからである。しかしながらテキストでこれを学んだ学生は、10

兆円の財政出動を1回限りで実施してもたちまちにしてGDPが30兆円も増加するという、あたかもマジックにかかったかのように短絡的に理解するようになる。マクロ経済学を学んだ読者の皆さんはいかがだろう。私たちは簡単なASDマクロ動学モデルを構築してこの誤りを指摘した。[*8] すなわち、1回限りの財政出動は一時的にはGDPを増加させるが、その後は直ちに元の水準に戻るのである。卑近《ひきん》な例で恐縮であるが、今回の新型コロナ危機対策として国民一人当たりに10万円を支給しても、それが全て食事（ビール等）や旅行等で消えてしまうとすれば、GDPは一時的に12・6兆円増大するが、翌年にはGDPは元の水準に戻り、結果的に12・6兆円の政府債務のみが残ることになる。

この財政乗数の神話で乗数倍のGDPが増加するためには、政府は毎年同額の財政出動を継続しなければならない。1990年からの失われた30年間で、政府は年平均で約20兆円の財政出動を継続してきた。そこでこの30年間の継続財政出動で新たな均衡状態が達成されたと仮定して3倍の財政乗数を適用すると、GDPはその財政乗数倍の60兆円（＝3＊20）増大することになる。その間、政府の債務は600兆円に累積する。事実、政府の累積債務はこの30年で595兆円も純増している。すなわち、政府はこの30年間で年間のGDPを上回る600兆円もの借金をしたにもかかわらず、わずか60兆円のGDPしか増加させられなかったのである。前の回帰式にこの額を当てはめて計算すれば、この間のGDPの増加は60兆円（＝0・1＊600）

となる。財政乗数を3として計算したGDPの増加分60兆円と一致する。

このように政府はケインズ経済学の積極財政政策で、毎年平均で20兆円という財政出動をこの30年間継続してきたが、年間当たりでは、上の回帰式による計算から毎年わずか2兆円（＝0・1＊20）のみを積み上げてきたにすぎない結果となる。すなわち、財政出動によるGDPはこの30年間でわずか60兆円しか増加せず、「失われた30年」からの脱出に失敗した。他方、1995年から2012年の期間に限れば、民間債務は120兆円減少しており、GDPを55兆円（＝120＊0・46）も減らしたのである。これでは、民間債務の減少に伴うGDPの減少55兆円を600兆円の政府債務によるGDPの上増し60兆円でなんとか穴埋めしただけで、この間のGDPの純増はわずかに5兆円だけとなる。これでは財政政策による「失われた30年」からの脱出は全く不可能である。すなわち、日本の財政政策は破綻したのである。

私たちはこの間、ケインズ経済学の財政乗数の神話に洗脳されて、政府は毎年20兆円もの財政出動をしているので、その乗数倍の60兆円のGDPが毎年増加し、やがて不況から脱出できるようになるという幻想に騙し続けられてきたのではないのだろうか。政府やその政策担当者、銀行マン、金融アナリスト、マスコミ、大学の先生やその学生等々、みんなそのように騙されながらもじっと耐えてきたのではないのだろうか。そして気がつけば政府は借金を垂れ流し続けて、日本経済を1000兆円を超える借金地獄の奈落の底に突き落としていたのである。

以上、内生的債務貨幣理論を用いて検証してきた結論は、私たちはケインズ経済学の金融・財政政策やリフレ理論の洗脳から直ちに解放されなければならないということである。新古典派やケインズ経済学といった主流派経済学はもはや破綻しているのであり、日本の「失われた30年」を救済できなかったし、今後も救済できないのである。では「失われた30年」から脱出するためにはどうすればいいのか。正解はただ一つ、「公共貨幣システム」に今すぐに移行することである。そして政府債務を直ちにゼロにして借金地獄から日本経済を救出し、第5章で提案する公共貨幣政策「新国生みイニシアティブ」を直ちに実施するのである。本書はそうした道筋を示す未来への指針となるであろう。希望を持って本書を読み進めてほしい。

2.3 主流派IS-LM理論の破綻

1 IS-LMによる不況（大恐慌）の原因分析

主流派のケインズ経済学は前で述べたように、破綻した。その原因は外生的貨幣論に立脚してマクロ理論を構築したことにある。しかしそこで展開した議論は、あくまでも日本の「失われた30年」に立脚した事例であり、そうした例をもってケインズ経済学は一般的にも破綻したとは言えないのではないのか。他の先進諸国では今でもケインズの財政・金融政策、量的緩和

（QE）政策は有効ではないのか。懐疑的な読者はそのように思われるかもしれない。そこでここでは一般的にもケインズ経済学は破綻しているということを論証したい。

現在、世界中のほとんどの大学でケインズのマクロ経済学を学ぶと必ず出てくるのがIS－LM曲線を用いた所得決定メカニズムである。よって、ケインズ経済学の破綻ということは教科書で用いられているIS－LM理論の破綻でもある。ここではケインズ経済学をこのように捉えて、IS－LM理論のどこが間違っていたのかを論ずる。そうすることで、1960年代からマクロ経済学で支配的になってきた財政・金融政策の呪縛によって犠牲となった日本を、悪夢の「失われた30年」から解放したい。

IS－LM理論とは、財・サービス市場と貨幣市場が同時に均衡する利子率と国民所得の組み合わせを求めるマクロ経済学の分析手法であり、ケインズの『一般理論』をもとにジョン・ヒックスが考案した。[*9] 縦・横軸にそれぞれ利子率・国民所得をとり、IS曲線とLM曲線の交点を求め、それをもとに財政・金融政策の効果を分析する。IS－LM理論の詳細については、どのマクロ経済学の教科書でも取り上げているので、紙面の都合でここでは省略する。本書で参照するのはマクロ経済学の代表的な教科書であるハーバード大学のマンキュー教授（N.Gregory Mankiw）の『Macroeconomics, Ninth Edition, 2016』である。この標準的な教科書は世界中の大学で広く利用されており、筆者（K）が勤務しているトルコの大学でも使用されている。

図2.4　IS-LMによる不況分析：有効需要不足（左）と貨幣収縮（右）

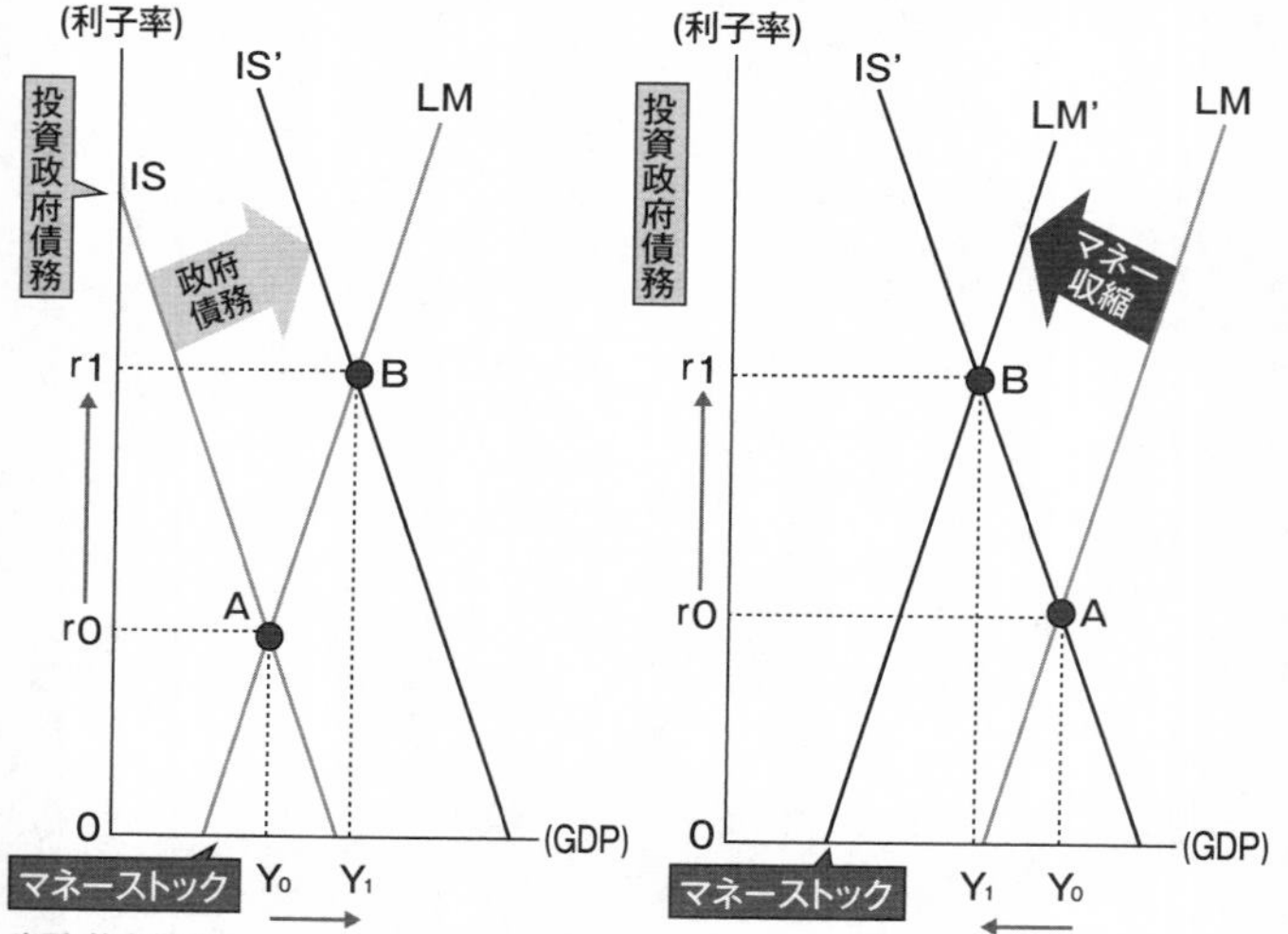

出所：筆者作成

　ＩＳ曲線は財・サービス市場における生産と需要（＝消費＋投資＋政府支出）を均衡させる式から、**図2・4**左にあるようにＧＤＰ・利子率の平面図における右下がりの曲線として描かれる。一方、ＬＭ曲線は貨幣市場におけるマネーストックの供給と需要（流動性選好）を均衡させる式から、右上がりの曲線として描かれる。両曲線が一致する点がマクロ経済の均衡点となり、そこでＧＤＰ（所得）と利子率が決定される。**図2・4**のＡ点やＢ点である。

　ではこのＩＳ－ＬＭ曲線を用いて、経済不況や１９２９年の世界大恐慌の原因が究明できるのであろうか。原因が究明できなければその対策もとれない。１９３６年に出版された『一般理論』でケインズは有効需要の不足が原因であると分析した。すなわち、左の図でＩＳ曲線が左にシフトすれば均衡点はＢからＡに移動し、ＧＤＰは、Y_1からY_0へと減少する。不況や大恐慌はＧＤＰが下落することであり、その結果、大量の失業が発生するとすれば、このＩＳ曲線の左シフトが不況や大恐慌の原因であると分析できる。この左シフトを引き起こすのが、消費や投資等の需要の減少である。ケインズはこの需要を有効需要と呼んで、大恐慌の原因は有効需要の不足であると分析した。これがケインズ経済学のエッセンスである。

他方、１９３３年にシカゴプランという貨幣改革案を手渡されたフィッシャーは、１９３５年に出版した『１００％マネー』で債務貨幣の収縮が原因であると分析した。すなわち、右の図でＬＭ曲線が左にシフトすれば、ＧＤＰはY_0からY_1へと減少する。債務貨幣のもとではマネーストックは増減を繰り返し、バブルやデフレを引き起こすので、大恐慌はこうしたマネーストックの収縮によって引き起こされたのだと分析した。その後、１９７６年にノーベル経済学賞[*10]を受賞したマネタリストのミルトン・フリードマン（１９１２〜２００６）もこのフィッシャーの分析を引き継ぎ、債務貨幣収縮が世界大恐慌の原因であることを検証した。

しかるに前述のマンキューの教科書の第12章では、ＬＭ曲線の左シフトによって世界大恐慌がもたらされたという債務貨幣収縮仮説を否定する。理由は２つ。ＬＭ曲線が左シフトするためには、実質マネーストックが減少しなければならないが、１９２９年から１９３１年にかけてはこれがわずかに上昇している。さらに、もしＬＭ曲線が左シフトしたとすれば、利子率はr_0からr_1へと上昇しなければならないが、１９２９年の世界大恐慌では名目利子率が１９２９年の５・９％から下落を始め、１９３５年には１％を割ってゼロ金利となっている。こうした２つの理由があれば債務貨幣収縮仮説を否定するに十分である（sufficient to reject the view）とする（原書３５４ページ）。

以上より、主流派経済学による不況や大恐慌の原因は有効需要の不足によるＩＳ曲線の左シフトであるとなる。債務貨幣の収縮によるＬＭ曲線の左シフトでは世界大恐慌に伴う利子率の下落が説明できないので、ＩＳ－ＬＭ理論により債務貨幣の収縮は大恐慌の原因ではありえないと結論する。マンキューは、この債務貨幣収縮仮説の提唱者としてフリードマンを挙げているが、オリジナルの提唱者であるフィッシャーのことは決して取り上げない。このようにしてフィッシャーの『１００％マネー』における分析はマクロ経済学の教科書からは完全に抹殺されてきた。

2　IS-LM理論による財政・金融政策の破綻

それでは不況や大恐慌の原因を有効需要不足と分析したケインズ経済学は、どのような不況脱出のための処方箋を書いたのであろうか。解決策はIS曲線を右シフトさせて再び元の状態に戻すことであるが、不況下で民間の消費や投資を増大させるのは不可能に近い。そこでケインズ経済学の代表的な財政政策の登場となる。図2・4の左図より、政府が財政出動（国債発行）して政府支出を増やせば、IS曲線は今回は不況の場合とは逆に右にシフトして、元の均衡点Bが達成される。すなわち、GDPはY_0からY_1へと増大する。これがケインズの財政政策となる。ただし、この図から明らかなようにこの財政政策によってGDPは増加するが、同時に利子率もr0からr1へと上昇する。マネーストックが外生的に供給される所与のもとで、限られた資金を政府と民間が奪い合うからである。このことをクラウディングアウトと呼ぶことはすでに述べた。

利子率が上昇すれば国債価格は暴落するので、政府はこの価格下落によるデフォルトを回避するために、こうした財政出動は限定的にすべきであると主流派経済学は警告する。すなわち、政府の財政はプライマリーバランスを達成するような健全財政でなければならないとする。日本政府はこのような警告に惑わされて、建前上はプライマリーバランスの目標を掲げながらも、本音では「失われた30年」からの脱却を目指してせっせと財政出動を繰り返してきた。すでに第1章で考察したとおりである。しかしながら、主流派が警告するようなクラウディングアウトは日本では生じなかった。すなわち、IS‐LM分析は間違いであった。

このクラウディングアウトを回避しつつGDPを増加させようとするのがケインズ経済学の金融政策である。前述のように、外生的貨幣論をとるIS－LM理論では貨幣の内生的収縮は否定するが、中央銀行によるマネーストックの制御の可能性は否定しない。そこで**図2・4**の右図にあるように、中央銀行がマネーストックを増加させればLM曲線は右にシフトして、GDPはY_1からY_0へと増加する。同時に利子率もr1からr0へと下落して、クラウディングアウトが回避できるというのである（ポリシー・ミックス）。

しかるに「失われた30年」では、この金融政策は効果を発揮しなかった。そこで登場したのが異次元と呼ばれる貨幣供給の量的緩和（QE）である。この金融緩和で利子率は下落したが、消費や投資は増えず、GDPも停滞を続け、気がつけばいつの間にか流動性の罠にはまって利子率はゼロとなり、もはや金利操作による金融政策によっても操作不能となってしまった。すなわち、IS－LM理論は「失われた30年」を救済できなかったのであり、破綻した。

2.4 IS－LM理論のパラダイムシフト

1 内生的債務貨幣によるパラダイムシフト

ケインズの『一般理論』出版の翌年1937年にヒックスらによって提唱されたIS－LM

理論は、その後、経済学の入門教科書等で広く紹介され始めた。標準的な教科書で取り上げられたことでＩＳ－ＬＭ理論は経済学のパラダイムとなり、その後今日に至るまで半世紀以上にわたってマクロ経済学における所得決定理論として君臨してきた。このＩＳ－ＬＭ理論のパラダイムがいま破綻し始めている。前述したようなクラウディングアウトや債務貨幣収縮の状況でも利子率は低下するという現実の経済現象が説明できないからである。ＩＳ－ＬＭ理論のこうした破綻の原因は、マネーストックは外生的な所与《しょよ》であり中央銀行によってのみ制御されると想定することにある。すでに議論したとおり、マネーストックは経済活動から内生的に生み出されるとして、貨幣数量説のフレームワークの中ではマネーストックは取引量の関数とならなければならないとし、Ｍ＝Ｍ（取引量）と表現した。ＩＳ－ＬＭ理論のフレームワークでは、この取引量をさらに所得の取引量であると狭義に限定して分析するので、マネーストックは所得の関数Ｍ＝Ｍ（所得）とならなければならない。所得は消費や投資、政府支出等の有効需要で決まるが、投資や政府支出のためには民間（家計や企業）や政府の債務（借金）が先行することになる。家計や企業が借金をするということは投資を行うためであるので、民間が投資をしたり、政府が国債を発行すれば、第1章で検証したようにマネーストックが内生的に増加することになる。すなわち、ＬＭ曲線に現れるマネーストックは所与のものではなく、投資と政府債務の関数とならなければならない。したがって、

M＝M（投資、政府債務）

となる。投資と政府支出で有効需要が決まりＩＳ曲線が描かれれば、マネーストックも同時に変動するので、ＬＭ曲線もそれに連動して描かれなければならなくなる。これが私たちが今回見出したＩＳ－ＬＭ曲線の内生的債務貨幣によるパラダイムシフトである（図２・５）。

2 パラダイムシフトによる「失われた30年」の説明

ではこのパラダイムシフトで、日本の「失われた30年」がうまく説明できるのだろうか。図２・５で、Ａ点をバブル崩壊後の不況の状態とする。政府は積極的に財政政策を導入してＩＳ曲線を右にシフトさせた。その結果、Ａ点はＢ点に移動し、ＧＤＰもY_0からY_1に増加した。すでに見たように１９９５年から２０１２年の期間に限って分析を適用すれば、民間債務１２０兆円の減少で投資が減少し、その結果ＧＤＰが55兆円減少した（Ｂ点→Ａ点）が、６００兆円の政府債務の増加でＧＤＰを60兆円増やしてなんとかこの穴埋めをした（Ａ点→Ｂ点）。この積極財政の継続によるＩＳ曲線のシフトに連動して、政府債務が６００兆円も増大してマネーストックを増やし、ＬＭ曲線も同時並行的に右にシフトさせたのである。そして気がつけば流動性の罠にはまり、金利がゼロとなるC点まで移動していた。すなわち、A→Bという伝統的な財政政策の効果は発生せず、A→Cへと移動したのである。投資減少に伴うGDPの下落（Y_1→Y_0）をわずかに回復して、GDPはさらにY_2へと微増した。日本の「失われた30年」の成れの果てがY_2なのである。

さてこのようにIS曲線とLM曲線を連動させれば、主流派経済学が主張するクラウディングアウトは発生せず、またそれに伴う利子率上昇での国債価格の暴落もないので、財政政策はプライマリーバランスに制約されるべきだという主流派の強迫観念に政府は縛られることもなかった。国会での無意味な政策論争に時間を無駄に費やすこともなかった。

図2.5　IS-LM内生的債務貨幣理論による「失われた30年」の分析

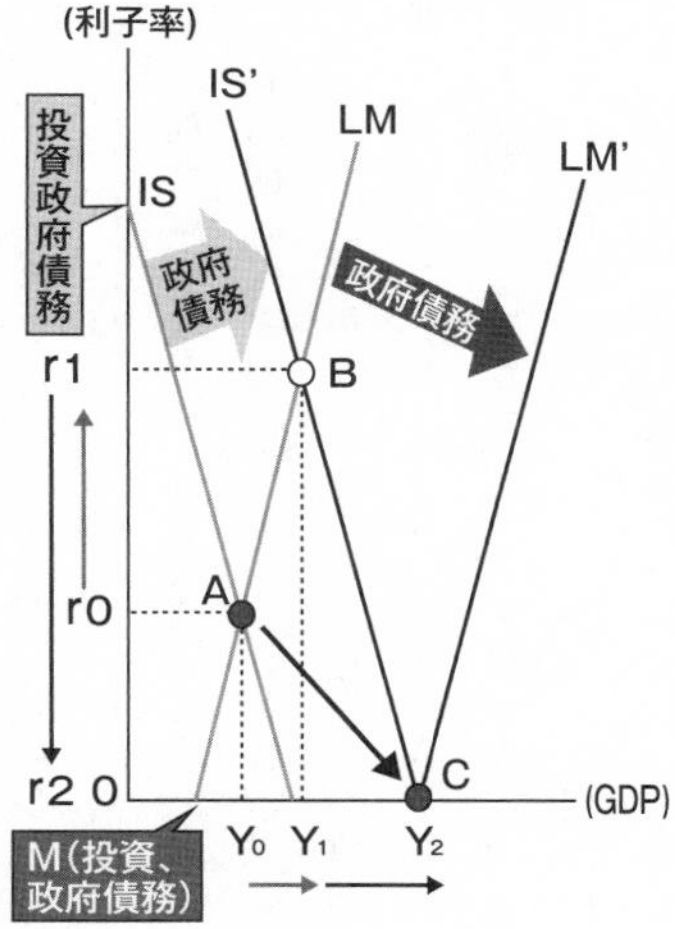

出所：筆者作成

それではこのパラダイムシフトによる新しいIS-LM理論で、「失われた30年」を脱出するシナリオが描けるのであろうか。まず公共貨幣システムに移行してマネーストックが制御されるようになることで、このIS－LMの連動シフトを断ち切り、LM曲線を図のLM'の場所で留める。次に公共貨幣政策を実施して、政府債務ではなく民間投資（企業の設備投資と家計の住宅投資等）を促進する（詳細は第5章を参照）。すでに見たように、政府債務の増加は投資の増加に比べてGDPの増大にその約5分の1しか貢献しない。ケインズ理論は単年度で生産の需給をバランスさせる政策を提案するので、投資や政府債務のいずれの増加でもIS曲線を右にシフトさせることができるとする。しかしながらすでに述べたように、政府債務による増加の場合にはビールを飲んで債務だけが残る愚策となる。他方、投資を増やせば資本が蓄積され雇用も増大するので、次年度からのGDPの潜在生産力が高まる。同じ額でIS曲線を右シフトさせるとしても、投資による効果は約5倍高くなるのである。IS－LM理論の欠陥は、このようなGDPの成長をダイナミック（動学的）に捉えられない点にある。私たちが提案している会計システムダイナミックス（ASD）でマクロ経済モデルを組めば、このことは一目瞭然である。読者の皆さんには、公共貨幣に移行して投資促進等の公共貨幣政策を実施すれば、どのように「失われた30年」から素早く脱出できるのかを、**図2・5**を用いてIS曲線をさらにIS'からIS"へと右シフトさせて思考実験してほしい。

3　パラダイムシフトによる不況・大恐慌の分析

このIS‐LM内生的債務貨幣理論を用いれば、マネーストックが縮小してLMが左にシフトしても、金利上昇を招くことなくGDPの下落が説明できる。すなわち、マンキューが否定した債務貨幣収縮による不況や大恐慌が、歴史的事実に即しながら説明できるようになる。すでに繰り返し述べてきたように債務貨幣はバブルとデフレを内生的に繰り返す。そこで、ここではバブルがはじけてマネーストックが収縮し始めた時点を**図2・6**のA点から考察する。マネーが減少した結果、LM曲線が左シフトし、A点からB点に移動してGDPもY_0からY_1に減少する。不況や大恐慌の発生である。ただし、これでは利子率もr0からr1に上昇するので、マンキューも指摘しているように1929年の大恐慌下で発生した利子率の下落が説明できない。そこで彼はこの債務貨幣収縮仮説を否定した。

図2.6　IS-LMの内生的貨幣による世界大恐慌の分析

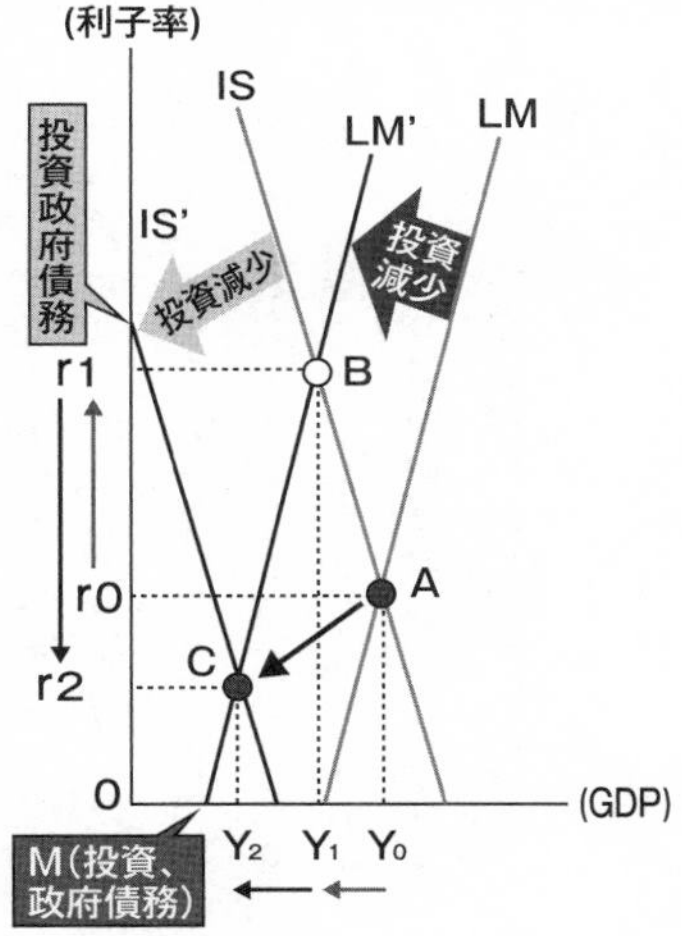

出所:筆者作成

　逆に私たちはここでパラダイムシフトが生じて、IS曲線もLM曲線に連動して同時に左シフトすると分析する。

なぜならば、バブルが破裂し不況に突入しているので民間部門での投資等の有効需要が減少するからである。このようにしてＩＳ曲線も連動して左シフトし、均衡点はB点からC点に移り、ＧＤＰはY_1からさらにY_2へと減少する。他方、利子率であるが、貨幣収縮が起これば資金不足が発生するかもしれないが、投資削減でそれ以上に資金需要が減少して資金過剰となり、その結果、利子率も同時にｒ１からｒ２へと下落する。こうした一連の動きはまさに１９２９年の世界大恐慌をＩＳ－ＬＭ曲線で再現していることになる。すなわち、このパラダイムシフトのＩＳ－ＬＭ理論で債務貨幣収縮による不況と大恐慌が説明できたのである。

　ケインズはＩＳ曲線の左シフトが大恐慌の原因であるとした。他方、フィッシャーはＬＭ曲線の左シフトが大恐慌の原因であるとしたが、彼の「１００％マネー」による貨幣改革プログラムはその後タブーとされ、さらにマンキューらによるマクロ経済学の標準的な教科書からも、債務貨幣収縮はＩＳ－ＬＭ理論では説明できない誤った仮説であるとして抹殺された。世界大恐慌直後に提案されたケインズの有効需要不足仮説とフィッシャーの債務貨幣収縮仮説を何とか統合できないかと孤軍奮闘して辿り着いたのが、会計システムダイナミックス（ＡＳＤ）の手法によるマクロ経済モデルの再構築である[*11]。そしてＡＳＤマクロ経済モデルでケインズとフィッシャーの２つの理論を統一することに成功した。さらに、本章で紹介した分析でこれら２つの理論を教科書レベルのＩＳ－ＬＭモデルという枠組みにおいても統一することができた。

すなわち、債務貨幣システムにおける不況や大恐慌の原因は、バブル崩壊に伴う債務貨幣の収縮によって引き起こされる（LM曲線の左シフト）ということであり、それがさらに有効需要不足という形（IS曲線の左シフト）で実物の財・サービス市場を直撃して、不況や失業をさらに深刻化させ、長引かせることになるのである。不況や大恐慌はいつでもA点→C点というIS-LM曲線の連動によるマクロ経済のシフトで発生するのである。このように不況や大恐慌の直接原因は「債務貨幣の収縮である」という認識が本章で読者とも共有できたのではないのだろうか。すなわち、債務貨幣システムから公共貨幣システムへと移行しなければ、私たちは永遠に「失われた30年」の長期不況から脱出できないという認識の共有である。

以上、IS-LM曲線の内生的債務貨幣によるパラダイムシフトを用いれば、「失われた30年」や世界大恐慌が実際のデータと整合的に説明できるということを考察してきた。このパラダイムシフトでIS曲線とLM曲線をGDP・利子率の2次元平面のどの点にでも自由に連動させて移動することが可能となるからである。その結果、財政・金融政策の効果も事後的に検証できるようになる。

しかしながら、読者の皆さんには誤解しないでいただきたい。このパラダイムシフトによる分析は、あくまでも事後的な経済変動についてのみ可能であり、従来のマクロ経済学の教科書が説明してきた財政・金融政策の事前予測も可能となるということを決して意味しないということを。もともとＩＳ－ＬＭ曲線はケインズの所得決定式を簡単に図示化し、さらにそれらの政策効果を事前的に予測するために用いられてきた。しかしながら、このパラダイムシフトに伴うＩＳ－ＬＭ分析では、両曲線が連動するために、均衡点がどの方向にどのように移動するのかといった事前予測は全く不可能となる。これがこのパラダイムシフトによるＩＳ－ＬＭ分析の限界である。ケインズ経済学の外生的債務貨幣論の崩壊で、過去半世紀以上にわたってマクロ経済学の教科書を支配してきたパラダイムも崩壊し、シフトせざるをえなくなったのである。ＩＳ－ＬＭ理論のパラダイムシフトとは、まさに主流派ケインズ経済学のパラダイムシフトでもある。私たちが構築した会計システムダイナミックスによるマクロ経済分析へのシフトである。

＊1　シカゴプランを骨抜きにする代案として1933年に成立した銀行法で、連邦預金保険公社（FDIC）を設立し、銀行業務と証券・投資業務を分離するという骨子からなる。詳細は『公共貨幣』第8章「シカゴプラン（貨幣改革）とは何か」を参照。

＊2　例えば、『ゾンビ経済学―死に損ないの5つの経済思想』ジョン・クイギン著、山形浩生訳、筑摩書房、２０１２年。

＊3　潜在産出量と実際の総産出量の差として定義される産出量ギャップのことではない。

＊4　『公共貨幣』第8章、186ページを参照。

＊5　現金預金比率（α）、法定準備率（βr）、超過準備率（βe）とすれば、貨幣乗数（m）は

$$m=\frac{\alpha+1}{\alpha+\beta r+\beta e}$$

と求められる。ここで現金預金比率は家計や企業の流動性選好で決まる値であり、超過準備率は銀行の預金貸出で決まる値である。もし何らかの外的要因で現金預金比率や超過準備率が上昇すれば、日銀は法定準備率しか制御できないので貨幣乗数は下落し、M1も制御できなくなる。

＊6　私たちは本書で、貨幣の総量を以下のように分解して分析してきた。

マネーストック(M3)＝ベースマネー(M0)＋機能的貨幣(Mf)＋定期預金(MT)

ここでさらに主流派の外生的貨幣理論を拡張して多変量解析を行ったところ、以下の結果を得た。

GDP＝126,489＋0.0935＊M0＋0.2086＊Mf＋0.4502＊MT（決定係数＝0.96497）

予想どおりベースマネーM0の回帰係数は0・0935と一番小さく、実質的にはGDPにほとんど影響を与えないレベルである。しかしながらこのような外生的に供給されるマネーストックを仮定した回帰分析から因果関係を導くのには無理がある。定期預金が原因でGDPが結果となっているからである。第1章ですでに見たように民間の債務が投資を決め、GDPが決まり、そこで発生したマネーストックが定期預金となるというのが、債務貨幣理論における正しい因果関係である。したがってこのことからも、マネーストックが外生的に供給されるというこの因果関係の回帰式は成立しない。

＊7　GDP（Y）、消費（C）、政府支出（G）、税収（T）、投資（I）、政府債務（ΔD）、限界消費性向（c）、税率（t）とすると、マクロ経済の所得決定式は以下のようになる。

$Y=C+I+G$：所得決定式

$C=c(Y-T)$：消費関数

$T=tY$：租税関数

$G=T+\Delta D$：政府の予算式

以上より、GDPは以下のようにして求まる。

$$Y=\frac{1}{(1-c)(1-t)}(I+\Delta D)$$

ここで投資乗数、財政乗数ともに $1/(1-c)(1-t)$ となり、$c=0.6$、$t=0.16$ とすれば、これらの乗数は2.976となる。投資は全て民間債務で行われるとすれば、GDPは民間と政府の年間の債務総額の約3倍として決まる。ただし、単純化のために純輸出の効果はここでは無視している。

＊8 Yamaguchi (2013) Chapter 8. 巻末「主要参考文献」参照。

＊9 Hicks (1937). 巻末「主要参考文献」参照。

＊10 正式名称「アルフレッド・ノーベル記念経済学スウェーデン国立銀行賞」。ノーベルの遺言と遺産によって設立され1901年から毎年授与されているのは物理学、化学、生理学・医学、文学、平和の5部門だが、1969年からスウェーデン国立銀行（中央銀行）の寄付により経済学賞も授与されるようになった。同賞の授与には批判的なノーベルの末裔がいることでも知られるが、貨幣改革は経済学におけるタブーであり、部分準備銀行制度に基づく債務貨幣システムを分析した受賞者は皆無である。

＊11 詳細は『公共貨幣』を参照。

第3章　MMTは債務貨幣のデザイン欠陥を隠蔽

3.1 貨幣理論を分類すれば4つしかない

貨幣理論を4つにグルーピング

現在、国内でMMT（現代貨幣理論）がにわかに広がっている。本章ではこの理論が虚偽であることを公共貨幣の理論から検証する。そこで貨幣理論におけるMMTのポジショニングを明確にすることから議論を始める。そのために本書の「はじめに貨幣の定義あり」で掲げた貨幣の分類表をベースに、今回新たに貨幣理論の分類表を作成した。その結果、一見複雑多岐にわたるように見える貨幣理論も、突き詰めれば**図3・1**のような4つに大別できることがわかった。貨幣の分類という視点から眺めれば、貨幣理論は実に簡単に4つにグルーピングできる。これは私たちにとって本書執筆に伴う大きな収穫であった。一般に「主流派理論」と呼ばれる貨幣理論は、私たちの分類表では貨幣無用論と債務貨幣論〈フロー手法〉の2つからなる。これら両者に共通するのは、貨幣は外生的に供給されるという考え方である。そこでまず、これらの主流派理論から簡単に概観してみよう。

1　主流派貨幣理論1：貨幣無用論（商品貨幣論）

図3.1　貨幣理論の分類

貨幣理論の分類				
貨幣理論		概要	モデル	代表的エコノミスト
債務貨幣	主流派1 貨幣無用論 （商品貨幣論）	一般均衡で相対価格が決定。ニューメレールとなる商品の素材が貨幣となり、価格水準（絶対価格）を決定。貨幣は中立的で経済活動のヴェールにすぎない。	新古典派の動学的確率的一般均衡（DSGE）モデル、リアルビジネスサイクル（RBC）モデル等。	アダム・スミス、マルクス、ワルラス、アロー＆ドブリュー、新古典派経済学者、ルーカス等。
	主流派2 外生的 債務貨幣論 〈フロー手法〉	中央銀行がベースマネーを供給。その貨幣乗数倍がマネーストックとなり、銀行は単なる貨幣の仲介者にすぎない。ケインズ理論はマネーストックを外生的貨幣とする。	ケインズ派のマクロ経済学テキストのIS-LMモデル等。計量マクロ経済モデル。	ケインズ、ヒックス、サミュエルソン、ニューケインジアン・主流派経済学者、クルーグマン等。
	内生的 債務貨幣論 〈ストック 手法〉	中央銀行がベースマネーを供給。それをもとに銀行が無から預金（信用）を内生的に創造・破壊。MMTは貨幣をIOU（借用証書）と定義し、政府債務（国債発行）を政府の貨幣発行とみなす。	1930年代から最近までタブー視されてきた貨幣論。貨幣改革論（米国貨幣研究所AMI）系とMMT系が対立。経済モデル不在の論争。	マクラウド、シュンペーター、シカゴプランの8名のシカゴ大学経済学者やフィッシャー、フリードマン、ミンスキー、S. キーン、ヴェルナー、MMT論者等。
公共貨幣	公共貨幣論	公共貨幣は立法府（政府）が公共の純資産として発行。これによりインフレ、不況を克服し、物価安定、持続的経済成長、完全雇用、福祉が実現される。EPM（電子公共貨幣）を〝未来の貨幣〟と提唱。	ASD（会計システムダイナミックス）モデルで、債務貨幣（フロー・ストック手法）を内生的貨幣の表・裏として統合。ASDマクロ経済モデル。	シカゴプランを理論的に発展させたフィッシャー（100%マネー論）から派生する貨幣改革論者、ザーレンガ（〝失われた貨幣の科学〟論、AMI）、山口薫等。

出所：筆者作成

貨幣無用論（貨幣の無い価格論）

この理論はワルラスの『純粋経済学要論』（1877年）に始まる一般均衡論からきているが、さらにアダム・スミスの『国富論』（1776年）にまで遡ることができる。生産者や消費者が市場にN個の財・サービスを持ち込み、生産者は利潤最大化、消費者は効用最大化を求めて、市場で交換ゲームを行うというのが一般均衡論のフレームワークである。その交換時に共通の価値尺度があれば、交換がスムーズに行われるので、ニューメレールと呼ばれる価値尺度財を選んで、ゲームを行う。すなわち、〈N－《マイナス》1〉個の財・サービスと1個の価値尺度財からなる市場交換ゲームとなる。その結果、全ての市場で需要と供給が一致する相対価格が存在するというのが、有名なアロー&ドブリューの一般均衡の存在証明である。ここで金や銀を価値尺度財とすればそれらの重量単位が相対価格となる。この一般均衡理論のゲームにおいては、価値尺度財は常に外生的な財として供給され、〈N－1〉個の市場で均衡が成立すれば、残りの価値尺度財市場の需給も常に均衡することになる。これがいわゆるワルラス法則と呼ばれるものである。

この一般均衡理論のフレームワークでは、全ての市場で均衡が成立すれば生産者や消費者はその相対価格で全ての取引を決済することになるので、貨幣は全く必要でなくなる。すなわち新古典派の経済理論での経済取引は一般均衡状態が成立するという論理的世界での取引となり、貨幣は全く無用（Moneyless）となる。全ての交換はN個の財・サービス市場で完結する。しかしながら、こんな空想的で非現実的な経済理論を信じるものは誰もいない。なぜならば、現実世界における市場での交換には必ず貨幣が必要となり、古今東西、貨幣は実在しているからである。筆者（K）は幸運にもバークレー留学時代、ドブリュー先生の数理経済学のセミナーに参加して、一般均衡論を直接学んだ。そしてこの一般均衡論は貨幣の無い虚構であると批判した。[*1]

商品貨幣論

そこで登場するのが貨幣無用論に代わる商品貨幣論である。一般均衡の調整過程で選ばれるニューメレールと呼ばれる価値尺度財はどの財でもいいのだが、歴史的に金や銀が選ばれ、他の〈N－1〉個の財・サービスの価値尺度となったと主張するのがこの商品貨幣論である。この交換ゲームにおいて、例えば金（ゴールド）が選ばれれば、その重さ1ポンド＝16オンス（＝約454グラム）の単位がそのまま貨幣の単位となり、他の財・サービスの価値尺度単位となる。現実の市場経済を説明するためにこのような商品貨幣論に頼らざるをえなくなった古典派経済学は、物々交換から金や銀が商品貨幣として抽出されてきたという虚構の貨幣理論を構築せざるをえなくなった。マルクスの『資本論』もこの虚構から出発している。

さらに金の価格を1オンス＝20ドルと決めれば、ドル表示の絶対価格が決まる。もし金と兌換可能なドル紙幣等の貨幣が流通に投入されたとしても、この交換ゲームではドル兌換券は無用となり、ニューメレールの価格は財・サービスの絶対価格を決めるにすぎず、一般均衡で決まる相対価格からは中立的となる。1850年代のカリフォルニア州でのゴールドラッシュのように、金の生産量が増加すれば金表示の相対価格が上昇し、金の貨幣価値は減少することになるが、1オンス＝20ドルというドル紙幣による絶対価格に変化はもたらさない。すなわち、ドル紙幣は実体経済には中立的な存在となり、単なるヴェールにすぎないことになる。このようにいかなる商品貨幣であったとしても貨幣は中立的となり、実体経済に影響を及ぼさないということになる。

しかるに近年、こうした物々交換から商品貨幣へと発展した証拠（エビデンス）は存在しない、経済学者が単に頭の中で空想した虚構にすぎないと批判され出している。経済学の父アダム・スミスは、1776年の『国富論』で、金（ゴールド）の金属としての性質（錆びないで保存が可能、分割・加工が容易等）が金という財に内在する価値となり、それゆえ金が貨幣として流通するようになったと誤って議論した。[*2] 歴史的に財としての金をベースマネーとする金本位制度が長らく続いたので、未だにこの商品貨幣論に洗脳されている経済学者や政治家が多数いるというのが現状である。

このように考察を進めている過程で、この商品貨幣は本書冒頭で示した貨幣の分類表（図1）

のどの貨幣に分類されるのであろうかといった疑問がふと湧き上がってきた。一般均衡理論におけるニューメレールが商品貨幣として選ばれたのであるから、それが貨幣となるためには分類表の裏（ウラ）の定義による法定通貨でなければならない。さらにこの商品貨幣は金や銀等の素材を媒体として鋳造されるのであるから、この時点で商品貨幣は財（素材）ではありえず、N＋1番目の貨幣とならなければならない。すなわち、N番目の財を金とすれば、それが商品貨幣となるということは金という素材を貨幣の媒体に用いたN＋1番目の金貨が「法貨」として誕生するということになる。こうして新しく誕生した1オンスの重さの金貨に20ドルという価値情報が刻印されるのである。貨幣の分類表から分析すると、商品貨幣はこのように「法貨」として分類されなければならない。しかるにアダム・スミス以来ほとんどの新古典派経済学者は、N番目の金の素材そのものが商品貨幣となりN個の市場で取引が完了するとみなしてきた。一般均衡の虚構の世界で論理を完結しようとすれば、そうせざるをえないのである。しかしながら、金が法貨として誕生するということは、N個の財とN＋1番目の商品貨幣（金、銀、銅等）とからなる新しい市場経済が誕生するということである。一般均衡の論理的な世界ではN個の財・サービス市場で取引が完結する理論であっても、現実の市場経済ではそれでは完結せず、さらにN＋1番目の貨幣が必要となる。*3 こう考えると、N－1個の財・サービス市場が均衡すればN番目の貨幣市場もワルラス法則により均衡が成立するという一般均衡論の方法論そのものが虚構となる。「N個の財・サービス市場＋商品貨幣」のN＋1個からなる現実の市場経済で、新たな一般均衡解は果たして存在するのであろうか。

金本位制（商品貨幣論）の崩壊

このN＋1個の市場では一般均衡解は存在しないということが歴史によって証明された。金を商品貨幣とする金本位制の崩壊である。金本位制のもとで金貨は素材としての金とは別個に法貨として使用されてきたが、その金本位制も長続きはしなかった。N番目の財としての金の素材が不足し、N＋1番目の商品貨幣としての金貨の鋳造ができなくなったのである。すなわち、一般均衡論に立脚する商品貨幣経済は存続できないという歴史的証明が、1971年8月にニクソン大統領による米ドル金兌換停止によってなされた。

そこでこの金本位制崩壊に至る歴史を簡単に概観しておこう。英国では1717年に微積分法を発見したアイザック・ニュートン（当時、王立造幣局長官）によって、4分の1オンスの金が21シリングと決められ、事実上の金本位制がスタートした。そしてその1世紀後の1819年に正式の金本位制となった。米国では1834年、1オンス＝20・67ドルで事実上の金本位制となった。この金価格は、1929年の世界大恐慌後の1933年まで1世紀にわたって使用された。世界大恐慌直後の銀行取り付け騒ぎを鎮めるために、ルーズベルト大統領は193

4年制定の金準備法で金価格を引き上げ、1オンス＝35ドルへと変更したが、事実上、金本位制はこの頃から世界的に崩壊し始めた。

金本位制を守るために、1944年のブレトン・ウッズ体制で、従来の1オンス＝35ドルを維持しつつ、ドルとのみ交換できるという金・ドル本位制に移行した。しかしながら金の生産量は国際経済の成長や貿易取引量に追いつかず、金の需要増で金の価格が上昇し始め、米国からヨーロッパへの金の流出が止まらなくなった。そこでニクソン大統領は1971年8月に金・ドルの交換を停止した。いわゆる「ニクソンショック」といわれる事態となり、金本位制度はこうして歴史的に終焉した。それ以後、今日に至るまで、世界の貨幣制度は金の裏付けのない管理通貨制度に移行した。以上の歴史的経緯より、金のような商品（財）が貨幣となる制度は現在では存在しないし、これに立脚する商品貨幣論は現在では、もはや貨幣理論の分析対象にすらならないのである。

以上まとめると貨幣無用論（商品貨幣論）は以下のような特徴を持つ。

・一般均衡で相対価格が決まり、ニューメレール商品が貨幣となり、貨幣は外生的に供給される。
・貨幣の絶対価格は、相対価格の決定に中立的であり、実体経済活動のヴェールにすぎない。
・商品貨幣としての金（ゴールド）の生産・供給量が制約され、金本位制は1930年代に崩壊した。
・1944年の金・ドル体制も1971年に崩壊し、それ以後は管理通貨制度に移行した。

2　主流派貨幣理論2：外生的債務貨幣論〈フロー手法〉

現在、唯一の主流派貨幣理論としてテキスト等で広く流布されているのがこの外生的債務貨幣論〈フロー手法〉であり、外生的貨幣論ともいわれている。金本位制度のもとで、貴重な金の流通に代わって、ゴールドスミスと呼ばれる金細工師が金を預かり、その預かり証が金兌換紙幣として流通しはじめたのが、近代銀行業の始まりだといわれている。実際、1844年の英国ピール銀行条例制定までは、多くの銀行（金細工師）が銀行券を発行していた。1850年代のゴールドラッシュの米国でも同様であった。やがて預かった金への兌換需要があまりないことに気づいた銀行は、発行した兌換紙幣よりも多くの紙幣を利息をつけて貸し出し始めた。これが部分準備制度の始まりである。万一、兌換需要に見合う金を保管していない場合には、銀行業者が集まって、相互に金の融通を行うようにした。これが中央銀行の始まりである。1844年のピール銀行条例で、民間のイングランド銀行（1694年設立）が発券銀行としての中央銀行の地位を獲得した。その他の民間銀行はイングランド銀行券をベースマネーとして、利付で預金（信用）を無から創造できるようになり、利子という不労所得の暴利を貪《むさぼ》るようになった。こうして中央銀行の発券業務と民間銀行の貸出に伴う預金創造（与信業務）とが分離した近代の銀行制度が発展してきた。

歴史的には、1800年代から中央銀行の設立ラッシュが始まった。1800年のフランス銀行、1816年のノルウェー銀行、1876年のドイツ銀行、1882年の日本銀行、1893年のイタリア銀行、1907年のスイス国立銀行、そして1913年の米国連邦準備制度と次々に設立されてきた。このようにして債務貨幣システムの中央銀行ネットワークが確立されるようになり、その最終の仕上げとなる中央銀行の中央銀行である国際決済銀行（BIS）が1930年にスイスのバーゼルで設立された。さらにブレトン・ウッズ体制による金・ドル本位制に伴い、IMF（国際通貨基金）が1947年に設立され、BISのいわば実務機関として、1969年からはSDR（特別引出権）という中央銀行間の決済のためのお金（勘定単位）を発行し始めた。

主流派貨幣理論その2としての外生的債務貨幣論〈フロー手法〉は、こうして設立された国際銀行ネットワークや中央銀行・民間銀行の業務をいかに正当化するかを目的とするための貨幣理論である。現在、標準的マクロ経済学のテキストで蔓延しているこの主流派貨幣理論の特徴は以下のとおりである。

・中央銀行は政府の銀行であり、銀行券（法貨、債務貨幣）の発行主体である。

・政府は補助貨幣としての硬貨（法貨、公共貨幣）のみを小額発行する。
・中央銀行はベースマネーを直接制御でき、その貨幣乗数倍のマネーストックも間接制御できる。
・民間銀行は、流通から漏れる家計等の預金（債務貨幣）を企業の投資活動に融通（融資）する単なる金融仲介業者にすぎないので、いわゆる「無からの預金（信用）創造」はありえない。
・政府の資金調達は、国債の発行による借金でしかできない。
・政府債務が累積すると、クラウディングアウトが生じて金利が上昇し、財政が破綻するので、政府は均衡予算（プライマリーバランス）に努め、増税や緊縮財政で財政健全化を常に目指さなければならない。

3　貨幣改革論：内生的債務貨幣論〈ストック手法〉

1929年の世界大恐慌までは、古典派経済学の外生的商品貨幣論が主流であった。創造的破壊の提唱で有名な経済学者シュンペーターは、同時に銀行による内生的な信用創造に基づく新たな貨幣理論の構築にも取り組んでいたが、その貨幣理論は残念ながら完成には至らなかった。とはいえその当時、主流の外生的商品貨幣論に対抗していたのは、内生的信用創造貨幣論であったということをきちんと理解しておく必要がある。そうした時期に発生した世界大恐慌は、それまで自由主義、市場経済の調和的均衡を信奉していた古典派経済学者に衝撃を与えた。そんな中にシカゴ大学の経済学者8名がいた。彼らは世界大恐慌の原因は、銀行の部分準備制度に基づく信用創造にあると喝破《かっぱ》して、銀行の改革案をまとめた。いわゆるシカゴプランである。*4 その骨子は、連邦準備制度を財務省と統合して国有化し、民間の信用創造や信用破壊を可能とする部分準備制度を廃止するという、まさにウォール街の銀行ビジネスモデルに敵対するものであった。

シカゴ大学は、国際銀行家ジョン・ロックフェラーが設立した銀行家擁護の自由主義・市場原理主義の牙城であった。創立者のロックフェラーの趣旨に盾突くことになるシカゴプランの提案は、同大学の8名の経済学者にとって想像を絶するプレッシャーとなったにちがいない。事実、その中心人物の一人であるヘンリー・サイモンズ教授（1899〜1946）は46歳の若さで死因不明の不慮の死（自殺？）を遂げている。しかしながら、彼らは「シカゴプランの銀行改革は自由主義・市場原理主義の原則とも論理的に全く矛盾しない」という研究者としての矜持《きょうじ》を堅持した。当時院生として彼らから直接学んだミルトン・フリードマンもシカゴプランに賛同していた。このシカゴプランは1933年にルーズベルト大統領に密かに手渡されたが、国際銀行家を恐れる大統領はこれを無視し、その代わりにグラス・スティーガル法という、骨抜きの銀行規制法を制定させた。第2章で論じたように新自由主義による金融自由化の嵐の中で、この法律も1999年にクリントン大統領によって廃止された。

シカゴプランを受け取った当時米国一流の経済学者アーヴィング・フィッシャーは、即座にこの提案の正しさを理解し、その2年後の1935年に『100%マネー』を出版して、貨幣改革の重要性を訴えた。フィッシャーはシュンペーターの未完の内生的信用創造の貨幣理論を完成させたといってもよいだろう。さらに1939年には、フィッシャーは5名の経済学者との連名で『貨幣改革のプログラム』という小冊子を書き上げ、貨幣改革を全米の経済学者に提案。86%の経済学者がこれに賛同したにもかかわらず、このプログラムも無視され、その後の経済学ではシカゴプランや貨幣改革のプログラムは一切無視され、タブー視されてきた。これに触れる研究者は米国の大学から追放されることになった。

2002年に大著『失われた貨幣の科学』(Zarlenga 2002a)を出版した在野の経済歴史学者のステファン・ザーレンガは、その第24章「米国貨幣改革の提案」で、1929年の世界大恐慌以後、経済学でタブー視され、忘れ去られていたシカゴプランやフィッシャーの100%マネーの貨幣改革案を蘇生させた。そして米国貨幣研究所(AMI)を設立し、先人による貨幣改革の意志を受け継ぎ、2005年から毎年シカゴで貨幣改革の国際会議を開催してきた。この会議を中心に米国貨幣改革グループはシカゴプランや100%マネーの現代版「米国貨幣法」の素案を作成し、米国議会でシカゴプランの現代版として成立させようと活動していた。米国貨幣法の骨子は以下の3点である。

・連邦準備制度（FRB）を財務省と統合。
・部分準備制度のもとでの銀行による無からの貨幣創造を廃止。
・政府が成長・福祉のために必要な貨幣を供給。

たまたまこの米国貨幣法の提案をネットで知った筆者（K）も、フィッシャーと同様、即座にこの提案の正しさを理解した。そして当時完成させていた新しいマクロ経済モデリング手法・会計システムダイナミックス（ASD）によるマクロ経済モデルを用いて、早速この「米国貨幣法」のマクロ経済モデルを構築してシミュレーション分析を始めた。米国貨幣法が実現すれば、米国政府の累積債務はゼロにできるというシミュレーション結果を2010年7月の第28回国際システムダイナミックス学会、および9月の第6回国際貨幣改革会議で立て続けに報告した。それ以来、現在に至るまで、筆者はこの貨幣改革の国際会議に毎年参加している。

それでは、外生的債務貨幣論〈フロー手法〉と対比される内生的債務貨幣論〈ストック手法〉の貨幣理論とは何か。両者ともに「債務貨幣論」という名称が示すとおり、現行の債務貨幣システムについての貨幣理論であるが、以下の点で異なる。外生的債務貨幣論〈フロー手法〉ではまず最初に預金ありきから出発し、その預金を銀行は企業や家計に貸し出すといったようにお金の流れをフローとして捉える。それに対して内生的債務貨幣論〈ストック手法〉では準備預金として中央銀行にあるベースマネーをストックとして、銀行は手元にお金がなくてもキーボードを叩いて「預金」を無から貸し出すことができるといった観点から捉える。その結果、内生的債務貨幣論〈ストック手法〉は現行の債務貨幣システムの特徴を以下のように分析する。

・中央銀行は民間銀行にすぎないが、憲法が政府に付与している貨幣発行権を奪取《だっしゅ》している。
・民間銀行は、単なる金融仲介業者ではなく、部分準備制度によって「無から預金（信用）」を内生的に創造し、利付で民間や政府に貸し付けている。
・中央銀行はベースマネーを制御できるが、内生的に創造・破壊されるマネーストックは制御できない。
・政府は補助貨幣としての硬貨（法貨）を小額発行するのみではなく、あらゆる貨幣を発行する権能があり、国債の発行（借金）によって資金を調達する必要はない。

現行の債務貨幣をこのように分析する内生的債務貨幣論〈ストック手法〉がなぜウォール街の銀行家や国際金融資本に目の敵のようにされ、経済学から抹殺されてきたのか。そして経済学の教科書では、なぜ主流派2の外生的債務貨幣論〈フロー手法〉のみを取り扱うのか。それは彼らが隠蔽しておきたい真実が隠蔽できるからである。すなわち（1）中央銀行は政府の銀行ではなく、国家に貸出を行って利息を得る（営利追求の）政府から独立した民間銀行であるということ、（2）お金が内生的に無から創造され、利付で貸し出されているということ、この2点である。

主流派2の外生的債務貨幣論〈フロー手法〉に批判的で、こうした貨幣改革を目指してきたグループがいくつかある。その代表的なのが貨幣改革グループとMMT（現代貨幣理論）のグループである。毎年シカゴで開催されてきた貨幣改革国際会議には、この両グループや貨幣改革論（債務貨幣論〈ストック手法〉）に賛同する（IMFの）研究者、貨幣改革推進論者、金融マン等が多数、米国やヨーロッパから参加していた。イギリスのポジティブ・マネーやドイツの貨幣改革グループもいた。貨幣改革という共通の目標に向かって参加者が毎年集合し、活動を拡大し始めていた。参加者は主流派2：外生的債務貨幣論〈フロー手法〉のウソを暴き、債務貨幣論〈ストック手法〉のタブーから経済学を解放しなければならないという情熱に溢れていた。

MMTグループとの決別

２０１２年の貨幣改革のシカゴ国際会議のとき、ＭＭＴグループはその年に出版された著書『MODERN MONEY THEORY』（ランダル・レイ著）を会場に展示して販売していた。その日本語訳、『ＭＭＴ現代貨幣理論入門』（東洋経済新報社、２０１９年）の出版に先立つこと7年前である。同書の出版で初めてＭＭＴグループのお金に関する定義が一般読者にも明確となった。一言で言うと「money cannot be a commodity; rather, it must be an IOU. お金は商品ではない、むしろＩＯＵ（借用証書）である（原書xiページ）」というものである。私たちの貨幣の分類表では、お金は債務貨幣であるということになる。すなわち、お金は商品貨幣ではなく、銀行券や国債のような債務証書であり、中央銀行や政府のバランスシートに計上される負債にすぎないと主張する。さらにＭＭＴの先駆者であるミンスキーを引用して「誰でも、社会的会計単位で表示されるＩＯＵを発行して、お金を創造することができる（原書２７２ページ）」とも主張している。

お金は商品貨幣ではないという点では、貨幣改革グループの見解と同様であるが、「お金はＩＯＵであり、誰でも創造できる」というＭＭＴの定義に激しく異を唱えたのがステファン・ザーレンガ米国貨幣研究所所長である。彼は前述の大著24章で「お金はすべて債務であるとする派閥」という見出しで、こうしたＭＭＴの定義を一派閥の誤った貨幣観にすぎないと痛烈に批判していた。公共貨幣の過去数千年以上にわたる長い歴史的存在を考えれば、ＩＯＵの借用証書のみがお金であるとする定義はザーレンガには到底受け入れられないものであった。[*5] 会場でMMTの研究者とザーレンガ所長が唾を飛ばすような激論、批判を展開し始めた。筆者（K）もとっさに立ち上がって、彼らの議論を割るようにして、「両者の違いは複式簿記で表現すれば、政府貨幣を国債やIOUの借金として負債に計上するのか、公共貨幣として純資産に計上するのかの違いにすぎないだけである。その結果、モデルのシミュレーションの振る舞いがどう変わるかを議論すれば、自ずと共通認識が生まれてくるはずだ」と提案したのであるが、残念ながら一顧だにされず取り合ってくれなかった。結局、欧米の貨幣改革グループもMMTグループも貨幣のマクロ経済モデルが作成できず、お互いに空中戦をしているにすぎない。筆者（K）はマクロ経済モデルの裏付けのないこうした議論の非生産性にある虚しさを覚えた。お互いに身内で争っていては、真の敵、国際銀行家を利するだけではないのかと。それ以来、MMTはシカゴでの貨幣改革国際会議に参加しなくなり、筆者（K）も一人静かに独自の道を歩み始めた。こうした論争の過程から誕生したのが、ASDマクロ経済モデルのシミュレーション分析をベースにする公共貨幣理論である。

4　公共貨幣理論

債務貨幣という同じ現行のお金を分析するのに、なぜ外生的債務貨幣論のフロー手法（いわゆる主流派）と内生的債務貨幣論のストック手法（いわゆる異端派）のような異なった貨幣理論が出てくるのか。２０１５年の『公共貨幣』出版以来、この疑問にずっと付きまとわれていた。すでに考察してきたように、商品貨幣論に対峙する貨幣論としては、１９３０年代までは内生的債務貨幣論〈ストック手法〉しかなかった。しかるにシカゴプラン、１００％マネー論の出現により、これでは国際銀行家にとって暴利を貪る仕組みがバレてまずいということで、ストック手法はタブーとして闇に葬り去られ、それ以後はその亜流であるフロー手法の貨幣論のみが主流派理論として教科書で取り扱われるようになった。

そこで私たちはフロー手法とストック手法の２つの異なるＡＳＤマクロモデルを構築して、両者のモデルの振る舞いをシミュレーション分析したところ、両者ともほぼ同じ振る舞いをすることを発見した。そこでこの２つの貨幣理論は部分準備制度から派生するマネーストックの振る舞いを、あたかも同一のコインの表（Heads）と裏（Tails）から別々に眺めてその違いを強調しているにすぎないと気づいた。すなわち、フロー手法を用いようがストック手法を用いようが、債務貨幣システムのもとで貨幣が無から創造される過程としては、結果的には同じであるという結論に達した。銀行は余剰資金を集めて貸し出すという単なる金融仲介業者ではなく、内生的に無からお金を創造・破壊しているのである。そして早速そのシミュレーション結果を、２０１６年の第34回国際システムダイナミックス学会で報告した。[*6]

私たちの研究によって、1930年代のシカゴプランから現在まで約90年にわたって教科書を支配してきた主流派貨幣理論その2である外生的債務貨幣論〈フロー手法〉の解釈は間違いであったことがASD貨幣モデルで新たに論証された。貨幣は外生的に供給されるという仮定に立脚しているあらゆるケインズ派の貨幣理論は全て誤りなのである。その代表例が、現在ほとんどのマクロ経済学の教科書で用いられているIS-LMモデルである。したがって、第2章で分析したとおり、それに立脚している金融・財政政策やリフレ理論の量的緩和政策も失敗するのは当然の帰結なのである。1929年の世界大恐慌や日銀が導入した量的緩和（QE）政策の失敗等の事例は、このIS-LMモデルでは説明できない。日本の「失われた30年」の根本原因はこのケインズ派の誤った貨幣理論に基づく政策の導入であったということを第2章で詳細に検証した。1930年代より長らくタブーとされてきた内生的債務貨幣〈ストック手法〉理論のほうが正しかったのである。

こうしたASD貨幣モデルを用いた一連の研究[*7]から、債務貨幣にはシステムデザインの欠陥があるということが次第に明白になってきた。システムデザインの欠陥とは、どんなに賢明な政府がどんなに賢明な政策を実施しても、その失敗から逃れられないということである。例えれば、欠陥デザインの飛行機はどんなに熟練したパイロットでも安全に飛ばせられないということである。以下、3つのシステムデザイン欠陥を列挙する。

1　バブルと不況、インフレとデフレといった金融の不安定性は、債務貨幣システムの部分準備制度に起因する。
2　債務貨幣は全て利付で発行されるので、政府債務は増大する一方で止まらない。
3　銀行家と非銀行家の所得格差、いわゆる1％vs.99％の所得格差は、無から預金を創造して利付で貸し付けるという債務貨幣の不公正なバンキングからきている。

当然の帰結であるが、こうした債務貨幣のシステムデザインの欠陥から出てくる弊害、経済・社会問題は、公共貨幣システムに移行すれば克服できる。ここで公共貨幣理論の骨子をまとめると、次のようになる。

・三権分立に立脚した立憲主義の近代国家においては、公共貨幣を発行する権能は立法府（議会や国会）に属する。
・行政府である政府は、徴税権を有して予算を執行する権限を持つが、公共貨幣の発行はできない。
・自国の公共貨幣を発行する立法府やそれを財政に用いる政府は、デフォルトしない。

・インフレやデフレを引き起こさない公共貨幣の適正流通量は、政府予算（財政支出や増税・減税）で調整できる。

3.2 ＭＭＴは虚偽の貨幣論

破局のシナリオは回避できない

「公共貨幣」による債務貨幣の現状分析の帰結である破局のシナリオ（第1章参照）に真っ向から対立するような貨幣理論が最近国内に広がっている。ＭＭＴと呼ばれる現代貨幣理論である。それによると「自国通貨を発行する政府のデフォルトはありえないし、たとえインフレやハイパーインフレが発生したとしても、増税で制御できる」というものである。ＭＭＴのいう政府の自国通貨発行とは、以下に述べるように政府による借金のことである。複利計算による指数的増加、「借金地獄」の恐怖の論理を冷静に考察すれば、このような空論に惑わされることなどありえない。筆者（Ｋ）自身、この詭弁《きべん》に気づいたのは、先に触れた２０１２年にシカゴで開催された米国貨幣研究所主催の第８回貨幣改革国際会議に参加したときである。その年に出版された『MODERN MONEY THEORY』で、「貨幣はＩＯＵ（借用証書）である」とするＭＭＴの定義が明確となり、私たち貨幣改革グループの定義とは相入れないということで、両グループが会場で激論し合った。それ以来、すでに述べたようにMMTはこの貨幣改革の国際会議に参加しなくなり、私たち欧米の貨幣改革グループから決別していった。それまでMMTのことはほとんど知らなかった筆者（K）であったが、この会場での激論からMMTは貨幣の本質を理解していない偽理論であると気づき、それ以来今日までの9年間、MMTの動向にはほとんど注意を払ってこなかった。

しかるにMMTなる理論が最近日本国内でにわかに流行し始め、今や10冊を超える解説本が大型書店の店頭に並んでいる。そして積極的な財政出動をすれば景気はよくなるし、政府の財政破綻も生じない、もちろんインフレもコントロールできるというバラ色の幻想を振りまいている。筆者（K）はこれまで会計システムダイナミックスという新しいマクロ経済分析モデルを開発して、公共貨幣による経世済民《けいせいさいみん》モデルを構築してシミュレーション分析し、政策提案をしてきた。マクロ経済モデルがない（構築できない）MMTは、債務貨幣のシステムデザイン欠陥を隠蔽する国際金融資本にとって都合のいい擁護論にしか見えない。すなわちMMTは、「債務貨幣システムのもとでの政府債務の累積はやがて3つの破局に向かう」という私たちのモデル分析と真っ向から対立している。彼らが主張する積極財政出動とは、墜落しかかった欠陥デザインの飛行機のジェットエンジンをさらにふかして墜落を早めるようとするもので、いくら熟練パイロットが操縦しても墜落は免《まぬが》れず、この破局のシナリオは回避できないのである。

それではＭＭＴ（現代貨幣理論）とはそもそも何なのか。現在筆者の手元にあるのは原書２冊である。『MODERN MONEY THEORY』の内容はその日本語訳が『ＭＭＴ現代貨幣理論入門』となっているように、エッセイタイプの記事の寄せ集めのような入門レベルである。他の１冊は２０１９年に出版されたＭＭＴの研究者３名（William Mitchell, Randall Wray, Martin Watts）による『MACROECONOMICS（マクロ経済学）』というテキストである。[*8] 筆者（Ｋ）の公共貨幣の研究書『Money and Macroeconomic Dynamics』（現在第５版）[*9]に遅れること６年である。しかしながら同テキストでもＭＭＴマクロ経済モデルなるものはなく、寄木細工のような部分的解説モデルのみである。このように、そもそもＭＭＴにはその体系的なマクロ経済モデルがないのであり、その意味で致命的な欠陥理論なのである。

そこで、本章を執筆するにあたり、英語や日本語によるオンライン情報をかき集め、筆者なりにその骨子を整理してみた。特に参照にしたのが『Modern Money Theory 101: A Reply to Critics』である。[*10] こうして得られたＭＭＴの骨子は７つとなった。以下、それらを順次簡単に解説し、その虚偽（ウソ）を指摘していくことにするが、７つの骨子はＭＭＴを網羅的に解説したものではないということを予めご了解いただいて読み進めていただきたい。

MMTの虚偽その1：貨幣は借用証書IOUである

私たちの貨幣の定義（オモテ）では、貨幣は公共貨幣と債務貨幣とからなっている。しかるにMMTは、「貨幣は借用証書（IOU）である。money must be an IOU」とはじめに定義する。よって、MMTの定義する貨幣とは、私たちの定義では債務貨幣のこととなる。現在の日本のお金の99・7％は債務貨幣であり、この債務貨幣は、企業や家計、および政府の借金（IOU）により発行されたものである。現在の99・7％のお金が債務貨幣であるので、このMMTの定義で「現代貨幣」を分析しても何ら問題はないように見える。しかし、この定義だと708年の和同開珎に始まり、現在に至るまで延々1300年以上にわたって使用されてきた公共貨幣は貨幣ではなくなり、科学的な貨幣の定義としては失格である。MMTの貨幣の定義は明治維新直後に紙幣整理によって国盗りされた債務貨幣のみを貨幣とみなす偏見に満ちたものである。銀行が利付で発行する債務貨幣を唯一の貨幣だと擁護しているにすぎない。政府は無利子で公共貨幣を発行できるのに、なぜ銀行家にわざわざ利子を支払って借金する（国債を発行する）ことが（債務）貨幣の発行であるといった偏った定義をMMTはする必要があるのか。

私たちの貨幣の定義（ウラ）では、貨幣は法定通貨と広義の機能的貨幣からなっている。この定義（ウラ）では、アリストテレスの紀元前3世紀の定義「貨幣は自然にではなく法律によって存在する」[*11]を継承し、「貨幣は法貨である」と定義する。よって、法定通貨でない機能的貨幣は、法定通貨をベースとして無から信用創造されるニセのお金となる。しかるにMMTの定義では、法定通貨と機能的貨幣を区別できなくなり、貸出によって無から信用創造される機能的貨幣が、定義上、立派なお金（IOU）となる。国際銀行家にとってこんな好都合な貨幣理論はない。

MMTはさらに政府の徴税権を債務貨幣が成立する根拠として議論しているが、この議論が成立するためにはその前提として、まず法貨の制定が先行しなければならない。この点を無視してIOUを貨幣として議論するのは論理的に無理である。MMTも計算単位（Unit of Account）としての通貨を前提として議論しているので、まずは素直に貨幣は法貨であるという定義から議論を出発すべきであろう。そうすれば貨幣の価値と政府の徴税権を連動する理論は余分となり、貨幣の存在・流通（貨幣制度、貨幣発行権）と政府の税制度（財政制度、徴税権）を混同するという誤った冗長《じょうちょう》な議論の必要もなくなるであろう。

MMTが定義する債務貨幣の約65％（2018年現在）を占めるのが機能的貨幣であるが、第1章で見たとおりこれを可能としているのが部分準備制度のもとでの無からの預金（信用）創造である。政府から法定通貨の発行権を奪取した民間銀行による信用創造である。元来、立法府にのみ与えられた法定通貨の発行権が、1800年代から世界中で設立された民間の中央銀行によって奪取された。MMTはこの民間銀行による機能的貨幣の発行をほとんど議論しないで、税制による流通通貨量のコントロールの可能性のみを議論する。現行の債務貨幣システムにおいて、政府は民間銀行による機能的貨幣の創造は直接コントロールできないのであるから、税制による政府の通貨量コントロールは文字どおり不可能である。一旦、民間銀行の信用創造によるバブルが発生すれば、税制での通貨量のコントロールは不可能となる。税制による通貨量のコントロールといった誤った幻想が出てくるのも、こうしたMMTの偏った貨幣の定義に起因している。

以上、表と裏の2側面からなる私たちの貨幣の定義をベンチマークとして、MMTの貨幣の定義が虚偽であることを論じた。公共貨幣を無視して債務貨幣のみを貨幣とし、さらに法定通貨と機能的貨幣を区別しないMMTの貨幣の定義は、国際銀行家への忖度《そんたく》以外の何物でもない。かつて、100%マネー（シカゴプラン）による貨幣改革をルーズベルト大統領に提案したフィッシャーは、それを無視し続ける大統領について「大統領は銀行家を恐れている」と息子宛の手紙で酷評した[*12]。今日、同様の手紙を息子宛に書くとすれば、彼は「MMTのグループは銀行家を恐れている」としたためるに違いない。

以上をまとめると、債務貨幣システムではMMTの主張するように99・7%の「貨幣は利付の借用証書IOUである」が、公共貨幣システムでは、

貨幣は無利子の公共貨幣（Public Money）である

となる。

ＭＭＴの虚偽その２：日銀と政府を統合政府と仮定すれば理論が簡素化できる

２０１３年５月にニューヨークで開催された「第39回米国東部経済学会」で、筆者（Ｋ）はザーレンガ米国貨幣研究所所長が座長の貨幣改革部会でＡＳＤマクロ経済モデルによる公共貨幣システムのシミュレーション結果について報告した。たまたま、ＭＭＴ部会も同学会で開催されていたので、筆者（Ｋ）はそれにも参加して報告者に「ヨーロッパの銀行が米国の中央銀行である米連銀の株主となっているのはなぜですか」と質問した。「歴史的にそうなったのでしょう」とその報告者は口を濁してそれ以上言及しようとしなかった。筆者（Ｋ）はそのときとっさにＭＭＴの正体に気づいた。と同時に米国の大学でサバイバルしようと懸命に頑張っている彼ら地方大学の経済学の研究者にある種の同情をも禁じえなかった。「政府の中央銀行と信じられている米連銀は、１００％民間所有の民間銀行である」といったタブーを学会等で公言すれば、たちまち大学から追放されることになりかねないことは彼らも十分に承知していると思ったからである。しかしながら中央銀行が民間銀行であるといった事実を認めようとしないMMTの認識は、明らかに事実隠蔽である。日本でも、「日銀の出資証券（株式）の55％は政府が所有しているので、日銀は政府の子会社である」という誤った議論が横行している。借金をしている政府（債務者）が債権者（日銀）より力関係が上であるとするのは、事実誤認も甚《はなは》だしい。かつての日銀旧営業局が「日銀貸出」や「窓口指導」を通じて行使した絶大なパワーを知れば、こうした表面的な日銀子会社論はたちまち吹っ飛ぶであろう。

このような上下関係にある中央銀行（米連銀や日銀）と政府を統合政府と仮定して理論を簡素化し、貨幣の機能を分析したのであるとMMTは誇らしげに主張する。「統合政府」と日本語訳されている概念[*13]であるが、英語ではConsolidated Governmentとなっている[*14]。親会社と子会社の財務諸表を統合（Consolidate）するのが、連結会計、連結財務諸表であり、その英語はそれぞれConsolidated Accounting, Consolidated Balance Sheetとなる。したがって、統合政府とは政府（財務省）と日銀の財務諸表を連結した連結財務諸表のことを意味し、そうした意味で「連結政府」とするのが適訳である。

このようにMMTは米連銀（中央銀行）と政府（財務省）の統合政府を仮定して、統合政府とその他の民間との間での通貨流通量を分析する。両者の財務諸表を連結すれば、当然、日銀所有の国債と政府の債務が帳消しされる。さらに政府の借金（債務貨幣の発行）はその他民間の機能的貨幣（預金）となる（MMTの虚偽その6で後述）。しかしながら、MMTのこの統合（連結）

政府仮定は、事実認識においても、資金循環分析の方法論からも誤っている。まず事実認識であるが、１９８０年代に日米貿易摩擦が大きな社会的問題となったケースを考えてみよう。日本は米国の属国であるとする立場を仮定して、日本を米国の第51番目の州として日米を連結会計にして貿易統計を考えれば、たちまちにしてこの日米間の貿易摩擦問題は解消する。そこで日米の連結会計を仮定すれば日米の貿易摩擦など問題ではないと議論すれば、どうなるであろうか。たちまちにして世論から袋叩きにされるに違いない。この議論の詭弁性は誰にでもわかる。ＭＭＴも同様の詭弁を用い、国民を騙し続けているのである。すなわち、統合（連結）政府を仮定し、連結会計で貨幣の発行・流通を考えれば、政府の借金（財政赤字）は問題ではなくなり、あくまでも統合（連結）政府と民間との通貨流通量の流れがインフレを引き起こさないように通貨量をコントロールすればいいだけであると強弁する。

次に資金循環分析の観点から議論する。私たちも公共貨幣システムのもとでの統合政府を提案している。そこで、統合政府を連結会計で安易に仮定して議論するのではなく、統合政府を実現させるにはどうすればいいのかといった議論であればその方向性は正しいし、私たちも同意できる。とはいっても、ＭＭＴとの最大の違いは、公共貨幣システムで発行される貨幣は利息のつかない公共貨幣であるが、ＭＭＴが発行する債務貨幣は利付で、国際銀行家を利し、所得格差を助長させるものであるという点である。この統合政府の実現のためにこれまでいかに多くの米国大統領や経済学研究者が犠牲になったことか。この厳しい現実を回避して、安易に「統合（連結）政府仮定」で議論するMMTは詭弁である。そこで彼らに言いたい。まずは、統合政府に移行する道筋を示せと。

さらに議論を一歩進めて、MMTの「統合政府」仮定が現実のものとなり、公共貨幣システムが実現したとしよう。その場合にもMMTが主張するように、中央銀行と政府を連結会計で統合して考える必要があるといえるのであろうか。公共貨幣システムに移行したとしても、そのマクロ経済分析においては、公共貨幣の発行主体（立法府の公共貨幣委員会）と財政政策を実施する政府（行政府の財務省）のバランスシートは決して連結できないし、資金循環分析の理論的観点からは連結してはいけないのである。

このように、MMTの「統合（連結）政府仮定」による議論の正当性は、事実認識的にも貨幣理論的にもどこにもないのである。MMTは統合（連結）政府を仮定して考えるといった誤った方法論（幻想）を早く捨て去り、債務貨幣のシステムデザイン欠陥がもたらす現実の資本主義の弊害や困難を直視すべきである。そしてそうしたシステムデザイン欠陥を除去する統合政府を実現するにはどうすればいいのかといった私たちの公共貨幣への移行論に合流してくれることを念願している。すなわち、債務貨幣システムおよび公共貨幣システム下でのいずれの経済分析でも、財務諸表の連結による統合政府なる仮定は、理論的にも実践的にも不可能である。

以上、ここまで議論してきたMMTの基本的な虚偽をまとめると、

（1）公共貨幣の存在を無視して債務貨幣のみが貨幣であると定義し、

（2）その債務貨幣を用いて「統合（連結）政府」を仮定し、貨幣（マネーストック）の振る舞いを説明する

という2つの根本的な論理矛盾に陥っている。以下ではこうした論理矛盾から派生する様々なMMTの虚偽を5つの項目に絞って具体的に指摘していく。

MMTの虚偽その3：政府は自国建ての通貨を発行できる

政府は自国建ての通貨を発行できるとMMTは主張する。そもそもこの主張が国内で混乱を引き起こしている。そこでまず「政府発行の自国通貨」とは何かを考えてみる。以下、私たちの「貨幣の分類表」（図1）を参照しながら読み進めてほしい。「貨幣の定義」より、通貨＝政

府硬貨＋日銀券＋準備預金であるが、ＭＭＴの定義する貨幣はＩＯＵ（債務貨幣）のみである。よって、政府硬貨はＩＯＵではないので通貨とはならず、ＭＭＴの定義では日銀券＋準備預金のみが通貨となる。これらの通貨は政府ではなく日銀が発行しており、日銀の貸借対照表では負債勘定に計上されている。一方これらの負債に対応する日銀の資産勘定には主に政府の国債が計上されている。すなわち、主に日銀保有の国債（政府の借金）を担保に日銀は通貨を発行していることになるが、この事実をもって政府が通貨を発行しているとするのは事実誤認であり、無理がある。

さらに政府債務は債務貨幣の一部にすぎない。第1章で分析したように、債務貨幣（１４２０・９兆円）は企業や家計の民間の債務（７４８兆円）と政府の債務（６８１兆円）の総計（１４２９兆円）にほぼ一致する。企業や家計の債務貨幣の大半は、民間銀行が無から創造した機能的貨幣である。政府の債務貨幣の大半も、日銀保有の国債以外は民間銀行からの借金によって創造された機能的貨幣である。以上をまとめると、ＭＭＴが定義する債務貨幣のうちで民間銀行が無から創造する機能的貨幣以外は全て、国債（政府の借金）によって発行される債務貨幣であり、その大半は機能的貨幣である。すなわち、「政府は自国通貨を発行できる」とＭＭＴが言うその中身は、自国の貨幣単位による政府の国債発行（政府の借金）と同義であり、しかも債務貨幣全体の48％（２０１８年現在）にしかすぎない。しかしながら、ＭＭＴは決してこれを

「企業や家計は自国建ての通貨を発行できる」とは言わない。52％を占める民間部門の債務貨幣の発行に言及しないのはなぜか。ここにMMTの曖昧《あいまい》さ、胡散臭《うさんくさ》さを感じる。いずれにしろ以下では、MMTの「政府は自国通貨を発行できる」という主張を、政府は（48％の）債務貨幣（借金）ができると理解して議論を進める。

私たちは「政府は公共貨幣を発行できる」と提案している。ここで言う公共貨幣とは、政府による硬貨や紙幣および電子公共貨幣（デジタル通貨）の発行を意味する。MMTの債務貨幣論では現行の公共貨幣（政府の硬貨）が全く無視されている。もちろん、現在の債務貨幣システムでは公共貨幣（硬貨）は0・3％しか流通していないので、現状分析で無視しても経済活動に大きな影響を及ぼさないかもしれない。しかしながら、理論上、この公共貨幣の存在を無視することは現実の歪曲《わいきょく》にほかならず、実務上の簿記記帳でも無視することは不可能である。

それでは、日本政府が発行する公共貨幣（硬貨）約4・8兆円はどのように政府や日銀の貸借対照表に記帳され、流通に投下されているのだろうか。政府硬貨は全て大阪の造幣局で鋳造され、日本銀行に引き渡されている。政府硬貨はその時点で国庫金の資産となる。では民間銀行である日銀は、この公共貨幣部分をどのようにして日銀のバランスシートに計上して管理しているのか。紙面の都合で詳細は省くが、日銀は政府硬貨をいったん別口勘定で受け取り、民間銀行によって市中に投下・流通された段階で、政府預金口座に移し替えているのである。これらの帳簿操作は全て日銀の負債勘定項目で行われる。では日銀は政府硬貨をどのように資産に計上し、また資金循環表に計上しているのか。私たちはこの流れをASDマクロ経済モデルで追いかけることにより、公共貨幣・債務貨幣のナゾを解いた。政府から独立した民間銀行である日銀の貸借対照表や資金循環統計の資産勘定科目にある硬貨（公共貨幣）を日銀券と同等であるという擬制（勘定操作）として扱い、政府との連結勘定としているのである。このように現行法でも実務上でも日銀と政府は水と油のような関係であり、債務貨幣経済の分析に「統合政府」なる仮定を用いるのは、騙しのテクニックにすぎない。

以上をまとめると、MMTの言う自国通貨の発行とは、公共貨幣（政府硬貨）および52％の民間の債務貨幣を除いた残りの48％の政府の債務貨幣（国債）の発行のことであり、その意味でMMTは歪曲された貨幣論にすぎない。すなわち、債務貨幣システムでも公共貨幣システムでも、政府が唯一発行できる貨幣は債務貨幣ではなく、正確には、

政府は自国建ての公共貨幣を発行できる

ということになる。

MMTの虚偽その4：自国建ての通貨を発行する政府はデフォルトしない

MMTのこの主張を支持するかのような議論が横行している。曰《いわ》く、ギリシャのようなEU諸国の政府は、自国建ての通貨を発行できずユーロで借金をしているので、デフォルトを回避することができないが、日本や米国のように円やドルで借金している政府はデフォルトしない。曰く日本は世界一の純債権国であるので、その国の政府のデフォルトなどはありえない。このようにMMTの主張をまるで「打出の小槌」のような夢物語に仕立てて解釈しているのである。

ではこうした議論のどこが間違っているのか。これまでの分析で明らかになったように、MMTの言う「政府が自国建ての通貨を発行する」とは「政府が国債を発行して借金をする」ということと同義である。デフォルトとは債務不履行、すなわち借金が返済できないということである。借金の返済とは、元金と利息の返済のことであり、元金の返済を国債の借り換えでしのいで万年借金とすれば、最低限、毎年利息部分のみを支払えばデフォルトは回避できる。政府に貸出を行う銀行にとっても、元金が返済されるよりも借入者を万年借金漬けにして毎年利息のみを受け取るほうがより効率的で好ましい経営となる。よって、「自国建ての通貨を発行する政府はデフォルトしない」の意味するところは、「政府はいくら借金をしても、借換債で元金返済を繰り延《く の》べし、利息のみを支払えば返済不能となることはない」ということになる。

しかしながら、債務貨幣の観点（貨幣のオモテの定義）から眺めれば、債務貨幣を発行しているのは政府だけではない。債務貨幣システムにおける経済活動にとって、まずは企業や家計の借金が必要条件となる。それに対して、政府の借金は2次的であり、たとえ政府の借金がゼロでも市場経済は回っていき、経済は成長する。企業や家計の借金がバブルや不況で減少し、債務貨幣が減少して経済活動が停滞する場合にのみ、政府が民間に代わって借金をし、民間の経済活動を側面から支えていけばいいのである。これがケインズ経済学による財政政策である。

ＭＭＴはそうした債務貨幣システムのもとでの経済活動の本質を理解せず、あたかも政府を主人公（救世主）であるかのように仕立てて、国の経済活動を積極財政で機関車のように強引に引っ張っていってもデフォルトしないのだと主張する。「自国建ての通貨を発行する政府はデフォルトしない」と政府の借金をこのように一方的に強調するのは明らかに誤誘導である。

すでに分析したように、ＭＭＴが定義する債務貨幣は企業や家計の借金（52％）、および政府の借金（48％）の総計に等しくなっている。したがって、ＭＭＴお得意のマクロ経済を2つの経済部門に分割して簡素化し、債務貨幣の発行を考えれば、以下のように並行して表現するほうが正確でより公平である。

(A) 自国建ての通貨（債務貨幣）を発行する企業や家計はデフォルトしない。
(B) 自国建ての通貨（債務貨幣）を発行する政府はデフォルトしない。

さて、現実に即してこのように拡大解釈したMMTの主張は果たして正しいのであろうか。これらの部門（またはその構成部分）がデフォルトする場合を逆に想定して考えてみる。その場合とは海外から借金をし、その元利合計の返済が滞った場合である。（B）政府の場合には国家破産となり、債権国の植民地となる。（A）企業の場合には債権国の下請け企業、家計の場合は債権国の奴隷民となる。しかし、こうしたケースは現行の債務貨幣システムでは例外中の例外である。よって、こうした極端な場合を除いて自国通貨建てで経済活動が行われている場合には、政府のみならず、企業や家計も決してデフォルトしないといえなくもない。なぜならば、マクロ経済の統合部門としての企業や家計や政府を考えれば、こうした部門が借金をしなければ債務貨幣は発行されないのであり、そもそも経済活動は生まれないからである。逆にこうした部門の借金が全て返済されれば債務貨幣の流通はゼロとなり、経済活動は全て停止する。このように考えていくと、経済活動が存続する限り企業や家計、および政府はデフォルトしないのは当然である。しかしこうした意味でデフォルトしないとMMTは主張しているのであれば、それは「あなたは死なずに食事をとっているから（借金をして経済活動しているから）死なない（借金を続けていける）」といったような空疎《くうそ》なトートロジーに基づく議論にすぎず、デフォルトの可能性について何ら分析していないのである。

それでは自国通貨を発行する（自国通貨で借金する）企業や家計、政府は絶対にデフォルトしないのだろうか。上述したように、デフォルトを回避するためには最低限毎年の利息を支払う必要がある。そこでまず（A）の企業や家計が借金して債務貨幣を発行し、利息を返済する場合を考えてみよう。利息分を上回る経済成長を達成している場合には、企業や家計の売上や賃金所得も毎年上昇するので、その部分から設備投資や住宅投資に伴う利息は余裕を持って返済できる（場合によっては元金も）。問題は「失われた30年」のように経済成長が止まった場合である。この場合にも利息返済は否応なしに強制されるので、やがて企業や家計の純資産が減少しはじめ、いずれ近い将来に債務超過に追いやられることになる。この時点でまず、企業や家計がデフォルトする。

次に（B）の政府が国債を発行して債務貨幣を流通に投下し、その利息を支払う場合を考えてみよう。利息分を上回る経済成長をしている限り、税収も増加し、政府は国債利息を余裕を持って返済できる。問題は「失われた30年」のように経済成長が止まった場合である。この場合でも利息返済は否応なしに強制されるので、政府は民間から強制的に消費税等で増税をして利息返済しなければならなくなる。このようにすれば政府はデフォルトを回避できるが、その結果、増税を強制される民間の純資産はますます減少し、やがて債務超過となってデフォルトを余儀なくされる。いくら政府がデフォルトしないとMMTは主張しても、その背後で民間の企業や家計が追い詰められてデフォルトするのである。すなわち、MMTの主張は、民間がデフォルトして経済活動が停止しても、政府だけは最後までデフォルトしないと言っているに等しい。ここにMMTの姑息な論理のごまかしがあり、債務貨幣システムがもたらすデザイン欠陥の隠蔽がある。

そこでこうした民間のデフォルトを回避するために、政府は増税を回避して、利息返済分をさらに国債発行で借金し賄っていくとしよう。この場合、元金の債務残高はさらに積み上がっていく。その結果、利息返済がさらに増加し、利息返済増大→借金（国債残高）増大→利息返済増大といった無限の借金地獄のループに陥《おちい》ってしまう。この借金地獄ループはいずれ政府のデフォルトのみならず、日本国を破局に追いやるのは明白である。このことはすでに第1章で分析したとおりだ。ハイパーインフレの議論をする前に、MMTはこの借金地獄によるデフォルトをどのように回避できるのかを示す必要がある。

では、利息の返済はどこに向かうのか。現在の債務貨幣システムのもとでは、企業や家計、政府が借金をしないと経済活動に必要な債務貨幣が供給されない。その結果、利息という膨大な不労所得（金融所得）が民間銀行や日銀に還元され、それらの株主の懐《ふところ》に入る。銀行に雇用されている一般行員ではなく、その最終的なオーナーである株主（国際銀行家）の懐に入る。これが「失われた30年」における急激な所得格差の根本原因である。国際銀行家を1％とたとえれば、「1％vs.99％」の所得格差はこのようにして債務貨幣システムのデザイン欠陥として露呈してくることになる。実際には1％ではなく、0・1％にも満たないだろう。「自国建て通貨を発行する政府はデフォルトしないので、積極財政のためにさらに借金をしよう」というMMTの主張は、結局、この1％を利する議論にすぎず、「所得格差をますます拡大しよう」という議論と同義である。私たちはこうしたMMTの甘言《かんげん》に騙されてはいけない。非現実的な日銀との統合（連結）政府を仮定して考える前に、MMTは日銀と民間銀行との統合（連結）銀行を仮定した統合（連結）純資産（「1％」の純資産）を計算し、それと企業や家計および政府の純資産（「99％」の純資産）の合計額とを比較分析すべきである。そうすれば、銀行資本による甚だしい収奪の現実、デフォルトに追い込まれる企業や家計（そしてその背後にいる政府）の厳しい現実が浮かび上がってくるに違いない。

ここまでの議論をまとめると、現行の債務貨幣システムのもとでは、

自国建ての通貨（債務貨幣）を発行する企業や家計、政府はいずれデフォルトする

ということになり、MMTの主張とは真逆の結論が得られる。最新版『Money and Macroeconomic Dynamics』の第7章でこのことをマクロ経済モデルを用いてシミュレーション分析しているの

で、興味ある読者はぜひ参照してほしい。

機能的貨幣の消滅の回避

さて、ここまでは貨幣の定義表（オモテ）に立脚して議論を展開してきた。ここからはMMTが隠蔽している貨幣の定義裏（ウラ）を用いて議論していく。この定義によると、貨幣は法定通貨と（広義の）機能的貨幣とからなる。そこでこの定義を用いて「自国建ての通貨を発行する政府はデフォルトする」可能性をさらに論じる。２０１８年のデータによれば、法定通貨は５０６・３兆円（35・5％）、機能的貨幣は３２４・９兆円（22・7％）、定期預金が５９４・５兆円であり、後者２つを合計した広義の機能的貨幣は９１９・４兆円（64・5％）である。

現行の債務貨幣システムは、バブルと不況・失業を繰り返し発生させる。バブルが崩壊し、不況に見舞われ、銀行の倒産が噂され始めると、預金者は要求払預金を引き出したり、定期預金を解約してより安全な現金（法定通貨）を手元に確保しようとして銀行に殺到する。いわゆる古典的な取り付け騒ぎ（バンクラン）である。その結果、例えば世界大恐慌直後の１９３３年の米国では、銀行はバンクホリデーのような銀行閉鎖を余儀なくされ、その時点で機能的貨幣は貨幣としての機能を停止した。預金者からみれば、定期預金と要求払預金の一部を合計した広義の機能的預金が一瞬にして消滅したのである。銀行がこうした非常時の預金引き出しに対応できる法定通貨は、２０１８年現在、日本のマネーストックの35・5％にしかすぎない。すなわち、コロナ不況で再び金融危機が発生すれば、日本でもバンクホリデーのような銀行閉鎖が実施される可能性があり、その場合には広義の機能的貨幣の９１９・４兆円は直ちに消滅してしまうのである。債務貨幣システムの金融不安定性は実にこの点にある。政府が最後にデフォルトする前に、上述の企業や家計のデフォルト、そして銀行のデフォルトが先行して発生するのである。

よって私たちが目指さなければならないのは、こうした機能的貨幣の消滅の回避であり、そのためには債務貨幣を全て法定通貨とすることである。そうすれば、預金封鎖に起因するデフォルトは回避できる。こうした貨幣改革の提案が１９３３年のシカゴプランであり、１９３５年のフィッシャーの１００％マネーであり、２０１５年の『公共貨幣』である。そのためには、現行の準備預金率を１００％に引き上げるしかない。しかるにＭＭＴは、「１００％準備預金にすると銀行貸出ができなくなるので、誰かが新たに債務貨幣（ＩＯＵ）を創造する必要がある」（『MODERN MONEY THEORY』、80ページ）と恣意的に解釈し、シカゴプランやフィッシャーの１００％マネーに真っ向から反対している。１００％準備預金とすれば、貨幣は全て国家により外生的に発行されることになり、金融不安定を招く現行の内生的な債務貨幣（ＩＯＵ）の発行は理論上できなくなるが、貯蓄を元手とする銀行貸出は問題なくできる。シカゴプランや「公共貨幣」のこんな基本的な論理もＭＭＴは理解できないのである。ＭＭＴ学者は本当に貨幣の研究者なのだろうか。彼らがいつまで経っても持論をサポートするマクロ経済モデルを構築できないのも当然の帰結である。それに対して私たちは『Money and Macroeconomic Dynamics』の第15章「Monetary and Financial Stability」で公共貨幣のマクロ経済モデルを提示し、こうした金融の不安定やインフレやデフレを回避して貨幣価値の安定性が確保できる公共貨幣システムのシミュレーションモデルを提示している。

以上まとめると、ＭＭＴを実践して自国建ての債務貨幣を発行すれば、企業や家計がデフォルトし、最後に政府もデフォルトし、いずれ国を滅ぼすことになる。それとは逆に、

自国建ての公共貨幣を発行する政府はデフォルトしない。

そして、公共貨幣が流通する経済や社会、そして国は栄える。これが私たちが提案する「公共貨幣」の正しい結論である。

ＭＭＴの虚偽その５：政府債務が増大してもハイパーインフレにはならない

ＭＭＴによると、インフレになれば増税で貨幣を流通から引き上げるので、インフレはコン

トロールできるし、ハイパーインフレなどありえない。政府の借金の上限も、インフレを引き起こさないレベルまで可能であると主張する。ＭＭＴの国内外の研究者やその信奉者は、日本では政府の借金が累積しているにもかかわらず、金利はむしろゼロにまで下落しており、この事実一つをとってみてもＭＭＴの正しさを実証していると誇らしげに主張する。では、過去30年間、政府は財政出動でＧＤＰよりも多い約６００兆円の借金を積み上げてきた（ある意味では積極財政をしてきた）にもかかわらず、日本経済はなぜ成長しなかったのか。日本の「失われた30年」の例こそ、財政拡大による経済成長を主張するＭＭＴの誤りを逆に実証しているのではないのか。「失われた30年」の経済困窮に喘ぐ私たちにとって、よくもここまで無責任な議論ができるものだと、同じ経済学の研究者として憤《いきどお》りを禁じえない。

ではこの主張のどこが間違っているのか。主流派貨幣論によると「政府債務が増大すると、クラウディングアウト（資金の奪い合い）が発生して、金利が上昇する」。なぜならば、流通貨幣量は外生的に決められているからである。ＭＭＴはこの主流派貨幣論を批判し、貨幣は内生的に決まるので、そのようなことは生じないと主張する。ＭＭＴが定義する債務貨幣は、誰かが借金をすれば内生的に供給されるので、政府債務が増大するということは、同時に債務貨幣の供給が増大していることなので、金利の上昇などありえず、むしろ金利は下落しなければならない。本書で見てきたように、ＭＭＴも貨幣改革論も債務貨幣をこのように分析する（債務貨幣論〈ストック手法〉)。政府債務の増大と金利の下落が共存するという日本経済の「失われた30年」における振る舞いは、まさに主流派の貨幣論を論駁《ろんばく》するという限りにおいてMMTの正統性の例証となっているように見える。しかし、本章ですでに分析したように、主流派の債務貨幣論〈フロー手法〉が間違っていたのであり、MMTの正統性そのものを証明するものでもなければ、それを強調する必要性も全くない。債務貨幣論〈ストック手法〉が正しかった、ただそれだけである。

それではMMTの主張するように、増税によって債務貨幣の増大を止め、インフレをコントロールすることができるのであろうか。今回の私たちの研究で明らかになったように、政府は借金をすればするほど、それと同等のマネーストックM1が増加する(第1章)。現在行き場を失ったマネーストックは、内部留保(M1の一部)として企業の当座預金口座に溜まっている(2018年現在、約446兆円)。その結果、一旦インフレ傾向になると、こうした余剰資金が金融資産や不動産投資に溢れ出す。さらに銀行は量的緩和で膨れ上がった膨大なベースマネーM0(506・3兆円)を抱えているので、一旦インフレに火がつくと、企業や家計のさらなる資金需要(主に金融・不動産投資)が増大し、これを原資に民間銀行の信用創造による膨大な資金が市場に溢れ出すことになる。よって、もしこうした信用創造の蛇口(図1・3)を閉めることができなければ、いくら増税で政府の債務貨幣(48%)の蛇口を閉めたところで、民間の債務貨幣（52％）の蛇口は制御不能で開放したままなので、全体としての債務貨幣の流通量（M1・M3）増大も制御不可能となる。この時点でインフレはハイパーインフレへと暴走する。すなわち、MMTはハイパーインフレを阻止できないのである。外生的貨幣論だとして主流派理論を的確に批判したMMTではあるが、今度は自らの内生的貨幣論を正しく理解できないがゆえに、こうしたマネーの逆襲を招くことになる。自業自得である。

ではハイパーインフレはコントロールできるのであろうか。そのためには政府は最後に残る禁じ手の発動をしなければならなくなる。すなわち、政府による強制的な預金封鎖であり、それによって債務貨幣の流通を強制的に止めるのである。第1章で述べたように、日本でも過去に同様の事態が発生した。１９４６年2月16日、政府は緊急措置令を発表し、金融機関の預貯金を封鎖し、流通日銀券を強制的に預金させ、旧日銀券の流通を禁止した。

ここまではデマンドプルによるインフレを考察してきた。ここからは、コストプッシュによるインフレについて述べる。第1章でシミュレーション分析をしたように、２０３６年には政府債務／GDP比が３００％を超える計算結果が得られた。すなわち、この時点が近づくにつれ、国債が暴落し、金利が上昇して円の対外価値も暴落、税収では借金返済が不能となり、金融メルトダウン、ハイパーインフレ、デフォルトという3つの破局シナリオのいずれかが現実味を帯びてくる。国債の暴落が現実味を帯びてくると、

（1）営利企業の民間銀行や民間会社である日銀も債務超過を恐れて国債を引き受けなくなり、やがて金利が上昇を始める。
（2）さらに外国為替市場で円の貨幣価値が失墜し、円の暴落が不可避となり、輸入品が高騰し始める。例えば、ガソリン価格が1リッター百数十円から数百円へと急騰し始める。

このようにしてコストプッシュのインフレがコントロール不可能となり、やがてハイパーインフレへと向かう。戦後のハイパーインフレでは、金融緊急措置によって購買力を強制的にコントロールしようとしたが、財産税を引き上げてもなおインフレは収まらないので、GHQは最終的に1949年に為替相場を1ドル＝360円に固定させた。しかしその頃には家計や企業の金融資産は蒸発していたのである。時、すでに遅しである。エネルギーや物資の大半を輸入に頼る日本経済の構造は、戦後70年が経過した今日も何ら変わらない。これがMMTの政策が行き着く債務貨幣破局の終着駅である。MMTは我が国の戦後の経験を忘れたのであろうか。

以上より、インフレやハイパーインフレを増税でコントロールできるというMMTの主張は、債務貨幣が内生的に供給される債務貨幣システムのデザイン欠陥を全く理解していない偽理論であると結論できる。この債務貨幣システムではたとえどんなにスマートな政府のどんなにスマートな政策であっても、MMTの主張するようにマネーストックはコントロールできないのであり、よって、インフレやそれに続くハイパーインフレもコントロール不可能となる。それに反して、私たちが提案している公共貨幣システムでは、そもそも政府が借金をする必要もなく、たとえ公共貨幣の投入流通量が増大してインフレとなったとしても、政府支出の調整や増税によってインフレはコントロールできる。すなわち、公共貨幣システムでは、

公共貨幣の流通量が増大しても政府支出の抑制や増税でコントロールできるため、ハイパーインフレにはならない（物価安定の達成）。

第5章で私たちが提案する未来のお金「電子公共貨幣（EPM）」を発行すれば、インフレをさらに直接的かつ機動的にコントロールする政策手段が整備され、制御が確実かつ容易になる。

MMTの虚偽その6：政府の借金は民間の資産（預金）の増加になる

MMTのこの主張によれば、政府の借金は民間の金融資産（預金）の増大となるので、マネーが増えて民間が潤《うるお》い、誰も損をしない、つまり「彼らの借金は我々の資産だ Their debts are our assets」となる。まるで政府を「赤の他人」のようにみなして、彼らがもっと借金すれば、

我々はもっと豊かになれると主張する。果たしてこの無責任な論理は正しいのであろうか。この論点は、MMTの肝《きも》であるので、バランスシートを用いて丁寧に説明することにしよう。会計システムダイナミックスによるマクロ経済分析の入門の入門として、**図3・2**を参照しながら、じっくりと付き合っていただきたい。同図は政府の国債発行に伴って影響を受けるマクロ経済部門（政府、民間〈家計・企業〉、日銀、銀行）の簡易バランスシートである。

国債発行（政府の借金）による預金創造

（1）第1段階：勘定科目番号（1）の全取引。政府は新型コロナウイルス緊急支援金として800億円の借金をし、銀行からお金を借り入れる。その結果、政府の預金（資産）および国債（負債）が同時に800億円増加する。これが複式簿記による会計処理である[*15]（以下同様）。国債を買い入れた銀行の国債資産が800億円増加し、銀行はこれを日銀準備預金から支払う。日銀のバランスシートでは、銀行の準備預金が800億円減少し、同時に政府預金口座に800億円が入金される。これで勘定科目番号（1）の全取引が完了。

（2）第2段階：勘定科目番号（2）の全取引。政府は家計の口座に800億円を振り込むために、まず銀行の準備預金口座に800億円を振り込む。その結果、この時点での日銀の政府預金残高および銀行準備預金残高の変化はそれぞれゼロとなる。次に、政府のバランスシート

図3.2　国債発行：マクロ経済部門間のバランスシート

政府のバランスシート　（単位：億円）

資産		負債	
（1）政府預金	800	800	（1）国債発行
（2）政府支出	-800		
（3）税金	100		
（4）利払い	-100		
		純資産	
		-800	（2）政府支出
		100	（3）税金
		-100	（4）利払い

民間（家計・企業）のバランスシート

資産		負債	
（2）預金	800		
（3）税金	-100		
		純資産	
		800	（2）政府支援金
		-100	（3）税金

金融部門純資産（+100）	
100	銀行
非金融部門純資産（-100）	
-800	政府
700	民間

日本銀行のバランスシート

資産		負債	
		（準備預金）	
		-800	（1）準備預金
		800	（2）政府支出
		（政府預金）	
		800	（1）政府預金
		-800	（2）政府支出
		純資産	

銀行のバランスシート

資産		負債	
（1）準備預金	-800		
（2）政府支出	800	800	（2）預金
		-100	（3）税金
		純資産	
（1）国債	800	100	（4）利払い

出所：筆者作成

からは預金800億円が政府支出として消え、同時に政府の純資産も800億円の赤字となる。他方銀行のバランスシートでは、政府からの入金（政府支出分）が増加し、同額分を民間（家計・企業）の預金口座に振り込む。この時点で、銀行のバランスシートは、国債（資産）800億円、民間からの預金（負債）800億円となる。すなわち、政府の借金（国債発行）は、銀行サイドからは政府ローン（国債）800億円で、民間の預金口座に無から信用創造して、800億円入金してあげたことになる。この意味では、民間へのローン（貸出）で、その預金口座にキーボードを叩いてデジタル数字を無から入力するのと結果的には何ら変わりない。すなわち、国債発行の本質は政府債務による無からの信用創造なのである。他方、民間のバランスシートは、政府支出の振り込みで預金資産800億円および純資産800億円の増加となる。[*16]

ここまでの議論で、MMTの主張「政府の借金は民間資産（預金）の増大となる」を検証してみよう。確かに国債発行によって政府の債務は、800億円の赤字となり、民間の預金、金融資産は同額増加しており、この意味で、MMTの主張は正しいように見える。しかしマクロ経済的には、政府も民間も銀行（金融）部門から見れば、非銀行（金融）部門である。そこで非銀行（金融）部門の純資産を眺めてみると、政府の純資産＝－《マイナス》800億円で、民間の純資産＝800億円となる。もし、政府が「赤の他人」であれば、彼らのマイナスの純資産など気にする必要はなく、私たち民間の純資産増を素直に喜ぶことができる。

しかし、政府もマクロ経済的には、私たちと同じ土俵上にある非銀行部門の仲間だとすれば、話は変わってくる。すなわち、家計の（純）資産の増加は政府の純資産の減少によって相殺され、非銀行（金融）部門の純資産＝0となり、マクロ経済的には非銀行（金融）部門の純資産は全く増加していないのである。それでも、もし政府の借金コスト（利息）がゼロであるとすれば、全体として純資産は失っていないし、かつ民間部門の資産（預金）や純資産が増大する。だが実際には、こんな美味しい話はない。MMTはこの借金コストをゼロとするか、あるいは政府の赤字の純資産＝−800億円を無視して、こんな幻想を振りまいているのであり、多くのMMT信奉者は、このうまい話にコロンと騙されている。こんな美味しい話が可能となるのは、公共貨幣が無利子で発行され、貨幣発行益が純資産に計上される公共貨幣システムの場合のみである。それでは、政府の借金コスト（利息）がプラスである場合にはどうなるのであろうか。

政府の借金地獄は、私たち国民の借金地獄である

（3）第3段階：勘定科目番号（3）の全取引（徴税）。ここからは恐ろしい政府の借金地獄の話である。この国債による利息を年間10億円とする（年利1・25％）。政府はどうせこの借金を返済できないのであるから、毎年、借換債で万年借金づけのままでしのいでいくしかないとしよう。しかしながら、銀行は利息の支払いだけは冷酷にも毎年強要してくる。ここからは10年後のバランスシートの話に入る。10年後には政府の累積利息支払いは１００億円となる。政府はこの累積利払い１００億円を銀行に支払うために、民間から徴税せざるをえなくなる。その結果、政府のバランスシートでは、税金資産１００億円、純資産１００億円の増加となる。他方、民間のバランスシートは、税金支払いで資産、純資産ともに１００億円の減少となる。一方、銀行のバランスシートであるが、民間からの税金を政府口座に振り込むために、民間預金を１００億円減らし、同時にその分を自らの準備預金から減らし、さらに減額した日銀の準備預金を政府の預金口座に振り込む（ただし、この一連の決済に伴う記帳は国債購入の場合と同じプロセスとなるので、煩雑さを回避するために、図３・２の日銀および銀行バランスシート上では省略している）。

（４）第４段階：勘定科目番号（４）の全取引（利払と借金地獄）。政府は徴税で振り込まれた税金を直ちに銀行の準備預金口座に振り込む。銀行はこの政府からの振込を自らの利息収益（純資産）として計上する。

以上、第３および第４段階のバランスシートの変化を眺めてみると、政府と日銀のバランスシートに増減はないが、民間のバランスシートでは、毎年利払いの税金が徴収され、その分、資産および純資産が減少していく。他方、銀行のバランスシートでは、毎年、この利払い分が民間の預金口座から、自らの純資産に振り替えられる。結論からいうと、政府の借金は民間資金（預金）の増大となるというMMTの主張は誤りである。政府の純資産は−《マイナス》８００億円で変化はないが、民間の純資産は８００億円から７００億円へと累積減少しており、非銀行（金融）部門（「99%」部門）の純資産は−１００億円の赤字となる。他方、銀行の純資産はこの累積利払い分だけ増加している。このことから銀行（金融）部門（「1%」部門）および非銀行（金融）部門（「99%」部門）の純資産で比較すれば、銀行部門（「1%」部門）の１００億円増に対して、非銀行部門（「99%」部門）の１００億円減となる。すなわち、政府の借金（債務貨幣の発行）によって、毎年純資産が、非銀行（金融）部門である民間部門から銀行（金融）部門に移転しているのである。さらに、政府の借金を借換債で万年借金にするとしても、民間の預金は毎年利払いのために税金で徴収され、民間の純資産はやがて底をついてゼロとなる。他方、毎年民間の利払い分が銀行の純資産となり、究極的には民間の純資産は全て銀行の純資産に移転させられる。

このようにして債務貨幣システムのもとでは、経済活動や金融資産の需要のために債務貨幣が発行されればされるだけ、銀行の純資産が増大していくようにデザインされている。もちろん、これによって最終的に潤うのは1%にも満たない国際銀行家である。かくして「1% vs. 99%」の所得格差が拡大していく。ただし、銀行家と一口にいっても、株主でない大多数の行員も99%の一員であることをお忘れなく。ここでの数値例８００億円を現在の日本の政府債務残高８００兆円と読み替えれば、毎年約10兆円の私たちの資産（国民一人当たり約8万円）が、国際銀行家（株主）に吸い取られているという日本の厳しい現実、悲しい未来が浮かび上がってくる。ＭＭＴが定義する債務貨幣論の本質、ここにありである。これでもまだ皆さんはＭＭＴの債務貨幣論をサポートしますか。[*17]

以上をまとめると、債務貨幣システムでは、

政府の借金は民間資産（預金）の増加ではなく、究極的には銀行の純資産の増加となり、所得格差を拡大させる。

MMTの虚偽その7：政府の支出が最初にくる　Spending Comes First!

ＭＭＴの研究者（William Mitchell, Warren Mosler, Randall Wray, Stephanie Kelton）の動画を見ていると、ＭＭＴの主な特徴は、「政府は自国通貨を発行できるので、まず最初に政府が支出することによりお金が流通に投下されて経済活動が活性化され、その後、役割を果たしたお金は税金として徴収され回収されることである」と誇らしげに解説している。果たしてそうであろうか。政府が最初に支出できるためには、それが銀行振込であれ、小切手の振り出しであれ、事前に政府の預金口座にお金がなければならない。そのお金を調達するためには、たとえ政府と

いえどもまず国債（借用証書）や政府短期証券を発行して、お金を借りなければならない。手形決済の場合には支払い期日までに預金を準備しないと空手形となり、たちまち政府の倒産となる。だが、ＭＭＴはこの借用証書を貨幣と定義するので、政府の借金＝政府の自国通貨の発行となる。よって理論上、政府の支出が最初に来なければならないというのである。

どんなに詭弁を用いようとも、「政府の支出が最初にくる」という主張は実務上は不可能であり、よって誤りである。政府が最初に支出できるためには、その前にまず借金から始めて、政府の預金口座にお金がなければならない。前の**図3・2**では政府の空手形倒産を回避するために、政府がまず８００億円の国債を発行することから始まっている。すなわち、現行の債務貨幣システムのもとでは、たとえ政府がマネーストックを無制限に発行できるとしても、まず「政府は最初に借金 Borrowing Comes First!」しなければならない。ＭＭＴはこの点を無視しているのか、意図的に隠蔽しているのかは定かではないが、政府は最初に支出することなどできないのである。では政府は最初にいつでも無条件に借金ができるのであろうか。民間銀行はいつ暴落するかもしれない国債をいつでもどんな条件でも引き受けるのであろうか。上述したように、営利目的の民間銀行がこんな政府の慈善事業に付き合ってくれる保証はどこにもない。その意味でＭＭＴの「政府による自国通貨発行」は幻想にすぎない。ＭＭＴはもはや「金銭貸借」と「政府による通貨発行」さえも区別できないのだろうか。

「政府が最初に支出 Spending Comes First!」するのが可能となるのは、公共貨幣システムに移行して、政府が無利子で自国通貨を法貨として発行する場合のみである。よって、ＭＭＴの主張は債務貨幣と公共貨幣を混同して議論しているのか、意図的に両者を都合のいいように使い分けて銀行家の営利目的のために設計された貨幣制度の正体を隠蔽し、世論を誤誘導しているのかのいずれかである。そこでこの両者の違いを鮮明にさせるために、次に公共貨幣によって８００億円の支援金が発行される場合を考察していく。

「政府の公共貨幣の支出が最初にくる Public Money Spending Comes First!」

それでは新型コロナ緊急支援金８００億円を、国債発行ではなく、公共貨幣で賄えばどうなるだろうか。**図３・３**は、公共貨幣発行に伴うマクロ経済４部門のバランスシートである。この図では、公共貨幣システムの導入（新国生み）に伴《ともな》って、日本銀行が国立の公共貨幣庫に組織替えされている（移行プロセスは次章で詳述）。

（１）第１段階：勘定科目番号（１）の全取引。独立の公共貨幣委員会（立法府）は政府（財務省、行政府）からの予算要求を検討し、８００億円の支援金発行を決定する。そして公共貨幣庫のバランスシートの資産と純資産に公共貨幣の８００億円を計上する。これを受けて公共貨幣庫は８００億円を直ちに政府の預金口座に振り込む。その結果、公共貨幣庫の純資産８０

図3.3　公共貨幣の発行による政府支出：マクロ経済部門間のバランスシート

政府のバランスシート

（単位：億円）

資産		負債	
（1）政府預金	800		
（2）政府支出	-800		
		純資産	
		800	（1）政府預金
		-800	（2）政府支出

民間（家計・企業）のバランスシート

資産		負債	
（2）預金	800		
		純資産	
		800	（2）政府支援金

非金融部門純資産（+800）	
0	政府
800	民間
金融部門純資産（0）	
0	銀行

公共貨幣庫のバランスシート

資産		負債	
（1）公共貨幣	800	（準備預金）	
		800	（2）政府支出
		（政府預金）	
		800	（1）政府預金
		-800	（2）政府支出
		純資産	
		800	（1）公共貨幣発行
		-800	（1）政府預金振込

銀行のバランスシート

資産		負債	
（準備預金）		800	（2）預金
（2）政府支出	800		
		純資産	

（注）公共貨幣の発行は、マネーストックおよび、民間の純資産を増やす。
銀行は準備預金増加でも、準備率100%で信用創造は不可。出所：筆者作成

0億円は、政府預金（負債）に振り替えられるが、公共貨幣資産800億円はそのままである。他方、政府のバランスシートでは、政府預金として、資産、純資産ともに800億円増加する。この時点で、政府は借金をすることなく「最初に支出」できる条件が整うのである。

（2）第2段階：勘定科目番号（2）の全取引。政府は家計の口座に800億円を振り込むために、まず公共貨幣庫にある銀行の準備預金口座に800億円を振り込む。政府のバランスシートからは預金800億円が政府支出として消え、同時に政府の純資産も800億円減少してゼロとなる。他方、銀行のバランスシートでは、政府からの入金（政府支出分）が増加し、同額分を民間（家計・企業）の預金口座に振り込む。この時点で、銀行のバランスシートは、準備預金資産800億円、民間の預金負債800億円となる。他方、民間のバランスシートは、預金資産800億円および純資産800億円の増加となる。

公共貨幣発行によるこうした支援金支出の結果、最終的には公共貨幣庫の純資産が政府の純資産、そして民間の純資産へと移転する。これに対応するのが公共貨幣庫の公共貨幣資産800億円である。すなわち、公共貨幣の発行は直ちに同額の民間純資産（および預金資産）となり、民間の経済活動を支えるように流通していく。国債発行による支援金支出のように、民間の純資産が徐々に利払いとして徴税され、銀行家の懐に入っていくといったようなことが公共貨幣の発行では生じない。すなわち、MMTの上例の第3、4段階、民間から銀行への資産の強制移転が発生しないし、その結果、1％vs.99％といった所得格差も発生しない。同じ政府預金800億円を支援金として政府が流通に投入するとしても、MMTはそれを債務（負債）として取り扱い、公共貨幣ではそれを純資産として取り扱うのである。公共貨幣か債務貨幣か、いずれの貨幣システムがより効率的かつ中立的で公平な資産分配をもたらすのか、この数値例からも明らかであろう。2012年のシカゴでの貨幣改革国際会議で、このように両者の貨幣論の違いを論点整理してあげたのであるが、すでに述べたようにザーレンガ米国貨幣研究所所長とMMT報告者との会場でのホットな激論の渦中では、筆者（K）の指摘は残念ながらMMT報告者には届かなかったようである。そこで両者の貨幣論の違いをここで再度論点整理しておくことにした。MMTの偽理論に騙されるのはやめよう。

以上より、債務貨幣システムでは「政府の支出が最初にくる」ことはありえないが、逆に公共貨幣システムでは明らかに、

政府の公共貨幣による支出が最初にくる。

MMTによる反緊縮・積極財政は政府債務を急増させ、やがて国を滅ぼす

以上、7つの項目に整理してMMTは虚偽（ウソ）の貨幣論であることを考察してきた。に

もかかわらず、なぜMMTが世界的に注目され出したのか。特に日本でなぜMMT関連の書籍（その多くは虚偽の説明で満ち溢れている）が近年出版され出したのか。答えは簡単、本章の冒頭で紹介した主流派貨幣理論その2、外生的債務貨幣論〈フロー手法〉が非現実的なウソの理論であることがバレて、その代替としてのMMTのほうが債務貨幣経済の現実をよりうまく説明できると認識され始めたからである。すでに「はじめに貨幣の定義あり」で明らかにしたように現在流通している99・7%のお金は債務貨幣であるので、「貨幣は借用証書である」と定義するMMTはこの債務貨幣システムの現実を主流派貨幣論よりは現実に即して説明できるとみなされた。その結果、主流派経済学の貨幣論で教育された経済学者や評論家の多くはその誤りに気づいて沈黙するか、その代案としてのMMTを受け入れざるをえない状況に追い込まれたからである。

私たちは主流派経済学の貨幣論の代案は決してMMTではなく、唯一、公共貨幣理論であると理論的に提唱している。MMTは、上述の7つの虚偽指摘からも明白なように経済理論的には決して正当な代案とはなりえない。にもかかわらず、日本では現在、MMTに煽られた反緊縮・積極財政論がじわりと国政レベルに影響力を行使し始めている。万一、MMT論者が政策を担当して彼らの無知を実践することになれば、日本はどうなるのだろうか。公共貨幣理論からのMMT批判の最後の論点として、ここではこの問題を掘り下げて考察する。

すでにMMTの虚偽その6で考察したようにMMT論者は「彼ら（政府）の借金は我々の資産だ」という幻想を振りまいている。こうした幻想が説得力を持つためには、政府はいつでも必要な額だけ借金ができるという前提がなければならないが、現行の債務貨幣システムのもとでは、たとえ政府がいくら強弁してもお金を貸してくれる債権者がいなければ借金はできないのである。では、政府はこれまで誰からお金を借りてきたのであろうか。ここでは最新のデータを用いて、政府は一体誰から借金をしてきたのかを分析する。筆者は現在、日本のマクロ経済部門を最上位の8部門に分類して、ASDマクロ経済モデルを構築中である。具体的には、日本銀行、預金取扱金融機関（銀行等）、証券投資・保険・年金等の金融機関、企業、一般政府（財政融資資金を含む）、家計、非営利団体、海外の8部門である。この8部門間で日本のマクロ経済の資金循環分析が完結する。そこで以下では、政府は「誰から」お金を借りているのかを、「どの部門から」借りているのかに置き換えて分析する。

図3・4は、財投債および地方債を含めた一般政府の借金総額および政府の借金先トップ5部門の借金を、1979年から2019年までの過去40年間にわたって示している。これによると一般政府の財投債を含む債務総額（曲線6）は、2019年現在で1207兆円となっており（図の下段座標軸単位）、すでに日本政府は膨大な借金地獄に陥っている。第1章で分析したように、日本政府のこうした借金地獄の行き着く先は、金融メルトダウン、ハイパーインフレ、

図3.4　政府の借金先トップ5部門

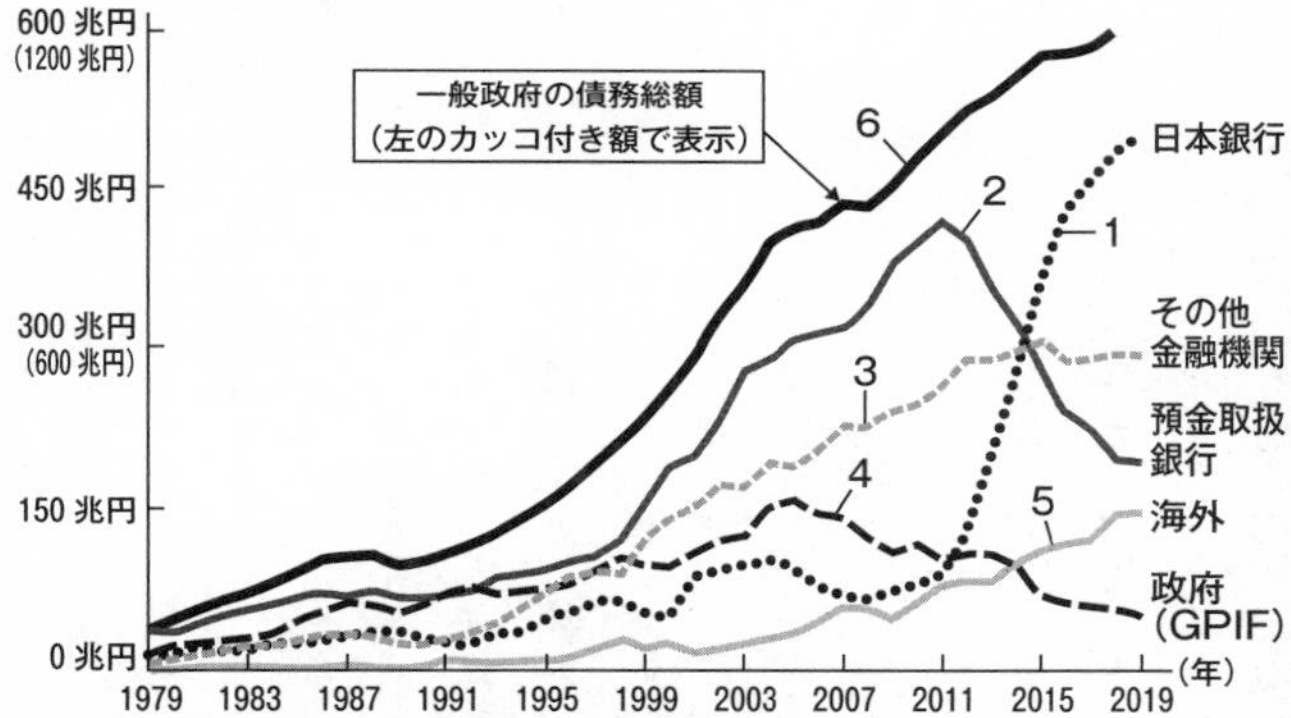

出所：日本銀行資金循環統計（2020年公表）をもとに筆者作成

政府のデフォルトの3つのシナリオのいずれかである。そこで結論したように、この地獄から逃れるために私たちに残された時間はあと15年である。

　ここではこうした3つの借金地獄のシナリオにさらにもう1つの第4のシナリオの可能性を追加したい。そのシナリオとは、政府が今後誰から（どの部門から）借金をしなければならなくなるのかを分析することによって浮かび上がってくる。
そのために政府はこれまで膨大な借金をどの部門からしてきたのかといった観点から考察を始める。

図3・4で図示したように、2008年のリーマンショック（金融恐慌）の頃までは、政府は主に次の5部門から借金していた。1位銀行（曲線2）、2位その他金融機関（曲線3）、3位政府（主に公的年金基金〈GPIF〉曲線4）、4位日銀（曲線1）、5位海外（曲線5）の順であった。その他の3部

門（企業、家計、非営利団体）は政府の債務全体の約6％（2019年）にすぎないので、ここでは図示を省略している。

政府のこの借金先順位がアベノミクスの量的緩和政策導入の翌年、2014年から劇的に変化し始めた。すなわち、現在に至るまで、この政府の借金先の順位が次のように大きく変化した。1位日銀、2位その他金融機関、3位銀行、4位海外、5位政府となり、その他の3部門は全体の約2％に縮小した。より具体的には政府の借入先の順位が、銀行から日銀へ、そして政府の公的年金から海外へと2箇所で大きく逆転した。

まず銀行から日銀への順位の逆転であるが、不況脱却の最後の切り札として導入された量的緩和政策により、2％インフレ目標を達成するために、日銀は銀行保有の国債を大幅に購入し始め、ベースマネーを増加させた。その結果、日銀保有の国債は2013年の201兆円から2019年の499兆円へと2・5倍に急増。他方、銀行保有の国債は、358兆円から194兆円へと約46％も激減した。次に政府の公的年金から海外への順位の逆転であるが、政府の公的年金による保有額が107兆円から51兆円へと約52％も激減。他方、海外の国債保有が2013年の82兆円から2019年の147兆円へと1・8倍に急増した。アベノミクスのわずか7年の間に政府の借金先がこのように日銀依存の財政ファイナンス、および海外部門への依存へと劇的に変化したのである。

政府の借金先の変化

では、この借入先順位の逆転の背後でどのような経済合理性が作用したのであろうか。この問いに答えるために、政府の部門別債務の経済効果について考える。政府の借金先を大別すると、(a) 銀行および日銀、(b) 銀行以外の国内貸し手、(c) 海外の貸し手の3つとなる。まず (a) の銀行と日銀から政府が借金をすれば、その分マネーストックが増え、やがて2%のインフレ目標も達成されるものと期待される。特に日銀から借金ができれば、いわゆる財政ファイナンスとなり、一時的には国債の市中消化機能の限界をカバーできるが、財政法第5条ではこの日銀による直接ファイナンスが禁じられている。そこでまずは銀行からの借金とならざるをえなくなるが、主流派貨幣理論が主張するようなクラウディングアウト効果による金利の上昇は生じなかった。なぜならば、内生的債務貨幣論が正しく分析しているように、政府の銀行からの借金は資金の奪い合いとはならず、逆にマネーストックの増加となるからである。同時に、MMTの虚偽その6で述べたように、銀行からの借金は究極的には銀行の純資産を増加させ、所得格差を拡大させることになる。

他方、(b) の国内の銀行以外の証券投資・保険・年金等の金融機関や政府の公的年金から政府が借金すれば、マネーストックは増えないので、インフレ目標は達成不可能となり、不況対策とはなりえない。逆に主流派貨幣理論が指摘するようにクラウディングアウト効果で民間との間で資金の奪い合いとなって金利を上昇させ、その結果、国債価格が暴落する。金利の上昇はやがて財政破綻、政府のデフォルトを加速させる。主流派貨幣理論が妥当するのは、政府が銀行以外の国内の部門から借金をする場合である。この意味では、MMTが批判するようにその理論の全てが間違いではなく、主流派貨幣理論にも妥当する部分もある。

このように部門別債務の経済効果を考えれば、政府は銀行以外の国内からの借金を減らし、銀行からの借金を増加させるという政策、さらにその側面支援としてのいわゆる日銀による量的緩和政策が合理的な政策となる。では実際に政府はこの経済合理性に立脚して借金をしてきたのであろうか。この政府の借金先の変化を分析するために**図3・4**のトップ5の借金額を、**図3・5**のように100%の構成比に作成し直した。

これによると、銀行以外の国内からの政府の借金の比率（b）は予想どおり大幅に減少しており、1991年のバブル崩壊直後の48%から2019年の28%へと20%も減少した（曲線2）。曲線2は国内の銀行以外の証券投資・保険・年金等の金融機関からの借金（曲線3）と政府の公的年金からの借金（曲線4）を合計したものである。そこでこの減少の中身であるが、国内の銀行以外の証券投資・保険・年金等の金融機関からの借金は15%から25%で安定している（曲線3）半面、政府は自らの公的年金による借金を大幅に減らした（曲線4）。1991年のバブル崩壊直後の33%から2019年の4%へと公的年金による政府の債務を実に8分の1に激

図3.5 政府の借金先トップ５部門（%）

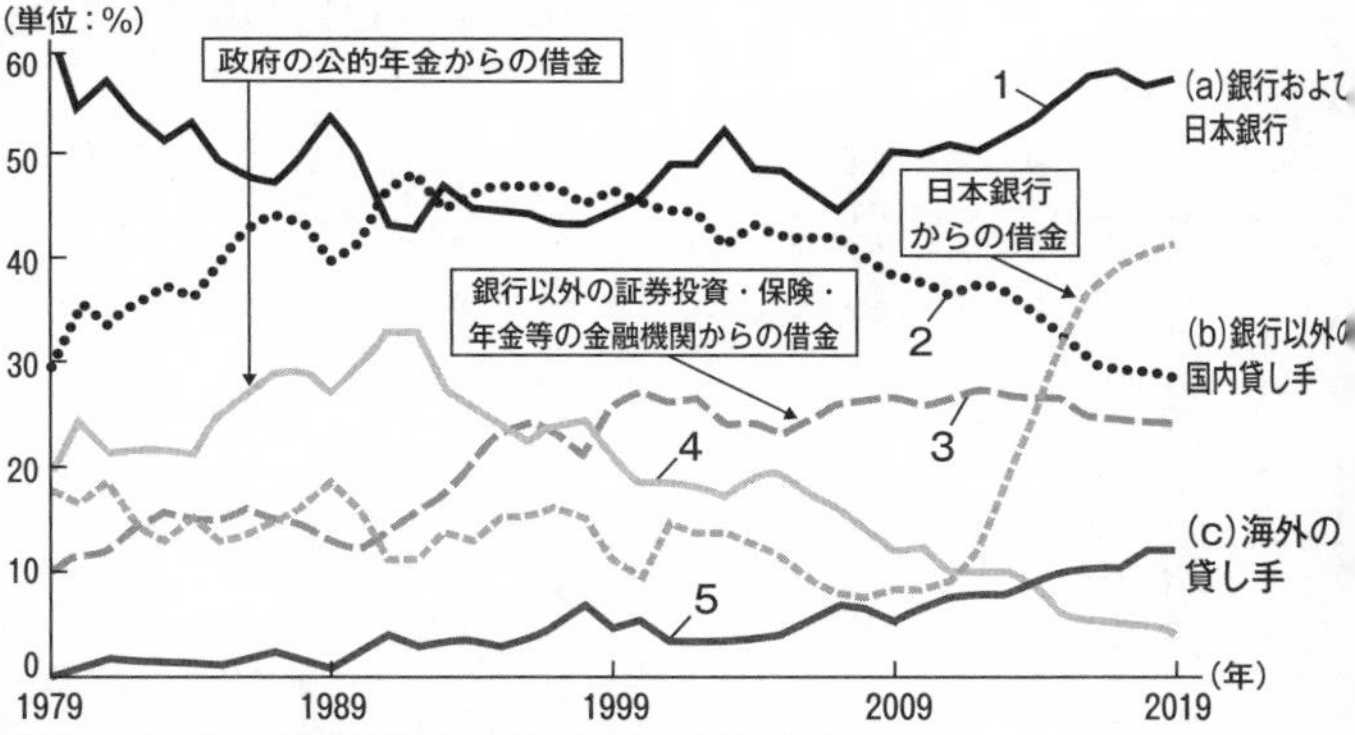

出所：日本銀行資金循環統計（2020年公表）をもとに筆者作成

減させた。実際の額でいうと、２００５年の１５８兆円をピークに、２０１９年には51兆円へと１０７兆円も激減させた（図３・４の曲線４）。このようにして、金利上昇による財政破綻を回避するために、政府は知ってか知らずか政府部門（主に公的年金）からの借金（国債購入）を合理的に減少させたともいえる。もしこうしたことが行われていなければ、政府債務の増大は金利を上昇させ、国債価格を暴落させるという主流派貨幣論のクラウディングアウト効果は日本でも発生したであろうし、「日本経済はMMTの正しさを実証している」とMMT論者から指摘されることもなかったであろう。

いずれにしろ、政府は国債による借入先をまずは銀行、そして異次元の量的緩和による日銀へと政策シフトせざるをえなくなった。曲線１は（a）

銀行と日銀を合わせた貸出構成比である。すでに考察したように銀行からの借金が激減したが、量的緩和政策で日銀からの借金が急増し、両者の合計で見ると借金総額はリーマンショック以後増加した。実際、2013年から2019年にかけては、両者の合計で559兆円から693兆円へと増加している。しかるに政府債務の構成比でみるかぎり過去40年間、両者は45%と60%の間でほぼ安定している。このことは何を意味するのであろうか。営利企業の銀行は言うまでもなく、日銀も認可法人という組織形態をとった民間会社なので、量的緩和で政府からいくら国債購入を強要されても、銀行全体では最大60%を超える借金はリスキーでできないということをこの構成比データは如実に物語っている。すなわち、MMTの主張する財政ファイナンスによる無限の借金は、民間銀行の合理的経済行動からは期待できず、不可能であるということになる。

そこで政府債務の最後の貸し手として（C）海外からの借金に頼らざるをえなくなる。曲線5は海外からの借金が過去40年間でいかに急増してきたかを示している。1980年にはほぼゼロ%であった海外からの借金であるが、2019年には構成比が12%と急騰している。金額で見ると147兆円となり、国民一人当たり実に約117万円の借金を海外からしていることになる。すなわち、政府が債務を増大させようとすれば、今後は大幅に海外からの借金に依存せざるをえなくなるのである。それでは日本政府は海外から無限に借金ができるのであろうか。

答えは否である。自国通貨建てによる海外からの借金ができ、またその元金返済も借換債ででさると楽観的に想定しても、金利の返済は待ったなしとなる。この金利の返済も新規国債で賄えばいいという暴論も考えられなくもないが、そうすれば日本政府はまさに借金地獄に転落することになり、この地獄から未来永劫這い上がれなくなる。もちろん日本は借金を暴力的に踏み倒すだけの軍事力もない。そこで海外への金利の支払いは、政府の徴税を通じて究極的には私たち国民の所得からの支払いとならざるをえなくなる。すなわち、政府が海外から借金をすればするほど、最終的に私たち国民の資産が海外に吸い取られ、国民はますます貧しくなるのである。借金漬けになってデフォルトした開発途上国の如く、やがて日本も開発途上国並みとなりデフォルトする。国が滅べば、私たち日本の民も滅ぶ。これが本節の冒頭で述べた政府の借金地獄による第4の破滅のシナリオである。

お金は国家をも支配する手段である

『公共貨幣』第5章「お金はなぜ支配の手段となるのか」で、11の銀行、国際金融グループに注目した。これらの銀行はリーマンショック後に米連銀から救済された銀行である。「グローバル企業支配のネットワーク」という2011年に出版の研究論文で分析された株式所有のネットワークを支配している世界の上位50社リストに入っている銀行であり、「世界の経済を支配していることになる」[*18]。彼らはその後どのように世界経済の支配を継続しているのであろうか。

政府が発行する国債の購入先として、財務省は国債市場特別参加者（プライマリー・ディーラー）を指名している。2016年以降、21社がディーラーとしてリストされている。それによると日本のディーラーは次の9社である。SMBC日興証券、岡三証券、大和証券、東海東京証券、野村證券、みずほ銀行、みずほ証券、三井住友銀行、三菱UFJモルガン・スタンレー証券。他方、海外のディーラーは12社となり、なんと日系のディーラー数を上回っているのである。具体的には以下のようなディーラーである。クレディ・アグリコル証券、クレディ・スイス証券、ゴールドマン・サックス証券、JPモルガン証券、シティグループ証券、ソシエテ・ジェネラル証券、ドイツ証券、バークレイズ証券、NBPパリバ証券、メリルリンチ日本証券、モルガン・スタンレーMUFG証券、UBS証券。

驚くなかれ、これら海外の12社のプライマリー・ディーラーのうち、最初のクレディ・アグリコル証券を除く11社が、『公共貨幣』第5章で指摘した世界の経済を支配する11の銀行、国際金融グループと一致しているのである。MMTが主張するように「彼ら（政府）の借金は我々の資産だ」として反緊縮財政で政府の借金を無節制に増やしていけばどうなるのか。すでに分析したように、今後、政府は海外の貸し手から、現状の12％を超える多額のお金を借りざるをえなくなる。その結果、MMTを実践すればするほど、やがて借金地獄に苦しむ開発途上国のように、日本政府も国際金融資本や中国共産党に支配されてしまうことになるだろう。[*19]

もうすでに、日本の民間企業は外国人株主によってほぼ20%支配されている。例えば、シャープ、日産、東芝、ソニー、富士通等々といったかつての日本の超一流の民間企業は、すでにことごとく彼ら外国人株主によって50%以上支配されている。これらはミクロレベルでの観察であるが、マクロレベルの分析で観察すれば外国人株主の急速な日本支配の実態が鮮明に浮かび上がってくる。**図3・6**は、マクロ経済最上位8部門が保有する株式等（上場、非上場、その他持分）のうちトップ6部門の持分比率を示したものである（日銀および民間非営利団体の2部門の合計は1%に満たないので省略）。日本経済が「ジャパン・アズ・ナンバーワン」として高度経済成長していた1980年の株式保有順位は以下のとおりであった（同図の曲線番号に対応）。1位家計（33・7%）、2位法人企業（29%）、3位その他金融機関（13・7%）、4位銀行（11・5%）、5位一般政府（地方、社会保障基金、および財政融資資金を含む、8・5%）、6位海外（3・5%）。

この株式保有部門の順位が過去40年間で劇的に変化し、2019年現在では次のようになった。株式保有比率が最も激減したのが家計と銀行部門である。まず1位の家計の株式保有（曲線1）が1980年の33・7%から2019年の15・4%へと半分以下に激減して3位に転落し、4位の銀行（曲線4）が1980年の11・5%から2019年の3・1%へと3分の1以下

図3.6　株式等（上場、非上場、その他持分）保有トップ６部門

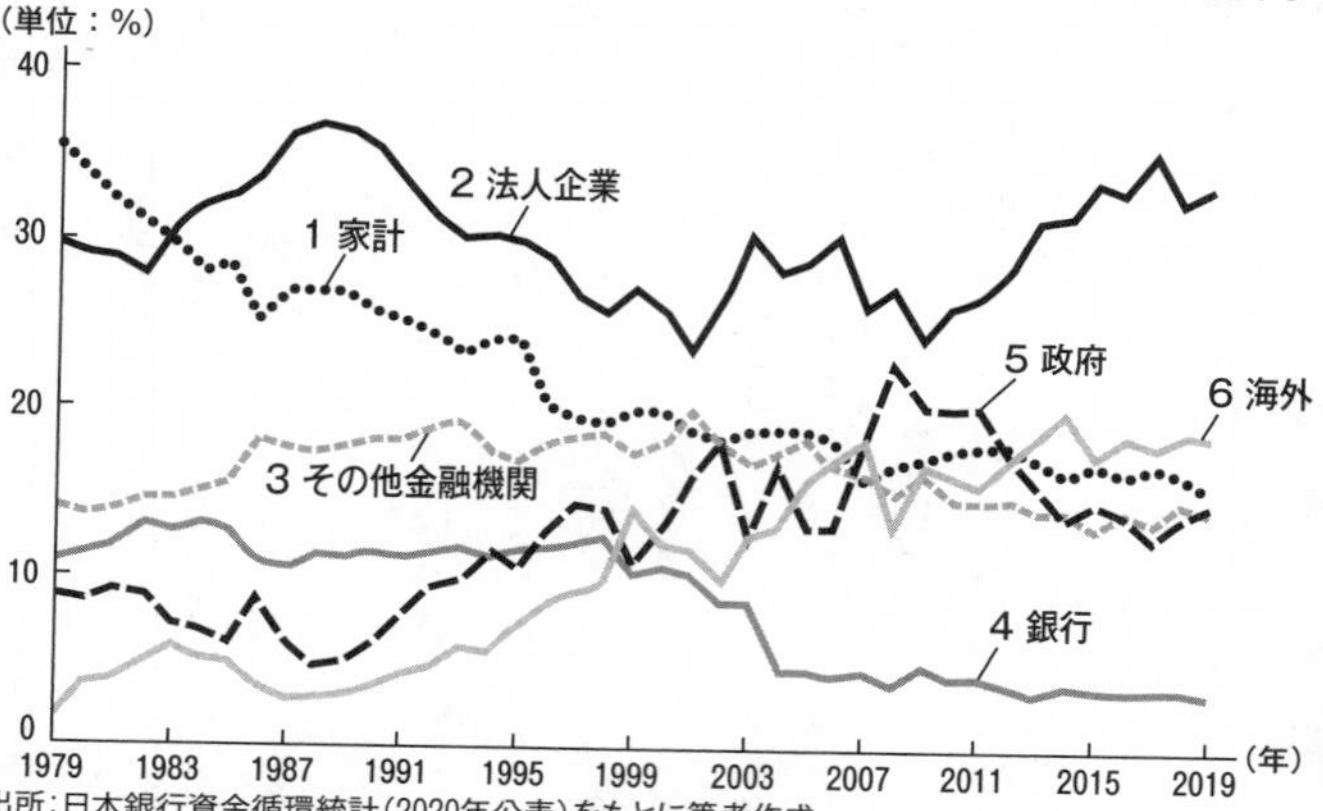

出所：日本銀行資金循環統計（2020年公表）をもとに筆者作成

に激減して最下位の6位に転げ落ちた。これら2部門で26・7%も減らしたことになる。これらに比べて2位の法人企業（曲線2）は29%から33・4%で2位から1位に、3位のその他金融機関（曲線3）は順位は3位から5位へと落ちたが、比率では13・7%から14・2%へと比較的安定している。他方、最下位であった海外（曲線6）が1980年の3・5%から2019年の18・6%へと急上昇し、2位に躍り出た。株式保有比率が実に15・1%も増加したのである。今や日本の株式の約20%、5分の1が海外に保有されている。このように大きなトレンドとして過去40年を眺めれば、家計や銀行部門保有の株式が、さらにリーマンショック以後では政府保有の株式が、それぞれ海外の株主に急速に購入され始めたということが見てとれる。海外の株主とは上述の国際金融資本である。

このことは何を意味するのか。企業が稼いだ利益の株主への配当金のうち、ほぼ5分の1が毎年、海外の国際金融資本に吸い取られているのである。株主は当然の権利として株主への配当金の増額を要求してくる。配当金増額の手っ取り早い方法は、賃金コストのカット、具体的には正規労働を非正規労働に切り替えて国内企業を収奪することである。このようにして配当金がごっそりと国際金融資本に貢《みつ》がれ、その分日本の家計は貧しくなったのである。民間の日本経済は今や国際金融資本に約20%近くまで支配されてしまった[*20]。

加えて政府も12%の借金を毎年、海外の国際金融資本に依存せざるをえなくなってしまった(図3・5)。このように日本の民間企業や政府も、お金によってじわじわと国際金融資本に支配され始めているのである。これが日本の現状である。MMTの反緊縮・積極財政政策で私たちの政府が借金を増やせば増やすほど、国際金融資本による借金地獄から抜け出せなくなり、民間企業のみではなく今後は政府も国際金融資本や中国共産党に支配されることになる。こうして日本経済は民間も政府も外国資本や外国勢力に支配され、やがて国家も支配され、滅んでいく。私たち日本の民も滅んでいく。なぜならば、世界の経済を支配する11の銀行、国際金融グループ、いわゆるグローバリストの究極の目的は、世界単一通貨による国家、企業の支配であるからである。このようにMMTを実践すればするほど、やがて日本は彼らに支配され、滅びる。MMTはまさにグローバリストによる世界支配の手先ではないのか。日本のMMT論者、学者よ、早く目覚めよう。

まとめ：MMTは債務貨幣システムのデザイン欠陥を隠蔽する偽理論である

以上、7項目にわたってMMTの主張は全て虚偽であることを論証し、それに追加してMMTを実践すればやがて国が滅びるというシナリオを新たに描いた。こうしたMMTの正体を一言で表現すれば、「MMTとは企業や家計および政府の債務行為を債務貨幣（IOU）の発行と定義して、そのシステムに起因するデザイン欠陥を隠蔽する虚偽理論である」ということになる。それでは現在の債務貨幣システムが内包しているデザイン欠陥とは何か。紙面の都合で詳細な説明はできないが、それらは大別して以下の4つとなる。

1　部分準備制度により無からお金を内生的に創造したり消滅させるので、貨幣供給が不安定となり、インフレ（バブル）、デフレ（不況）、失業といった景気循環を繰り返し発生させる。

2　政府債務を増大させ、その債務返済のために消費税等の増税や福祉予算の削減等の緊縮財政を強制して国民を苦しめる。

3　借金の利息を複利で計算してお金持ちが益々富み続ける金融システムをつくり、1%と99%の所得格差をもたらす。

4　福島原発事故のような環境汚染が食の安全を脅かし、元利返済のため強いられる拡大再生産が生態系を破壊し、持続不可能な社会・地球の未来をもたらす。

MMTによる債務貨幣の政策を実践する限り、こうしたシステムデザイン欠陥は克服できない。これらのデザイン欠陥を克服するためには公共貨幣システムへと移行しなければならない。

3.3 MMTの「就業保障プログラム」は対症療法

一見素晴らしい政策提言

MMTも現在の債務貨幣システムのデザイン欠陥に起因する経済社会問題を意識しているかのように、その克服のための政策提言を行っている。その代表的な政策が就業保障プログラム(Job Guarantee Program)と呼ばれる完全雇用政策である。この政策の特徴として(1)このプログラムによる政府支出は、不況時には拡大し、好況時には縮小するので、経済を自動安定化させる機能があるということ、および(2)このプログラムで支給される賃金は、事実上の最低賃金として機能し、民間部門の労働条件の改善にもつながるという2点が挙げられている。完全雇用と最低賃金をいつでも保証するこの社会主義的（左翼的）就業保証プログラムは一見素晴らしい政策提案のように見える。ではこのプログラムのどこが問題なのか。

問題その1：就業保障プログラムは対症療法にすぎない。

なぜ失業が常に発生するのか。MMTはこの根本原因を追求しようとしないで、失業が発生すれば一時的に政府が雇用して救済すればよしとする。これは、システム思考でよく指摘される事象（イベント）レベルの問題分析に基づいた対症療法にすぎず、逆に問題を悪化させる。債務貨幣システムはそのデザイン欠陥の第1として、インフレ、デフレ（不況）、失業を常に景気循環的に発生させるシステムであると指摘した。すなわち、MMTが定義する債務貨幣（IOU）の発行・流通を通じて、経済活動が運営される債務貨幣システムそのものが、景気変動による失業を引き起こしているのである。私たちは公共貨幣に移行すれば、この景気循環は軽減できるというシミュレーション結果を得ている。すなわち、債務貨幣から公共貨幣への移行が、対症療法の間違いを断ち切る本源的な政策となるのである。

問題その2：就業保障プログラムは政府債務を増大させ、デフォルトさせる。

このプログラムによって政府は一体どのような仕事を提供するのであろうか。有名なケインズの財政政策に、不況時には失業者に穴掘りの仕事をあてがって手当てを支給すればいいというのがある。政府が不況時に提供する仕事は多かれ少なかれこのような非生産的なもので、GDPの成長に貢献しない無駄な仕事が大半であろう。その場合、一時的には需給ギャップが埋まり、雇用も増大するので、この政策は有効なように見えるが、その背後で政府の債務が継続的に累積している。このような無駄な財政政策が「失われた30年」の根本原因となったのである。政治家や財務官僚にしてみれば、毎年こうした財政出動で景気を刺激するのは有効な政策であり、彼らなりにいい仕事をしていると自己満足していたのかもしれないが、その結果、債務／GDP比は2020年度末には何と250％を超える驚異的な借金大国になっている。[*21]MMTはここでも政府の借金は民間の資産の増大であるので何ら問題ないと主張するかもしれないが、この虚偽についてはすでに前で論じた。

MMTはこのプログラムが提供するプロジェクトを、1929年の世界大恐慌後にルーズベルト大統領（米民主党）が提案したニューディール政策に絡めて、グリーンニューディールと呼んでいる。響きはいいが、ケインズの「穴掘り」の非生産的政策と本質的にはなんら変わらない。このような無駄な政策を実施すると、政府債務は増大すれどGDPは停滞するといったさらなる悪夢の「失われた40年」が確実に到来することになるであろう。これに対して公共貨幣が提案する政策は、正規雇用助成金によって非正規社員を正規社員にする民間企業を支援して企業活動を活性化させ、同時にGDPを増大させるといったような公共貨幣による支援プログラムである。詳細は第5章で論ずる。

問題その3：就業保障プログラムはイノベーションを止め、社会を停滞させる。

このプログラムは、ある意味ではベーシックインカムと同様に非生産的で怠惰な社会を作り出す。政府の就業保証プロジェクトで雇用される労働者の誰が一体、リーダーシップを発揮し、リスクをとってイノベーションを起こそうとするのであろうか。その日暮らしで賃金さえもらえばそれでよしといった受動的な職場環境を提供すればするほど、起業家精神でリスクを冒して変革を起こすようなモチベーションなどはそうした職場からは湧き上がってこない。MMTの就業保証プログラムは単なる金食い虫にすぎず、すでに述べたように、これによっていずれ政府は益々借金地獄に陥り、経済はハイパーインフレ、デフォルトの破局へと向かい、やがて社会や国家を滅ぼすことになる。これに対して次章で詳論する公共貨幣政策は、イノベーションを興し、新国生みの経済成長をもたらす分野への戦略的投資を促す政策である。

問題その4：就業保障プログラムは労働市場を財・サービスの交換市場の一環とみなしている。

そもそもなぜ失業が発生するのか。公共貨幣はそうした失業が発生しない経済社会を構築するための本源的なシステムデザインを提案している。失業発生の根本原因は、景気循環のサイクルの中で不均衡が発生した場合に、財・サービス市場では売れ残りが発生するが、同時に労働市場では失業が発生するといったように、財・サービス市場と労働市場が連動していることにある。もし、労働が財・サービス市場のように市場で交換されないとすればどうなるであろうか。例えば、ママ・パパのような家族経営の小さなお店で従業員が家族のように共働きしている場合を想定しよう。この場合には、たとえ不況で財・サービスが一時的に売れなくなっても、家族の一員としての従業員は直ちに解雇されて失業するといったことはないであろう。こうした家族経営の組織を大きくしたのが、協同組合的企業（Coop）であり、従業員持株会社（ESOP, Employee Stock Ownership Plan）であり、日本的経営を実践したかつての多数の日本企業であった。

自己救済による至福への道

私たちはいつの間にか、欧米の経済学に洗脳され、奴隷のように労働が売買される労働市場を市場経済の一環として当然のように受け入れていないだろうか。欧米の経済学の教科書は、財・サービスと労働市場を同じ次元で交換可能な市場として、理論を構築している。労働は苦痛であり、余暇（レジャー）は快楽であるが、労働者は自らの労働を売らなければ余暇（レジャー）が得られないので、働くことは必要悪であると捉える。他方、経営者はいとも簡単に労働者を、あたかも資産や財を処分するように解雇する。その結果、賃金は労働（苦痛）の対価であり、経営者はその対価さえ支払えば、どんな労働（苦痛）をも強要できるとする。そしてその賃金は労働市場での需給で決まる。雇用されたければ、安い賃金を受け入れろと。今や世界中の人々はこのような西欧のミクロ経済学の市場原理に洗脳されている。

それに反して、日本ではかつて労働は苦痛ではなく、生産労働そのものに集中することが救済の道であり、至福に至る道であるとみなされていた。労働者は自分が生産する製品の品質や提供するサービスの向上に全力を投入した。労働に集中すること（動禅）が自己救済や至福に至る道であると信じていたからである。また、経営者はそうした職場環境を提供することが本来の経営の道（Ｔａｏ）であるとして、日々努力を重ねていた。こうした禅的な、または日本的な労働観、勤労観に囲まれて筆者（Ｋ）は育った。第二次大戦後の廃墟の中から日本は立ち上がり、１９６０年から70年にかけての所得倍増時代（平均成長率７〜８％）、１９７１年から90年にかけての高度経済成長の時代（平均成長率４〜５％）といった経済成長の時代に筆者は青春時代を過ごした。日本的経営（終身雇用、年功序列、社員の福利厚生等）の雇用システムが当たり前の環境で育った。

そんな筆者（Ｋ）にとって、カリフォルニア大学バークレー校留学時代に大学院のミクロ経済学の講義で受けたショックは今でも忘れられない。労働は財・サービスと同様にいつでも市場で交換可能であり、不要になれば労働者はいつ解雇してもいい。米国での労働市場環境は、まさにこうしたミクロ経済学の理論をそのまま実践している戦場、使い捨て市場であった。というよりは、こうした現代の奴隷制度のような労働市場をそのまま経済学に持ち込んだのがミクロ経済学だといったほうがより正確である。つまり、現実を正当化しそれを受け入れるように洗脳する役割を経済学は担わされているのである。筆者はバークレーに留学するまで、このような米国流労働市場があるということすら知らなかった。「井《い》の中の蛙《かわず》大海《たいかい》を知らず」といった無知な蛙であった。新卒後いったん企業に採用されると、終身雇用で一生その企業で働けるのが普遍的な労働雇用であると思い込んでいた。米国流の労働市場やそれを反映するミクロ経済理論、それらは筆者が米国留学時代に受けた大きな知的ショックであった。それ以来、労働は苦痛の源泉であり賃金はその対価であるとみるのか、労働は自己救済や至福に至る道であり、賃金はそうした求道者への報酬であるとみるのか、いずれの世界観に立脚して経済モデルを構築していけばいいのかと自問自答するようになった。経済学の研究者にとって、労働をモデル化する作業は重い、苦しい選択肢となった。

「公共貨幣」の理論がやっと完成したとき、この重圧から解放された。労働は決して財・サービスと同じレベルでの交換市場の一環ではなく、あくまでも自己救済による至福への道でなければならない。そう確信できるようになった。公共貨幣という新国生みの新しいシステムデザインでそれが実践、実現できるのである。欧米の国際銀行家や資本家、その手先としての経済学者に洗脳された多くの人々を公共貨幣で解放するのである。次章でその方策を論じる。

＊1　Yamaguchi（1988）pp.42-48. 巻末「主要参考文献」参照。

＊2　『公共貨幣』第2章「お金とは何か」を参照。

＊3　Yamaguchi（2013）Chapter 2では、一般均衡の世界での時間を論理的時間（Logical time）、現実の市場経済での時間を歴史的時間（Historical time）として、両者を厳密に分けてモデルを構築している。巻末「主要参考文献」参照。

＊4　『公共貨幣』第8章を参照。

＊5　そもそも「貨幣はＩＯＵである」とする誤謬はいつ頃から始まったのだろうか。この問いについてザーレンガは、イギリスの外交官であったアルフレッド・ミッチェル＝イネス（１８６４〜１９５０）が主張し始めたものであると指摘している（Zarlenga 2002b）。たしかにランダル・レイがイネスの貨幣観に関する著述（Wray 2004）をまとめていることからも明らかなように、ＭＭＴはこのイネスの偏った貨幣論に影響を受けたようだ。イネスが「貨幣はＩＯＵ」と主張し始めた20世紀初頭という時代背景は、国際金融資本がアメリカに中央銀行（連邦準備制度）を設立しまいと画策していた時期と重なるが、これは偶然の一致なのだろうか。債務貨幣システムを正当化する上で、これほど都合の良い貨幣観はないのである。

＊6　詳細はYamaguchi & Yamaguchi（2016）を参照。巻末「主要参考文献」参照。

＊7　詳細はYamaguchi（2013）「Money and Macroeconomic Dynamics, Edition5, Part II: Debt Money System, 2020」を参照。巻末「主要参考文献」参照。

＊8　Mitchell et al.（2019）．巻末「主要参考文献」参照。

＊9　Yamaguchi（2013）．巻末「主要参考文献」参照。

＊10　Tymoigne & Wray（2013）．巻末「主要参考文献」参照。

＊11　『公共貨幣』第2章を参照。

＊12　『公共貨幣』第8章、１９１ページを参照。

＊13　例えば、青木泰樹（２０１９）「ＭＭＴ（現代貨幣理論）の論理構造と実践的意義」。京都大学レジリエンス実践ユニット東京勉強会参考資料。インターネットＴＶ超人大陸（https://www.youtube.com/watch?v=7fH31XUoJ6M）［最終アクセス：２０２０年12月14日］。

＊14　Tymoigne & Wray（2013），p.4．巻末「主要参考文献」参照。

＊15　取引⑴〜⑷ごとにマーカーの色を変えながら確認していくとわかりやすい。

＊16　政府の借金によって民間の預金が増加するのであるから、マネーストックＭ１も常に増大するかのように見えるがそうではない。銀行の準備預金が法定準備積立額と同じである場合には、増加しない。銀行の準備預金が超過準備である場合のみ、その分の資金で国債を購入すれば、マネーストックは同額増大する。超過準備預金がない場合には、中央銀行が買いオペか貸出によって資金を供給し、国債購入分の準備預金を事前または事後に増やさなければならない。よって国債購入によるマネーストックの増大は、民間への貸出需要がなく準備預金が余剰の場合に限る。すなわち、民間貸出の減少を補足するように政府が借金をする場合である。Ｍ０の現

金比率が変動すればM1も変動し、M0の余剰分があれば政府債務でM1を増やせる。

*17 MMT論者は「貨幣はIOUである」と主張する際に、「誰かの負債は誰かの資産」という表現を多用する。だが、これは複式簿記における取引の8要素（貸借平均の原則）の一例を言っているにすぎず、問題の核心はそこにはない。経済活動を制度部門間の取引として捉えるという方法論は複々式簿記（quadruple-entry bookkeeping）と呼ばれるもので、今日の資金循環分析の基礎的枠組みともなっているが、その原型は少なくともコープランド（1949）に遡る。この資金循環分析のベースになっているのがストック・フロー分析であるが、フィッシャーは経済分析におけるストック・フローの重要性をいち早く体系的に指摘した（Fisher 1906）だけでなく、有名な交換方程式や物価指数の研究、一般均衡理論にも造詣が深かった。こうした理論的積み重ねがあったがゆえに、フィッシャーは1933年にシカゴプランを受け取った際にその重要性に気がつき、晩年まで貨幣改革の実現に傾注していった（『公共貨幣』第8章「シカゴプラン（貨幣改革）とは何か」を参照）。これとは対照的に、MMT論者が「MMTは過去の偉大な経済学者たち（巨人）の肩にたった理論」と自称するマクロ経済学の系譜図（Mitchell et al. 2019, p.434）には、大恐慌と債務貨幣システムの関連性を分析したシカゴ学派はおろか、国際決済銀行の「アーヴィング・フィッシャー中央銀行統計委員会」にその名を残すフィッシャーの名前すら見当たらないのである。

*18 『公共貨幣』、112ページを参照。

＊19　２０２０年米国大統領選挙におけるドミニオン社の投票マシンによる不正操作疑惑に関連して、政府国債のプライマリー・ディーラーであるＵＢＳ証券について以下のような事実が判明した。「米メディア infowars 12月1日付によると、米国証券取引委員会（ＳＥＣ）の文書で、投票機製造および集計ソフト開発会社、ドミニオン（Dominion Voting Systems）は選挙開始の1カ月前、中国当局と深いつながりのある瑞銀証券（UBS Securities LLC）から4億ドル（約４１８億円）の出資を受け取っていたことが明らかになった。……瑞銀（ＵＢＳ）証券は、中国北京市に本部を置く証券会社で、前身は、巨額の債務を抱えていた北京証券公司。２００６年、北京国翔資産管理有限公司、中国建設銀行投資有限責任公司が同社の再建に着手し、新たな証券会社を設立した。２００7年、スイス金融大手ＵＳＢグループ（UBS Group AG）は新会社の株式24・99％を買収したため、同社が合資会社の瑞銀証券となった。中国側は同社の約75％株式を保有。……ドミニオン社と瑞銀（ＵＢＳ）証券の関係は、バイデン氏を当選させるため、中国共産党政権が米国大統領選に介入し操作したとの指摘を裏付ける新たな証拠となった。トランプ弁護団のリン・ウッド弁護士は（２０２０年12月）2日、この調査について、「検証のための取り組みを行っている。これが事実であれば、共産主義者がわれわれの土地を奪い、私たちの政府を転覆させようとしているという他の証拠が確定できる」とツイッターに投稿した」。「Epoch Times」２０２０年12月3日19時33分発信（https://www.epochtimes.jp/p/2020/12/65426.html）［最終アクセス：２０２０年12月14日］。

＊20　ここでは日本の銀行や証券会社、企業等のマクロ経済6部門による海外株式保有による支配については論じていない。支配を目的とした日本の対外直接投資は2019年現在183兆円であり、海外の日本株式保有189兆円とほぼ同額である。これをもって日本のマクロ経済6部門の株主も、海外の企業を同等に支配しているではないのかといった反論が出されるかもしれないが、これは株式所有による世界経済の支配構造を理解していない幼稚な議論である。日本の企業が現在約20％も海外株主・国際金融資本に支配されているということは、『公共貨幣』第5章で分析したように、日本も「グローバル企業支配のネットワーク」、すなわち、国際金融資本の支配構造（グローバリズム）に組み込まれてしまったことを意味する。参考までに、資産運用（利殖）あるいは資産保有を目的とする日本の対外証券投資は611兆円である。

＊21　国際通貨基金（ＩＭＦ）が2020年10月に公表した報告書によると、政府債務残高は同年10月時点の国内総生産（ＧＤＰ）比で266％となり、米国のほぼ2倍に達した（日本経済新聞2020年12月25日付電子版記事、「政府債務残高ＧＤＰ比突出日本266％、米の2倍」）。

第4章　公共貨幣システムへの移行

4.1 システムの移行目標

債務貨幣システムのデザイン欠陥

第1章から見てきた現行の債務貨幣システムの欠陥は、以下の4つにまとめられる。

1 バブルや不況が発生し、不安定なマネーストックによって、財政および金融政策が無力化する
2 政府債務が指数的に増大し、借金地獄が経済破局を招く
3 所得格差を制度的に助長する
4 複利制度によって強要させられる拡大生産が、地球環境を破壊していく

1つ目のデザイン欠陥は、銀行の与信行動と預金創造が結びついていることで、バブルの発生と崩壊、その後の不況(恐慌)を招く制度的原因になっている。貸出の結果としてマネー(購買力)が内生的に創造され、借金の返済によって破壊されることで、マネーストック(貨幣供給量)が不安定となる。2つ目のデザイン欠陥は、マネーストックの不安定性によって長期の景気停滞が引き起こされ、財政および金融政策が無力化することで不況対策のための政府支出が

長期化し、政府債務がやがて指数的に増大し、借金地獄に陥るということである。3つ目は、お金は必ず誰かの借金として経済に供給されなければならないため、それらのお金が存在するためには利子が発生し、毎日・毎月・毎年、債務者から債権者へ利子が移転することで、所得格差を助長させる貨幣システムになっているということである。4つ目は、地球の再生産活動(バイオリズム)から完全に乖離した金融システムの「複利」というルールが、債務者に拡大生産と過剰消費を強要させ、生態系の破壊や環境汚染を招く根本原因になっているということである。債務貨幣システムでは、債務として貨幣が供給される。つまり、常に誰かが借金をし続けていかなければ貨幣は供給されない。この貨幣システムにおける構造的欠陥が、これらの四病の根本原因になっている。

フィッシャーやフリードマンをはじめシカゴプランに賛同した経済学者も、公共貨幣への制度移行は容易であると考えていたようであるが、その具体的なプロセスは示していなかった。[*1] そこで、本章では『公共貨幣』第12章で示した公共貨幣システムへの移行プロセスを、現在の日本経済に即しながら具体的に説明していく。

システム移行の3目標

本書で私たちは債務貨幣システムがどのように今日の様々な経済・社会的弊害を生んでいる

のかをみてきた。では、これら「債務貨幣の四病」（システムデザイン欠陥）を私たちはどうすれば克服できるのか。公共貨幣システムへの移行によってのみ可能となるというのが、私たち公共貨幣フォーラムの政策提言である。では、公共貨幣システムに移行するとは、現在の債務貨幣システムをどのように変更していくことになるのであろうか。この移行プロセスはどのようにデザインされるべきなのだろうか。公共貨幣システムへの移行は、具体的に以下の3つの目標に向かって債務貨幣システムから移行することで実現される。[*2]

1　国会の監督下に「公共貨幣委員会」を設置し、日本銀行を「公共貨幣省」へ統合する
2　決済性預金に対する法定準備率100%を適用する
3　物価安定のために、公共貨幣委員会がマネーストックを調節する

第一に、政府が現在55%の出資証券を所有する日本銀行を政府が100%管理する「公共貨幣庫」として、新たに設立する公共貨幣省（以下「貨幣省」という）に統合する。ここで移行のために新設される貨幣省とは、日銀の本支店および海外駐在員事務所を合併・統合することで設置される新しい行政組織である。日銀は、出資証券を株式市場（ジャスダック）に上場している民間企業のような認可法人である。この民間企業としての性格が、我が国の貨幣政策における

る不安定要素となっていた。したがって、公共貨幣システムへの移行後はこの不安定要素を取り除くべく、日本銀行はジャスダックへの上場を廃止し、貨幣省として国の行政機関に組み入れることになる。日銀が保有する資産・負債・純資産は必要に応じて貨幣省に引き継ぐと同時に、日本銀行が行う国庫金の出納事務は民間の銀行業務と区別するために、国有金庫制度としての「公共貨幣庫」と名称を変更し、貨幣省にその業務と権限を転換させる。また、貨幣省は公共貨幣委員会の議事の運営を補佐し、公共貨幣の製造、発行および管理、その他任務の達成に必要な一切の業務を掌理《しょうり》する。

次に、第二の条件によって、M0＝M1となる。すなわち、公共貨幣システムでは全て法定通貨となる。本書の「はじめに」で示した**図2**を再度眺めていただきたい。この第二の条件によって、銀行の与信行動と貨幣供給が完全に分離され、貸出による預金創造が廃止されることで安定的なマネーストックが達成される。**図1・3**で示した預金創造の蛇口が閉められるということである。さらに、貸倒れリスクを伴う「融資業務」と決済機能を担う「預金業務」がこうして分離されることで、決済性預金が完全に保護されるようになり、金融システムの安定性・頑強性が根本的に高められる。要求払預金の預金準備率を100％に引き上げる過程で必要となる資金は、貨幣省が無利子・無制限で貸与する。第3章でも述べたが、銀行制度は従来のままであり、MMT論者が勝手に解釈しているような抜本的変更を行うのでもなく、また、銀行を廃止するのでもない。これら2つの条件が整った時点から、経済成長や社会福祉等のために新たに必要な公共貨幣は政府の財政政策を通じて流通に投入し、過剰な公共貨幣は徴税によって引き揚げる。公共貨幣システムでは、こうして安定的なマネーストックのもとで貨幣が規律的に投入される（または引き揚げられる）ことで、物価安定が実現される。

貨幣発行権と権力分立

貨幣の単位や種類を定め、それを発行し、物価の安定のために貨幣量（マネーストック）を管理する権能（貨幣発行権）は、立法・行政・司法に並ぶ国家機構に不可欠な権能の一つである。戦後、日本国憲法にも権力分立の理念のもとで立法府（国会）・行政府（内閣）・司法府（最高裁判所）が置かれたが、実は我が国では貨幣を誰が発行し、管理する権限を持つべきなのかということが憲法には規定されていない。[*3] 財政制度より基礎的な貨幣制度が、日本では憲法に規定されていないというのは少し驚きではないだろうか。この点に関して、アメリカ合衆国では同国の憲法「Article 1 Section 8」において「貨幣を発行し、その価値や外貨の価値を定め、その重さや寸法を決める権限（を議会が有する）」とし、貨幣発行権を連邦議会に付与している。[*4] また、筆者（K）が現在勤務しているトルコ共和国（1923年10月29日建国）でも同国の憲法87条において、立法府に付与されたその他の権限とともに貨幣の発行を決定する権限が規定されている。なお、同国では貨幣発行に関する権限が議会に与えられている一方、銀行券の独占的発行に関する権限は同国の中央銀行法において中央銀行（株式会社）に委譲されている。

このように、貨幣制度の法的構造は各国で多少の違いが見られるが、我が国でもマッカーサー草案76条にて国会に通貨の発行に関する権能を規定することが検討されていたようだ。しかし、最終的に却下されたようである。[*5] あくまでも有力な学説ということであるが、現行憲法の制定過程において貨幣発行権がどのように扱われたのか、その経緯については今後の研究で明らかにされる部分があるだろう。いずれにしても、我が国の貨幣制度は、貨幣法（明治30年法律第16号）、そして後にそれに替わって制定された「通貨の単位及び貨幣の発行等に関する法律」（昭和62年法律第42号）を軸に整備されてきた。この意味において、我が国の現行憲法には「貨幣発行権」という第4ともいうべき権力について大きな抜け穴があると言える。それゆえに、この権力分立に空いた空間を埋めるように、我が国では日本銀行という特別法によって銀行免許を与えられた一認可法人が、国家の貨幣発行権を牛耳るという債務貨幣システムを構築することが可能になっているのだ。

公共貨幣システムへの移行に際して、日本国憲法でもこの貨幣発行権を立法府の権限として明記することが合理的ではあるが、法律レベルでの対応も可能である。適切な法的対応に関する論点は「日本国公共貨幣法」（『公共貨幣』第13章）を参照していただき、ここでは省略する。

以下、移行プロセスにフォーカスしながら見ていこう。

4.2 移行の7プロセス

システム移行の7プロセス

前記の3項目を目標とした移行プロセスを説明するためには、経済主体をお金の流れを中心にして公共貨幣庫、政府、銀行、民間（家計・企業）の4部門に分けて、その部門間の資金移動を描写することが必要となる。そこで、それぞれの部門の貸借対照表（バランスシート）を日本の現実に即して作成し、以下の7つの移行プロセスに沿ってバランスシートの数値を対応させながら考察する。バランスシートの各勘定科目に付随の数値番号は、以下のプロセス番号に対応している。

（0）債務貨幣システム（2018年のマクロ金融バランスシート）の終焉
（1）日銀券100兆円を10％のプレミアム付きで公共貨幣・EPMと交換
（2）公共貨幣1000兆円を純資産として発行し政府預金を創出
（3）政府預金で日銀保有の国債500兆円を償還
（4）政府預金で銀行保有の国債200兆円を償還

（5）政府預金で民間保有の国債３００兆円を償還
（6）公共貨幣の貸付で民間銀行の１００％準備預金を確保
（7）公共貨幣システムの誕生（新国生み）

（0）債務貨幣システム（２０１８年のマクロ金融バランスシート）の終焉

「はじめに貨幣の定義あり」で作成した債務貨幣システムの分類表（図1）は、２０１８年における日本のマネーストックの総額を以下のように断面的に切り取ったものである。

ベースマネー(M0) ＝ 現金 ＋ 準備預金 ＝ 112兆円 ＋ 394兆円 ＝ 506兆円
マネーストック(M1) ＝ 現金 ＋ 要求払預金 ＝ 112兆円 ＋ 719兆円 ＝ 831兆円
マネーストック(M3) ＝ マネーストック(M1) ＋ 定期預金 ＝ 831兆円 ＋ 595兆円 ＝ 1426兆円

日本のマネーストック総額１４２６兆円のうち、約5兆円の公共貨幣（現金・硬貨）を除く残りの１４２１兆円（99・7％）は全て債務貨幣となっている。第1章でみたように、この債務貨幣の存在が「失われた30年」における経済的諸悪の根源となっている。いよいよ本節ではこの債務貨幣をどのようにすれば全て公共貨幣に切り替えることができるのかを具体的にみていく。そのためにここではまずこの債務貨幣がいかにして無から信用創造されてきたのかを考察することから始める。話を簡単にするために、2018年における債務貨幣額の端数を切り捨てて、以下のような数値にマネーストックを簡素化し分析していく。

ベースマネー(M0) = 現金 + 準備預金 = 100兆円 + 400兆円 = 500兆円
マネーストック(M1) = 現金 + 要求払預金 = 100兆円 + 700兆円 = 800兆円
マネーストック(M3) = マネーストック(M1) + 定期預金 = 800兆円 + 600兆円 = 1400兆円

この数値をベースにして金融資産、負債に絞って作成したのが**図4・1**のバランスシートである。この図に沿って各部門のバランスシートを簡単に説明し、日本の債務貨幣がどのようにして無から信用（預金）創造されたかをみていくことから公共貨幣への移行プロセスの考察を始める。

日本銀行　政府への貸出として購入した国債500兆円（金融資産）をもとに、ベースマネー（M0）を発行する。そのうちの100兆円は日銀券として流通し、残りの400兆円は市中銀行からの準備預金として預かっている。

銀行　日銀に預けた準備預金400兆円をベースに700兆円の要求払預金を無から創造して

図4.1　2018年における日本の金融資産・負債のバランスシート

日本銀行のバランスシート　（単位：兆円）

金融資産		負債	
（0）国債	500	100	（0）発行銀行券
		400	（0）準備預金
		0	（0）政府預金
		金融純資産（=0）	
		0	（0）初期金融純資産
（0）総金融資産	500		

銀行のバランスシート

金融資産		負債	
（0）準備預金	400	700	（0）要求払預金
（0）国債	200	600	（0）定期預金
（0）銀行貸出	700	金融純資産（=0）	
		0	（0）初期金融純資産
（0）総金融資産	1300		

政府のバランスシート

金融資産		負債	
（0）政府預金	0	1000	（0）国債残高
		金融純資産（=-1000）	
		-1000	（0）初期金融純資産
（0）総金融資産	0		

民間（家計・企業）のバランスシート

金融資産		負債	
（0）銀行券	100	700	（0）銀行借入
（0）要求払預金	700		
（0）定期預金	600	金融純資産（=1000）	
（0）国債	300	1000	（0）初期金融純資産
（0）総金融資産	1700		

金融純資産合計　0（=-1000+1000）

M0＝100+400=500
M1＝100+700=800
M3＝100+700+600=1400

出所：筆者作成

民間に貸し付けている。現在の法定準備率を1％とすれば、銀行は最大4万兆円（4京円）まで貸出が可能となる。よって、民間からの資金需要がある限り、極端に言えば、銀行は法定準備率の範囲内でほぼ無限の資金を民間に貸出（預金創造）できる。この部分準備制度が現在における金融不安定性の根本原因となっている。銀行はさらに政府にも200兆円を貸して購入した国債を金融資産として保有している。

政府　政府の国債発行による累積債務残高は1000兆円となっている。その借金の内訳は日銀500兆円、銀行200兆円、民間（主に保険等その他金融機関）300兆円である。その結果、政府の金融純資産はマイナス1000兆円となっている。国債利息を1％とすれば、毎年10兆円（国民一人当たり約8万円）の利払い予算が追加的に必要となる。政府はこれを税金で徴収し、毎年、日銀、銀行に利子として支払っている。[*6]

民間（家計・企業）　民間部門は銀行から700兆円を借入して要求払預金700兆円を確保し、日銀券100兆円と合わせて800兆円を日々の取引決済のために使用している。この取引決済総額がマネーストック（M1）となる。これ以外にも民間は定期預金600兆円を保有しており、M1にこの定期預金を合計した額1400兆円が日本のマネーストック（M3）の総額となっている。民間部門はさらに300兆円を政府に貸して購入した国債を金融資産として保有している。これらを合計した民間の総金融資産は1700兆円となり、銀行借入を差し引いた1000兆円が民間部門の金融純資産となっている。

以上の金融資産のバランスシート分析より、次のような債務貨幣システムの本質が浮かび上がってくる。

債務貨幣の本質その1：マネーストックM3＝国内総債務（＝民間と政府による銀行からの債務合計）

政府の債務総額1000兆円のうち民間からの債務を差し引いた銀行からの債務は700兆円（＝1000兆円－《マイナス》300兆円）であり、これと民間の債務700兆円を合計した1400兆円の債務総額が日本のマネーストックM3と等しくなっている。すでに第1章で実証的に分析したとおり、「あなたのお金は誰かの借金」である。すなわち、債務貨幣とは誰か（民間と政府）が借金をすることによって無から利付で創造されるお金なのである。逆にいうと、誰も借金をしなければ経済活動に必要なお金は創造されないのであり、借金が完済されれば、お金は消えて無くなり、経済活動はストップする。

債務貨幣の本質その2：金融純資産合計＝日銀（0）＋銀行（0）＋政府（－《マイナス》1000）＋民間（1000）＝0兆円

日本経済全体の金融純資産の合計は0兆円となる。すなわち、債務貨幣システムを金融資産および負債に純化したバランスシートで裸にすれば、債務貨幣システムとは誰かの金融資産が誰かの金融負債となる膨大なゼロサムゲームであるという実態が浮かび上がってくる。

そして、日銀・銀行部門の純資産（利子所得）が増えれば増えるほど、民間の純資産が税金徴収で減少する仕組み（システムデザイン）となっている。

ＭＭＴ（現代貨幣理論）を徹底批判した第３章で詳述したが、ＭＭＴ論者は、政府（彼ら）が借金をすればするほど民間（我々）の金融純資産（預金）は同額だけ増加するので、政府に国債をジャンジャン刷らせて借金をさせればさせるほど我々は豊かになると主張する。このＭＭＴの主張が虚偽・暴論であることは、経済全体の金融バランスシートで眺めれば金融純資産の合計はゼロとなり、全く増加しないことからも明白である。民間部門の金融純資産が１０００兆円と増加するということは、政府の金融純資産がマイナス１０００兆円と債務超過になることなのである。それ以上でもそれ以下でもない。第１章でみてきた「失われた30年」では政府のみがこのようにして借金を増やして日本のマネーストックを下支えしてきた。その結果、膨大な政府債務の利息が民間の純資産から政府によって徴税され、銀行家（１％）の手元に強制移転させられた。債務貨幣システムとは、以上述べたような２つの本質を抱えるゼロサムゲームなのであり、必然的に所得格差・貧富を拡大させるシステムなのである。

それでも99％の国民は現在の債務貨幣システムの存続を支持し続けるのだろうか。こうした債務貨幣システムの悪夢から私たちは早く覚醒しなければならない。ではどうすればいいのか。具体的には以下の３つの債務貨幣の弊害を除去して、公共貨幣システムに移行することである。

・利付債務貨幣の日銀券を無利子の公共貨幣（紙幣）と電子公共貨幣（EPM）に切り替える。
・政府の借金である国債をゼロにする。
・民間銀行の預金準備率を100%にする。

（1）日銀券100兆円を10%のプレミアム付きで公共貨幣・EPMと交換

いよいよ公共貨幣システムに向かっての出発である。まず「日本国公共貨幣法」[*7]が国会で成立し、公共貨幣システムへの移行の法制度が整備されていることをここからの議論の前提とする。そのためにも国会議員の皆さんには、保守や革新といった債務貨幣システムにおける分断・対立工作の洗脳から自らを解き放ち、超党派で一刻も早くこの法案を国会で審議し、成立させていただきたい。よってここでは同法案の具体的なメイキングの議論はせずに、日本銀行から公共貨幣庫への組織替えがすでに完了し、国会直属の公共貨幣委員会が公共貨幣を発行できるといった環境インフラが整っていることを前提として、移行プロセスを順次検証していく。この移行プロセス（1）から（6）までは**図4・2**のマクロ経済部門の金融バランスシートを参照しながら、読み進めてほしい。バランスシートの勘定科目に付随する数値番号は、移行プロセス（1）から（6）の取引に対応している。（0）は**図4・2**の初期状態を示しており、

図4・1における各部門の金融資産・負債残高に対応している。

①公共貨幣委員会は日銀券発行残高100兆円を10%のプレミアム付きで交換するために公共貨幣110兆円を発行し、公共貨幣庫に引き渡す。10%のプレミアムを付けるのは、公共貨幣への交換を促進し、10兆円の新札効果で経済を刺激するためである。公共貨幣庫のバランスシートでは、この110兆円を金融資産・金融純資産（公共貨幣・EPM）として計上し、その後プレミアム支払いの10兆円を差し引く。公共貨幣の媒体は紙幣、または電子媒体とする。電子媒体の公共貨幣は電子公共貨幣（EPM, Electric Public Money）と呼ぶ。EPMについては次章で触れる。紙幣とEPMとの発行比率は、市場での交換需要を観察しながら調整する。すなわち、以下のように交換する。

日本銀行券100兆円 ⇩ 日本国貨幣［紙幣またはEPM］110兆円

この公共貨幣の新札図案は従来の人物に代わって、日本の美しい風土等を用いた多彩なデザインとする。さらに図案を47都道府県に委ねて、地元の風物や県花等にするのも一案である。そして地元図案の新札を地元で使用すれば、何らかの特典が得られるようにする。そうすれば、その新札は地元にとどまり、流通速度も増して、公共貨幣が地域通貨となって地域活性化をも

図4.2　公共貨幣への移行ステップ（1）～（6）に対応する金融バランスシート

公共貨幣庫のバランスシート　（単位：兆円）

金融資産		負債	
（0）国債	500	100	（0）発行銀行券
（3）日銀保有国債償還	-500	-100	（1）銀行券回収
（1）公共貨幣・EPM	110	400	（0）準備預金
（1）銀行券回収	-100	200	（4）銀行保有国債償還
（1）プレミアム支払	-10	300	（5）民間保有国債償還
（2）公共貨幣（D）	1000	100	（6）公共貨幣貸出分
（6）公共貨幣貸出	100	0	（0）政府預金
		1000	（2）公共貨幣（D）
		-500	（3）日銀保有国債償還
		-200	（4）銀行保有国債償還
		-300	（5）民間保有国債償還
			金融純資産（=100）
		0	（0）初期金融純資産
		110	（1）公共貨幣・EPM
		-10	（1）プレミアム支払
（6）総金融資産	1100		

銀行のバランスシート

金融資産		負債	
（0）準備預金	400	700	（0）要求払預金
（4）銀行保有国債償還	200	300	（5）民間保有国債償還
（5）民間保有国債償還	300	600	（0）定期預金
（6）公共貨幣借入	100	100	（6）公共貨幣借入
（0）国債	200		
（4）銀行保有国債償還	-200		金融純資産（=0）
（0）銀行貸出	700	0	（0）初期金融純資産
（6）総金融資産	1700		

政府のバランスシート

金融資産		負債	
（0）政府預金	0	1000	（0）国債残高
（2）公共貨幣（D）	1000	-500	（3）日銀保有国債償還
（3）日銀保有国債償還	-500	-200	（4）銀行保有国債償還
（4）銀行保有国債償還	-200	-300	（5）民間保有国債償還
（5）民間保有国債償還	-300		金融純資産（=0）
		-1000	（0）初期金融純資産
		1000	（2）公共貨幣（D）発行
（6）総金融資産	0		

民間（家計・企業）のバランスシート

金融資産		負債	
（0）銀行券	100	700	（0）銀行借入
（1）銀行券回収	-100		
（1）公共貨幣・EPM	110		
（0）要求払預金	700		
（5）民間保有国債償還	300		
（0）定期預金	600		金融純資産（=1010）
（0）国債	300	1000	（0）初期金融純資産
（5）民間保有国債償還	-300	10	（1）プレミアム受取
（6）総金融資産	1710		

出所：筆者作成

たらすに違いない。地元経済への愛着も増す。

②具体的な交換は貨幣省の地方支分部局（旧日銀の32支店および14の国内事務所）、および銀行等金融機関の窓口で行う。新札への交換はあくまでも交換開始日の時点で流通している日銀券のみを対象とする。開始期日以降はATMや預金口座から引き出されるお金は全て公共貨幣でなされるように周到に事前準備する。公共貨幣への交換開始日はあらかじめ公表するが、プレミアム付きの交換情報は交換日直前まで極秘とする。交換日直前の駆け込み引き出しによる混乱を回避するためである。プレミアムの支払いを公平にするために、一人当たりの新札交換額の上限を設定するというのも一案である。

③以上の交換プロセスの結果、民間のバランスシートでは、銀行券保有残高100兆円はゼロとなり、公共貨幣・EPMの資産が110兆円となる。この差額の10兆円が民間の金融純資産の増加となる。銀行券の整理はこれで完了する。

(2) 公共貨幣1000兆円を純資産として発行し政府預金を創出

①公共貨幣委員会は国債残高1000兆円を償還するために、1000兆円の公共貨幣（電子媒体）を発行し、政府に引き渡す。公共貨幣庫のバランスシートでは、電子媒体の公共貨幣（D）として資産計上し、同時に政府預金の口座に1000兆円を負債として計上する（Dは預

金Deposits のD)。もちろん、(1)公共貨幣の発行の場合と同様に、一旦公共貨幣庫のバランスシートに同額を金融資産および金融純資産として計上し、その後、政府に引き渡した時点で、同時に政府預金に負債として記帳するのが正式な会計処理である。そうすれば、公共貨幣の発行は全て公共貨幣庫のバランスシートの資産、純資産として計上することから記帳が始まることになるので、より統一的に公共貨幣の会計処理ができるようになる。ここではこのプロセスを省略して簡素化している。

②政府はこれを直ちにバランスシートの金融純資産に計上し、同時に公共貨幣庫に政府預金する。この結果、政府の金融純資産の赤字はマジックのように直ちに解消され、ゼロとなる。政府が国債を発行して借金をする場合には、負債として計上しなければならないが、公共貨幣の政府への引渡しの場合には金融純資産として計上されるのである。国債の発行も公共貨幣の発行も、政府預金を生むという点では同様であるが、仕訳が債務貨幣システムと公共貨幣システムでは決定的に異なる。国債は政府の利子付き債務であるので負債となるが、公共貨幣は公共貨幣委員会の貨幣発行権に基づく法貨であるから、政府がそれを受け取った場合には無利子の純資産となる。

（3）政府預金で日銀保有の国債500兆円を償還

①ここからは公共貨幣による政府預金1000兆円を用いて順次国債を償還していくプロセスについてみていく。まず日銀保有の国債500兆円の償還であるが、公共貨幣庫のバランスシート上では、政府預金500兆円を用いて国債を全額償還する。その結果、公共貨幣庫の国債資産がゼロとなり、政府預金も500兆円減少する。

②政府のバランスシートでも、政府預金および国債残高がそれぞれ500兆円減少する。

（4）政府預金で銀行保有の国債200兆円を償還

①次に銀行保有の国債200兆円の償還であるが、銀行のバランスシートでは、政府が銀行保有の200兆円を全額一括して償還し、銀行の準備預金口座に同額を振り込む。なおこの国債償還は一括して行う必要がなく、銀行が償還満期日まで国債を保有し利息収入を確保したいとする場合には、各銘柄の償還期日ごとに順次償還することになる。

②これに対応して公共貨幣庫のバランスシートでは、政府預金200兆円を減らして、銀行の準備預金に同額を計上する。

③これに伴い政府のバランスシートでも、政府預金および国債残高をそれぞれ200兆円減少して計上する。

(5) 政府預金で民間保有の国債300兆円を償還

①最後に民間保有の国債300兆円の償還であるが、民間のバランスシートでは政府がこれを一括償還し、民間の預金口座に同額を公共貨幣庫→銀行経由で振り込む。なお、この国債償還は一括して行う必要はなく、民間の国債保有者が償還満期日まで国債を保有し利息収入を確保したいとする場合には、各銘柄の償還期日ごとに順次償還することになる。

②この償還を受けて銀行のバランスシートでは、準備預金および民間の要求払預金を同額増加して計上する。

③これに連動して公共貨幣庫のバランスシートでは、政府預金300兆円を減らして、銀行の準備預金に同額を計上する。

④政府のバランスシートでも、政府預金及び国債残高をそれぞれ300兆円減少して計上する。

以上、公共貨幣移行プロセス(3)から(5)により、政府預金1000兆円を用いて政府の国債残高1000兆円が完済されることになり、政府のバランスシートは金融資産、負債、そして純資産が全てきれいに一掃されゼロとなる。

(6) 公共貨幣の貸付による民間銀行の100%準備預金を確保

①ここまでの移行プロセスを反映して、民間銀行の負債である要求払預金が1000兆円とな

っているが、これに対応する準備預金は900兆円であり、銀行の準備預金が100兆円不足している。公共貨幣システムでは銀行は決済性預金に対して100%準備預金を確保しなければならない。そこで公共貨幣委員会が新たに100兆円を発行して公共貨幣庫に引き渡し、公共貨幣庫は無利子・無担保で同額を銀行に貸し出す。公共貨幣庫のバランスシートでは、公共貨幣の貸出資産が100兆円計上され、同額が準備預金に振り込まれて計上される。なお、公共貨幣庫による銀行への貸付は、債務貨幣システムから公共貨幣システムへの移行時に100%準備を実現させる目的のためだけに行うものである。

②こうして、銀行の準備預金が1000兆円となり、100%準備が確保される。銀行のバランスシートでは、準備預金100兆円が公共貨幣の借入として資産計上され、同時に同額の公共貨幣借入が負債として計上される。このようにして公共貨幣システムでは銀行は常に100%の準備預金を公共貨幣庫に預金しなければならなくなり、無からの信用創造は不可能となる。

(7) 公共貨幣システムの誕生(新国生み)

以上(1)から(6)までの移行プロセスにより公共貨幣システムへの移行が無事に完了した。本章の冒頭で述べたように、公共貨幣システムへの具体的な移行については、フィッシャーもフリードマンも移行は容易であると考えていたようであるが、その具体的なプロセスは示していなかった。今回、私たちは、2018年における日本の債務貨幣システムの現状から出発して、公共貨幣システムへの移行がいかに容易であるのかを初めて実証的に示した。これが、私たち公共貨幣フォーラムが提案している「公共貨幣による令和の新国生み」である。*8

さて、ここからはこの新国生みの公共貨幣バランスシートが2018年の債務貨幣バランスシートからどのように新生したのかについて概観してみる。この移行プロセスのために、公共貨幣委員会は紙幣と電子公共貨幣（EPM）の2種類を発行した。まずは110兆円の日本国貨幣（紙幣またはEPM）を発行し、公共貨幣庫に引き渡した。次に、1000兆円のEPMを発行し、公共貨幣庫から政府の預金口座に振り込んだ。残りの民間の定期預金600兆円も債務貨幣から公共貨幣に交換する必要があるが、この600兆円は銀行の預金勘定元帳（データベース）にすでに存在しているものである。本来であれば、この600兆円の債務貨幣に対応させるための公共貨幣（EPM）も公共貨幣庫のバランスシートで計上すべきだが、移行プロセスの説明が煩雑になるので省略している。これらの結果、公共貨幣委員会は公共貨幣システムへの移行に伴い、合計1710兆円の公共貨幣を発行したことになる。定期預金600兆円の発行部分を除くと1110兆円の発行となる。

図4・3は、公共貨幣システムによる新国生みが誕生した時点における、日本のマクロ経済部門の金融バランスシートである。この図では定期預金600兆円を除いた1110兆円が公

共貨幣の発行総額として計上されている。金融純資産の合計は、公共貨幣庫100兆円と民間の1010兆円を合わせて1110兆円である。すなわち、公共貨幣の発行総額がそのまま日本経済全体の金融純資産合計となっている。公共貨幣の発行によって、あたかも『古事記』神話でイナザギ・イザナミの神が天沼矛《アメノヌボコ》をかき回してオノコロ島を誕生させたように、債務貨幣システムがグルグルとかき回されて債務が一掃され純真無垢（無利子）な公共貨幣による新システムが誕生したというイメージが浮かび上がってくる。まさに公共貨幣という禊《ミソギ》による新国生みである。公共貨幣システムへ移行後のマネーストックは以下のようになる。

ベースマネー(M0) ＝ 現金 ＋ 準備預金 ＝ 110兆円 ＋ 1000兆円 ＝ 1110兆円
マネーストックM1 ＝ 現金 ＋ 要求払預金 ＝ 110兆円 ＋ 700兆円 ＋ 300兆円 ＝ 1110兆円
マネーストックM3 ＝ マネーストックM1 ＋ 定期預金 ＝ 1110兆円 ＋ 600兆円 ＝ 1710兆円

この公共貨幣によるバランスシート分析より、次のような公共貨幣システムの本質が浮かび上がってくる。

公共貨幣の本質その1：ベースマネー（M0）＝マネーストックM1（＝1110兆円）

図4.3（7）公共貨幣システムの誕生（新国生み）

公共貨幣のバランスシート　（単位：兆円）

金融資産		負債	
国債	0	0	発行銀行券
公共貨幣・EPM	0	1000	準備預金
公共貨幣（D）	1000	0	政府預金
公共貨幣貸出	100	金融純資産（=100）	
		100	公共貨幣・EPM
総金融資産	1100		

銀行のバランスシート

金融資産		負債	
準備預金	1000	1000	要求払預金
国債	0	600	定期預金
銀行貸出	700	100	公共貨幣借入
		金融純資産（=0）	
総金融資産	1700		

政府のバランスシート

金融資産		負債	
政府預金	0	0	国債残高
		金融純資産（=0）	
総金融資産	0		

民間（家計・企業）のバランスシート

金融資産		負債	
銀行券	0	700	銀行借入
公共貨幣・EPM	110		
要求払預金	1000	金融純資産（=1010）	
定期預金	600	1000	初期金融純資産
国債	0	10	プレミアム受取
（0）総金融資産	1710		

公共貨幣合計	1110（=1000+110）
金融純資産合計	1110（=100+1010）

M0＝110+1000=1110
M1＝110+700+300=1110
M3＝110+700+300+600=1710

出所：筆者作成

公共貨幣システムではお金は無から信用創造されることはないので、ベースマネー（M0）は全てマネーストック（M1）として流通し、日々の決済に用いられる。すなわち、移行の3目標の2番目が達成されたことになり、民間の要求払預金は銀行の準備預金で100％担保されることになる。2018年現在の債務貨幣システムではベースマネー（M0）は500兆円であったが、決済に必要なマネーストック（M1）は民間と政府の借金によって無から創造され、800兆円に膨れ上がっていた。その差額300兆円が機能的貨幣（Mf）である。歴史的にはこれが原因で取り付け騒ぎやバブルやデフレといった貨幣の膨張や収縮が発生し、景気変動をもたらしてきた。公共貨幣システムへの移行に伴い、こうした機能的貨幣（Mf）が消滅し、経済的諸悪の根源が完全に撲滅されたことになる。

公共貨幣の本質その2：マネーストック（M1）＝公共貨幣の発行総額（＝1110兆円）

公共貨幣システムへの移行が進行するに従い、取引決済に用いられるマネーストック（M1）は、やがて発行された公共貨幣の総額（定期預金に対応の600兆円を除く）と等しくなる。すなわち、債務貨幣の流通は駆逐され、流通貨幣は全て無利子で発行された法貨である公共貨幣となる。その結果、流通貨幣量が安定し、公共貨幣委員会はその流通量を最適に調整、管理できるようになる。

公共貨幣の本質その3：公共貨幣の発行総額＝金融純資産合計（＝1110兆円）

日本経済全体の金融純資産の合計は公共貨幣庫の１００兆円と民間の１０１０兆円で合計１１１０兆円となり、公共貨幣の発行総額（Ｍ０）１１１０兆円と常に一致する。すなわち、金融純資産は経済活動に伴って各部門間を移動するが、総計では公共貨幣の発行総額と等しくなる。公共貨幣委員会が追加的に発行する公共貨幣はそのまま経済全体の金融純資産の増加となり、金融資産の付加価値も同額分増大する。債務貨幣システムでは、金融純資産の合計は常にゼロとなるゼロサムゲームで終わるので、債務貨幣の追加的発行は決して経済の金融純資産を潤すことはなかった。その一例として、第３章で分析したように政府が発行する国債は経済全体の金融純資産を増加させず、決して経済を潤すことにはならなかったのである。

ここで移行後のマネーストックＭ１とＭ３について注記しておく。債務貨幣システムと比較して、マネーストック（Ｍ１）は８００兆円から１１１０兆円へと３１０兆円増加し、マネーストック（Ｍ３）も１４００兆円から１７１０兆円へと同じく３１０兆円増加している。その内訳はプレミアム支払額10兆円と民間保有の国債償還額３００兆円である。現在の日本経済はデフレに苦しんでいるので、この３１０兆円のマネーストック増加分を吸収するだけの潜在的生産力（産出量ギャップ）を十分に有していると考えられる。したがって、移行に伴う３１０兆円のマネーストックの増大は同額の内需およびＧＤＰの拡大を促し、逆に経済を活性化させると

図 4.4 公共貨幣システムにおけるマネーストック増減要因

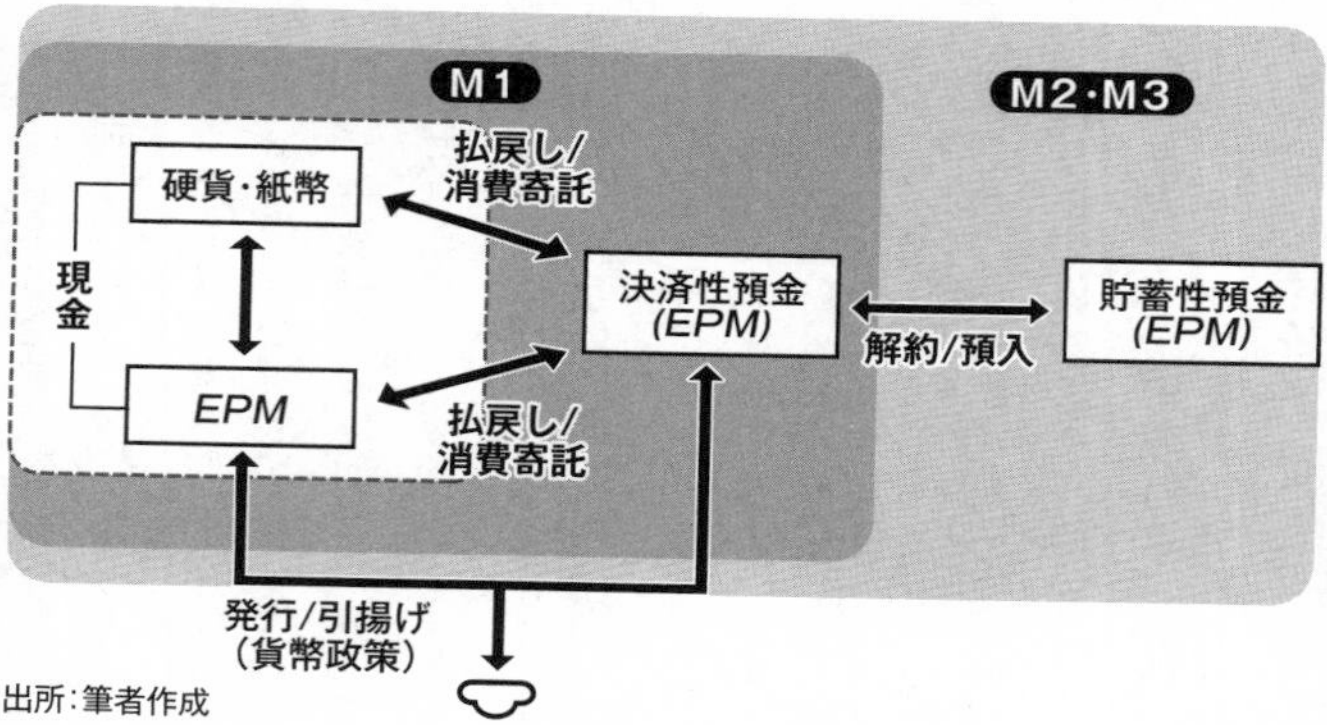

出所:筆者作成

期待できる。万一、この公共貨幣システムへの移行に伴いインフレが発生する場合には、政府の増税政策によって公共貨幣を流通から引き揚げれば、物価は容易に安定させることができる。これが公共貨幣システムにおける物価安定のための効率的な公共貨幣政策となる。

図4・4は、このようにして公共貨幣への移行が完了した際のマネーストックを整理している。第1章の債務貨幣システムにおける**図1・3**と比較していただきたい。公共貨幣システムにおける定期性預金は、マクロ経済学の「貯蓄」の概念に対応するようになるため、**図1・3**における定期性預金をここでは貯蓄性預金と表記しているが、第1章で説明したように両者は同義である。また、公共貨幣の引揚げとは徴税に伴うものではなく、公共貨幣庫への完全な引揚げのことを指す。EPMについては次章で

触れるが、同図では決済プライバシーの保護と利便性を両立する「電子貨幣型」としての発行形態を採用していることを示している。こうして発行されたEPMは、取引に応じて決済性預金や定期性預金として流通している。

4.3 公共貨幣システムの新経済風景

構造変化に伴うシステムの振る舞い

経済システムが債務貨幣から公共貨幣へと移行すれば、それに伴ってシステム構造も変化するので、当然システムの振る舞いも変化する。これがシステムダイナミックスによる考え方である。それではこの構造変化に伴い、システムの振る舞いがどのように変化し、新国生み後の経済風景がどのようになるのであろうか。ここではその新しい経済風景を車窓から簡単に眺めることにする。[*9]

新経済風景1：貨幣の安定　公共貨幣委員会が発行するベースマネー（M0）はマネーストック（M1）となり、かつての古き良き公共貨幣の時代に生まれた諺《ことわざ》のように「お金は天下の回り物」としてグルグルと回って流通し、経済活動を継続的に支える。その結果、債務貨幣システムのようにマネーストック（M1）が内生的に創造・破壊され、バブルや不況、インフレやデフレ、大量の失業が繰り返し発生し、経済が不安定になるようなことがなくなる。物価も安定し、私たちは豊かで充実した生活ができるようになる。

新経済風景2：金融の安定　水は高きから低きに流れるように、貯蓄やローン返済等から生まれる余剰投資資金は生産性の高い、高収益が見込まれる実物経済投資へと向かう。その結果、投資効率が高まり、経済成長も促進される。なぜなら株式や債券といった金融資産や不動産への非生産的投資は、経済全体ではゼロサムゲームとなるので、金融資産・不動産への投機メリットが相対的に低下するからである。「濡れ手で粟」のごとくジャブジャブと無から信用創造されるお金で、１９８０年代後半のような金融バブルを発生させるといったこともなくなる。

新経済風景3：雇用の安定　貨幣供給や金融が安定すれば、経済成長が持続し、雇用も安定する。次章の「新国生みイニシアティブ」で詳述するように、公共貨幣システムに移行すれば、かつての「ジャパン・アズ・ナンバーワン」の時代のような終身雇用、年功序列、家族手当や社員の福利厚生等を特徴とする日本的経営や労働者に優しい労働雇用形態が再び実現する。

新経済風景4：政府債務がゼロ　１０００兆円もの債務から解放された政府はフリーハンドとなり、税収＝政府支出、いわゆるプライマリーバランスの原則に沿った均衡財政で健全な政策が運営できるようになる。これまでのような累積債務による政府予算の制約もなくなり、社会福祉予算を充実させたり、「新国生みイニシアティブ」の成長戦略を立案して、未来志向的政策に変換することができるようになる。万一、追加予算が必要となる場合には、財務省は公共貨幣委員会に予算の増額を要請し、公共貨幣委員会もインフレを生じさせない範囲内で公共貨幣の追加的発行ができるようになる。

新経済風景5：利子所得格差の解消　公共貨幣は無利子で発行され、債務貨幣のように利付借金として信用創造されることがない。よって日銀や銀行への強制的利子所得の移転がなくなり、これに伴う1％vs.99％といった金融資本とその他一般国民の間における利子所得格差は解消される。しかしながら資本主義における資本家・経営者vs.労働者といった古典的な階級対立から派生する不労所得vs.賃金所得といった所得格差は、公共貨幣システムへの移行だけでは解消されない。この解消のためには「むらトピア経済[*10]」へとさらなるシステム構造を変革させることが必要となる。

新経済風景6：持続可能な環境　環境破壊等の持続不可能な経済開発は、債務貨幣システムにおけるお金の生まれ方と深く関連している。企業や家計および政府といった債務者は、常に利払いを強制されるために、環境保全のためのコストや予算を削減せざるをえなくなる。公共貨幣システムにおいても投資活動に伴う利子支払いは債権・債務者間で発生するが、投資に伴うリスクは、資金提供者（貯蓄者）、金融仲介者（銀行）および事業者（企業）の3者で公平に分担されるようになる。よって投資リスクの一方的で強制的な移転に起因する環境破壊は回避される。

システム移行のロードマップ

以上、新国生み後に展開される6つの新経済風景を車窓から概観してきた。このような新経済風景をもたらす公共貨幣システムへの移行は、「失われた30年」で経済的苦渋をなめてきた私たちには「明るい未来への希望」そのものであり、救済への道でもある。本書の出版を契機に読者や世論からこの移行プロセスについての広範な支持が得られるようになったと希望的に想定して、上述してきたこれらの7つの移行プロセスを実行するためのロードマップ（行程図）を以下のように作成してみた。善は急げ！

2021〜22年　公共貨幣110兆円を発行し、日銀券と交換する。少なくとも私たちが提案する電子公共貨幣（EPM）の実証実験を開始する（プロセス1）。

2022〜23年　公共貨幣1000兆円を発行して政府預金を創出し、即座に日銀保有の国債500兆円を償還する（プロセス2&3）。

2024〜25年　銀行保有の国債200兆円を償還する（プロセス4）。

2026～27年　民間保有の国債300兆円を償還し、同時に100%準備預金を確保する（プロセス5&6）。

図4.5　マネーストック・公共貨幣・金融純資産のシミュレーション

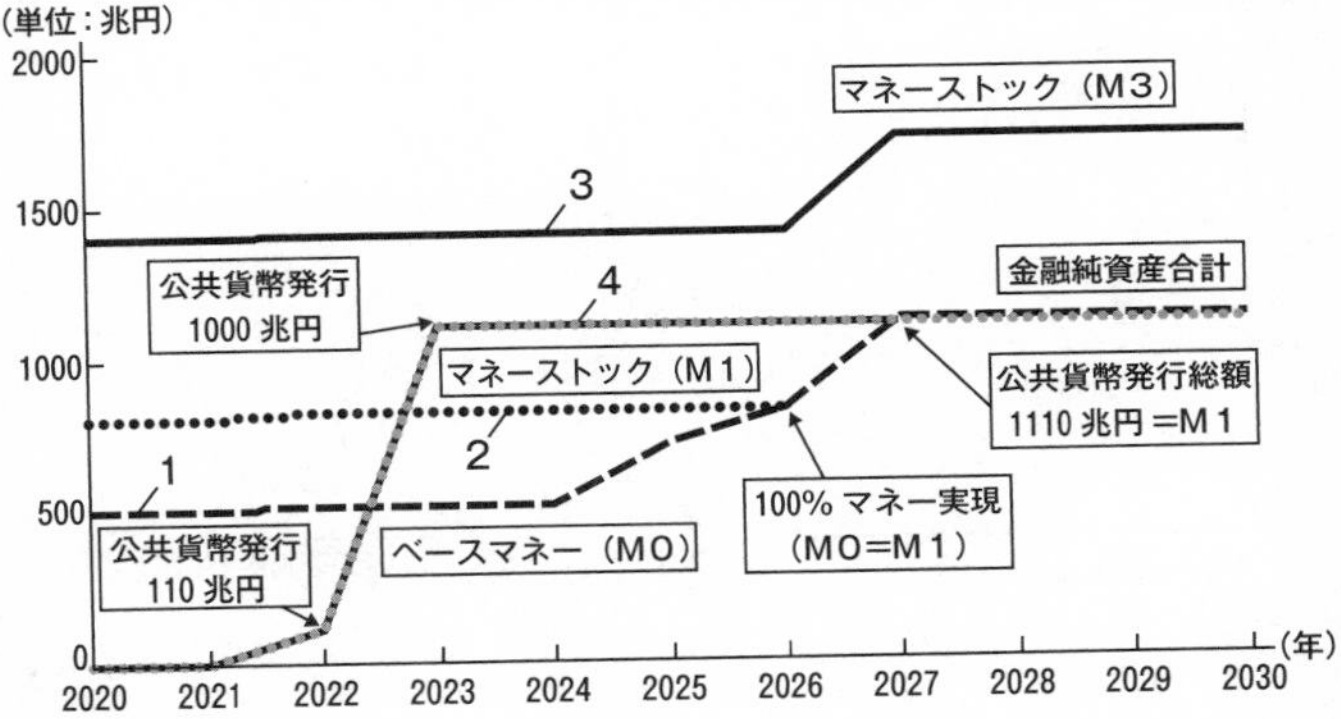

出所：筆者作成

このロードマップを可視化してその実現可能性を検証するために、会計システムダイナミックスによる移行プロセスモデルを今回新たに作成した。紙面の都合でここではモデルの説明は省略し、そのシミュレーション結果のみを図示する。**図4・5**は2018年の状態で500兆円のベースマネー（M0、曲線1）および800兆円のマネーストック（M1、曲線2）から出発し、この移行プロセスに伴って2026年に両者が等しくなり、810兆円の100%マネーが実現することを示している（公共貨幣の本質1）。2027年にはマネーストック（M1）が1110兆円の公共貨幣発行総

図4.6　国債総額の償還シミュレーション

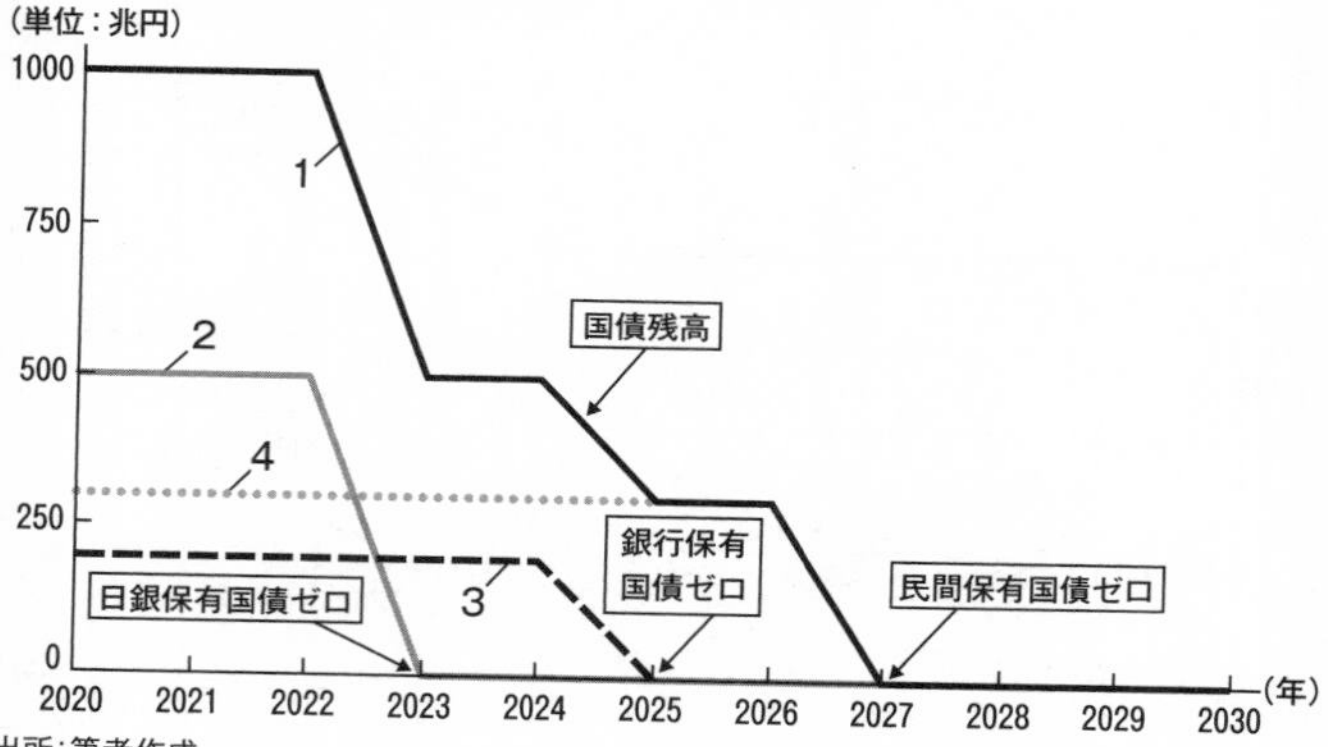

出所：筆者作成

額に等しくなり、以後このマネーストックが安定的に流通し、支払い決済に用いられるようになる（公共貨幣の本質２）。２０２１年に１１０兆円の公共貨幣・ＥＰＭが発行されて以来、公共貨幣発行総額（曲線４）は常に金融純資産合計と等しくなっており、２０２３年からは１１１０兆円となっている（公共貨幣の本質３）。

図４・６は国債残高がどのように償還されるのかを示している。国債の償還は一括返済を前提としてシミュレーションしている。２０２３年に日銀保有の国債が償還（曲線２）、２０２５年には銀行保有の国債が償還（曲線３）、２０２７年には民間保有の国債が償還（曲線４）されている。この結果、２０２７年には政府の１０００兆円の借金は完済され、政府の債務はゼロとなる。もちろん、銀行や民間は保有国債を満期まで保有して、その

間利息を継続的に受け取りたいと希望するかもしれない。この場合には政府債務の完済年はこれよりも長くなる。例えば5年満期の国債の償還（年間20％）の場合、シミュレーション結果では政府債務の完済は2050年以降にずれ込むことになる。いずれにしろ、このようにして政府はやっと金融資本による債務の桎梏《しっこく》から解放されるのである。約10兆円もの国債利息（国民一人当たり約8万円）を毎年私たちから税金として徴収し、主に銀行等の国債保有者に支払われ続けるといった不条理から私たちの政府はようやく解放され、私たちの手元に戻ってくるのである。

＊1　『公共貨幣』第12章、306ページを参照。
＊2　『公共貨幣』第12章、306ページを参照。
＊3　日本国憲法の実質的な有効性については懐疑的な指摘もなされている。例えば矢部（2014）は、日米安保条約関連法体系と日米合同委員会の政策決定における役割という観点から、事実上、現行憲法が機能停止状態にあることを論じている。貨幣制度の安定的な運用には、独立国としての統治体制が確立されていなければならない。こうした点で、日米安保条約関連法体系の扱いは本書が提案する公共貨幣システムへの移行と密接に関連するが、焦点がずれないように分析対象を絞っていることを指摘しておく。

＊4　『公共貨幣』第2章を参照。

＊5　渡部晶（2012）、29ページ。巻末「主要参考文献」参照。

＊6　ここで作成した金融資産バランスシートでは利息の計上は省略している。筆者の著書『Money and Macroeconomic Dynamics』（Yamaguchi 2013）の第7章で、利息と所得格差の関係を詳細にモデル分析しているので、興味ある読者はぜひ参照されたい。

＊7　日本国公共貨幣法は『公共貨幣』第13章で提案されている法案である。

＊8　日本で最初の国生みはいつ、どこでどのように始まったのかについては紙面の都合で省略するが、興味ある読者は以下の（一社）公共貨幣フォーラムのホームページに掲載の「公共貨幣による国生み」の説明をご覧ください。『古事記』の国生み神話の編纂から始まり、天武天皇と妻・持統天皇による日本の国生み・平城京建設の物語である。https://public-money.earth/publicmoney/prjstart/

＊9　詳細は『公共貨幣』第11章、「システムの振る舞い比較」（254～261ページ）を参照。

＊10　資本主義や社会主義でもない「むらトピア経済」とは、「日本の伝統的な家族社会の組織を企業組織に拡張した企業からなる経済システムである。資本主義の株式所有システム（Equity Ownership System）から資本（生産手段）保有システム（Equity Possession System）に代わる経済システムである」（『公共貨幣』第11章、274ページ）

第5章　公共貨幣で新国生みイニシアティブ

5.1 公共貨幣への移行：2つの登山道

システムデザイン欠陥の克服

公共貨幣を実現するにはどうすればいいのか、公共貨幣が実現できれば、何ができるのか。そうした疑問に簡単に答えるのが「公共貨幣で新国生みイニシアティブ」である。[*1] この公共貨幣イニシアティブは次のようにして成立した。まず、『公共貨幣』出版の約1年後の2016年12月に著者の呼びかけで公共貨幣フォーラムのメーリングリスト（ML）がスタートした。この読者交流MLの参加者も徐々に増加し、公共貨幣や債務貨幣に関する様々なトピックスについて連日、ホットな議論が交わされるようになった。わざわざ関東や関西、四国、沖縄から淡路島の筆者宅を訪問くださった方々もおられ、その都度、議論が深夜に及んだ。

その2年後の2018年7月16日にはこのMLに参加している有志が中心となって、一般社団法人・公共貨幣フォーラムが設立され、貨幣にまつわる議論がこのフォーラムでも継承されてきた。さらにオンラインフォーラムもスタートさせて1～2カ月に1回の頻度で、章別の報告担当者を決めて『公共貨幣』の輪読会を開催してきた。筆者（K）も勤務先のトルコの首都・アンカラから毎回2時間に及ぶオンライン会合に参加してきた。輪読会に参加したフォーラムのメンバーの大半は経済学の研究者ではないが、毎回活発な議論が交わされるに伴い、貨幣の問題は経済学の専門家にのみ委《ゆだ》ねるべきテーマではなく、誰にでも理解されなければならないトピックスであり、また私たちの日々の暮らしにも不可分な、万人のテーマであると参加者全員が思い至るようになった。

公共貨幣イニシアティブはそうした熱い議論の中から誕生し、公共貨幣の実践論や電子公共貨幣（EPM）の実証実験のための企画案としてまとめる過程で、今日のような「イニシアティブバージョン2」に進化してきた。公共貨幣の実現とは、飛行機の操縦に例えるならば、たとえどんな未熟なパイロット（政府）が操縦（政策実施）しても墜落しないような、安全なシステムデザインによる飛行機（公共貨幣システム）を製造することである。すなわち、経済社会のシステムデザイン設計を重視し、可能ならばそれをモデル化して、それにより「同床異夢」から出てくる無益な議論の空中戦を避けるのである。「イニシアティブ」では、公共貨幣システムに移行すれば、債務貨幣システムの4つの欠陥デザインが以下のように克服できるとする。

1　バブル（インフレ）を回避し、30年にわたる不況（失業）が克服できる。
2　政府債務をゼロ、消費税をゼロにして、国債暴落による金融危機が回避できる。
3　所得格差を解消して中流階級が復活し、「健康で文化的な」生活社会が取り戻せる。
4　環境に優しい持続可能な社会・未来が実現できる。

公共貨幣PM登山ルート

「公共貨幣で新国生みイニシアティブ」では、公共貨幣の実現を登山にたとえて、その登頂を目指す登山道の探索をイメージした。こうして探り出したのが公共貨幣（PM）と電子公共貨幣（EPM）の2つの登山ルートであり、両者は頂上付近で合流する。

まず、頂上を一気に目指すのがPM（Public Money）登山口からのルートで、「日本国公共貨幣法」を国会で制定する、議員・政治家・一般ルートである。『公共貨幣』第13章で提案している「日本国公共貨幣法」を制定して、公共貨幣（PM）システムに移行するルートである。前章ではこのルートを前提として移行プロセスを論じた。超党派の議員立法でこの法案が成立すれば、数カ月で混乱なしに公共貨幣へと移行できる。**図5・1**は、公共貨幣システムの組織体制図である。前章で議論したように、公共貨幣庫のバランスシートと政府のバランスシートが連結されずに別々に描かれていることに注目いただきたい。

このシステム組織体制図からわかるように、公共貨幣の発行（供給）は行政府の公共貨幣省（公共貨幣庫）、公共貨幣の支出（需要）は行政府の財務省、そして公共貨幣の発行やその流通量の決定、その需給の調整は立法府の公共貨幣委員会が行うこととする。すなわち、次のようになる。

図5.1 公共貨幣システム組織体制図

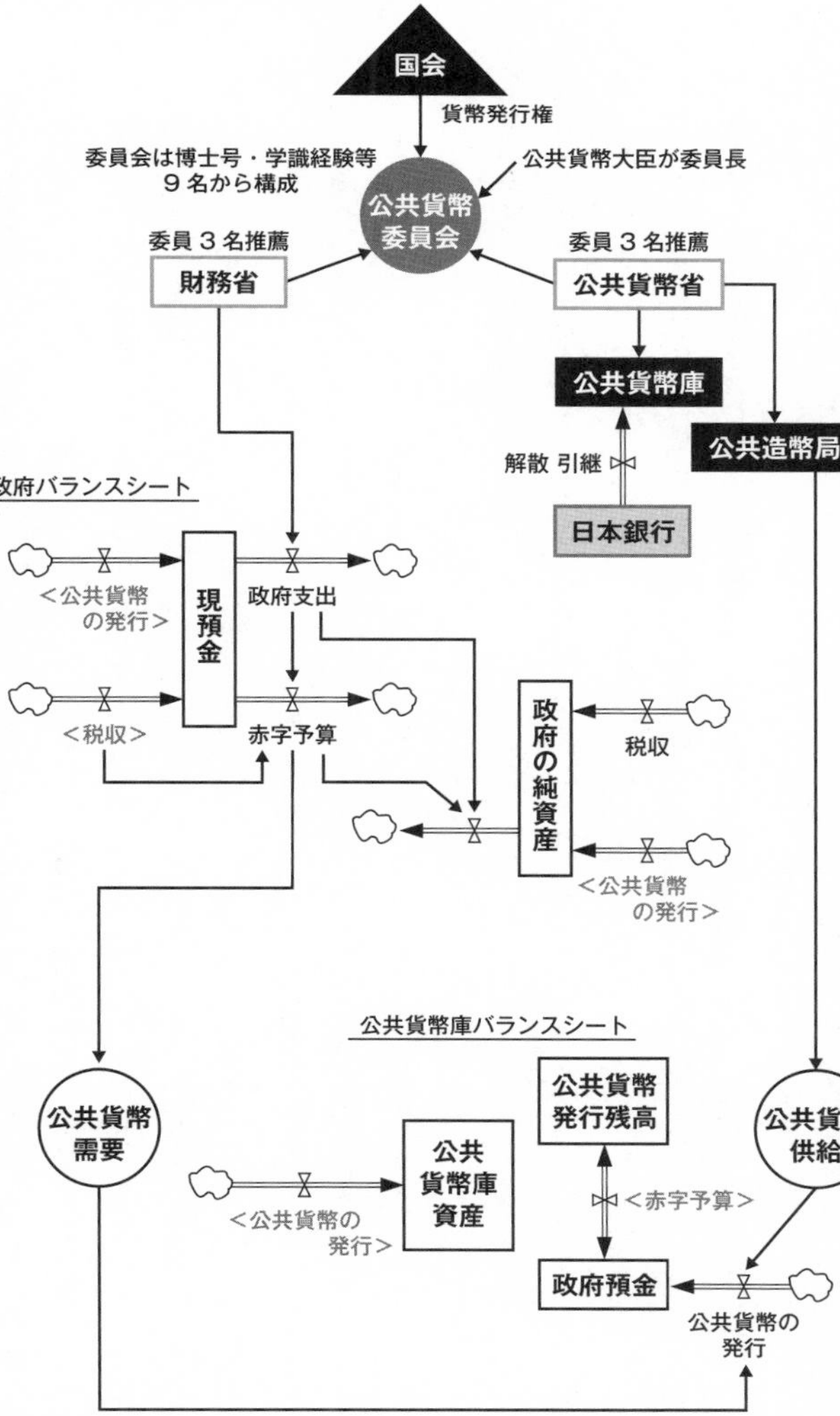

出所：筆者作成

・公共貨幣委員会は、物価の安定を主任務とし、政府と協調しながら完全雇用、持続可能な経済発展、および公共の福祉の向上のために公共貨幣を供給する（公共貨幣法第11条1）。

・財務省は、均衡財政（プライマリーバランス）を原則とし、長期的に税収が不足する場合には税制の変更で対応する。一時的に税収不足が生じる場合にのみ、公共貨幣を需要する。

・公共貨幣の需要と供給の調整は、財務省と公共貨幣省が議論の土俵に上がり、国民が見守る中で力士が相撲を取るように議論して決定する（議論および議事録を全て公開・同第13条4）。行司役は公共貨幣委員会が務め、公平に勝負を取り仕切る（公共貨幣の需給等の調整はマクロ経済モデルを構築して、広く国民がシミュレーション検証できるようにする・同第11条4）。

電子公共貨幣EPM登山ルート

公共貨幣システムの実現を目指してEPM（Electronic Public Money）登山口から登るのが、電子公共貨幣（EPM）を発行するデジタル通貨・一般ルートである。このためには、通貨の単位及び貨幣の発行に関する法律（昭和62年6月1日法律第42号、最終改正：平成14年5月10日法律第40号）の第5条を以下のようにマイナー修正（傍線部を追加）するだけで、法的には十分に対応可能となる。

第5条　貨幣の種類は、五百円、百円、五十円、十円、五円、一円及び電子公共貨幣（自由額面）の七種類とする。

私たちの「日本国公共貨幣法」第四条2では、「公共貨幣は、電子貨幣で代用できる」としている。この電子公共貨幣（ＥＰＭ）の導入は日銀の業務と競合するものではない。すなわち、この登山ルートのほうが公共貨幣実現へのハードルが低く、より効率的かつ安定的な電子公共貨幣を生み出すことができる。

以下は政府がＥＰＭを発行することにより、いかに政府債務が完済され、経済が活性化されるのかを簡単に示したロードマップである。

1　満期になった国債をＥＰＭで順次償還し、政府債務を完済していく。

2　債務からフリーになった政府は、経済成長や福祉、教育、インフラ等の公共政策に積極的に財政支援していく。

3　前記の公共政策に必要な政府予算の不足分はＥＰＭの発行によって賄う（電子公共貨幣の投入）。インフレの場合には税収を増大して流通から引き揚げる（電子公共貨幣の引き揚げ）。

4　経済成長を維持し、同時に物価を安定させるために最適なＥＰＭ量は、公共貨幣委員会

図5.2　EPM（電子公共貨幣）の導入イメージ

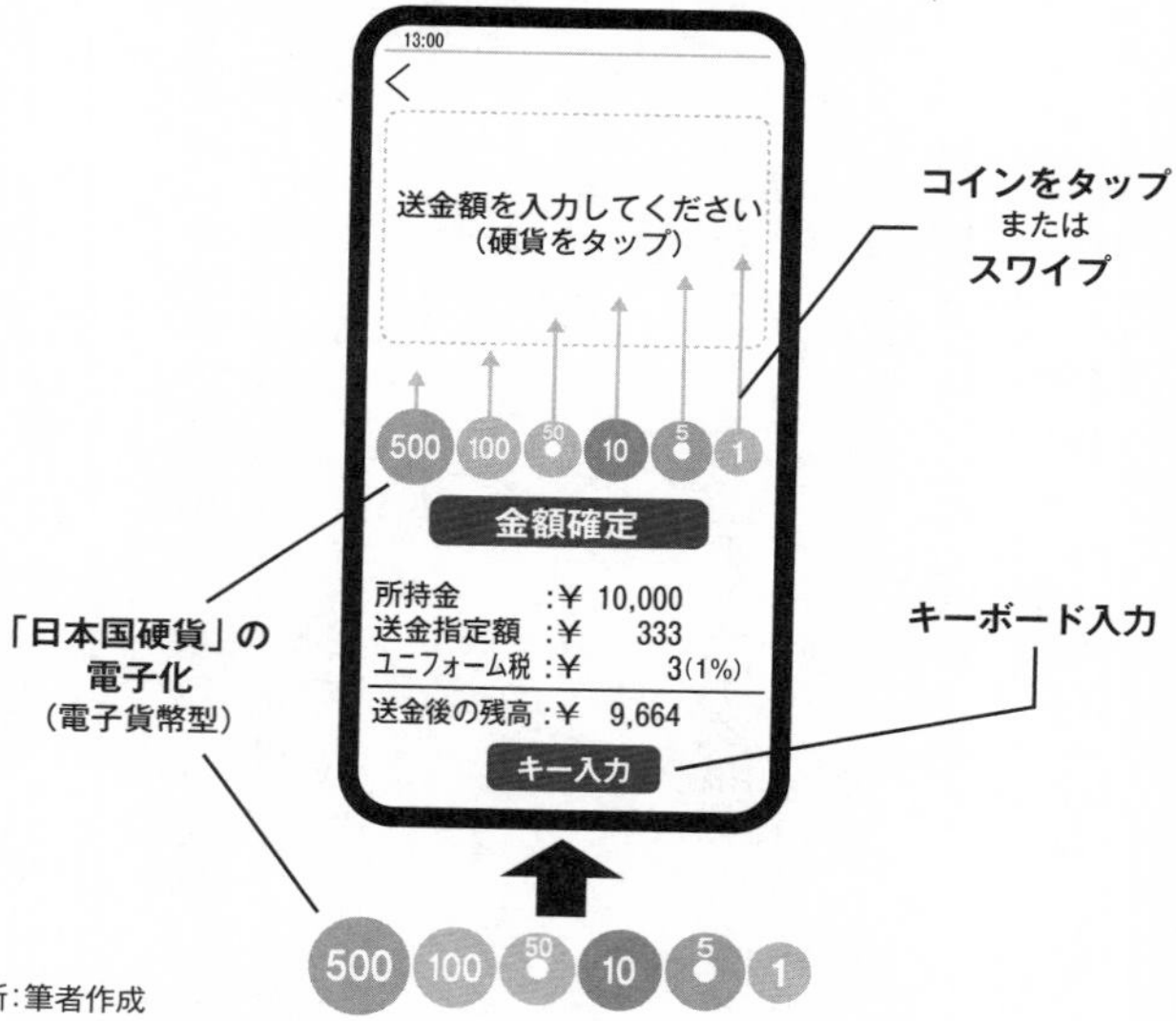

出所：筆者作成

が決定する。同委員会は、立法府（国会）に属し、行政府からは独立した組織とする。

本書では紙幅の都合上、EPMの詳細については省略するが、現在国内でも進められているキャッシュレス決済や中央銀行デジタル通貨（CBDC）によって決済データの中央集中化が進み、債務貨幣システムのもとでの監視社会化が急速に進んでいる。私たちは、最新の情報技術（フィンテック）を活用することでプライバシーの保護とデジタル通貨の利便性を両立するEPMを日本で導入し、真の「データ駆動型社会」の実現を提案している。EPMは図5・2で示すような導入イメージとなる。

5.2 新国生みイニシアティブの5大プログラム

公共貨幣で何ができるのか

ここまでは公共貨幣を実現するにはどうすればいいのか、その実現ルートを登山道にたとえて議論してきた。ここからは、公共貨幣が実現できれば、それを用いてどのようなことができるのかについて論ずる。「公共貨幣で新国生みイニシアティブ」では、以下のような5つのプログラムを提案している。ここでは紙面の都合で詳細は割愛する。[*2]

1　基礎体力回復プログラム
- 国民全員（赤ちゃんからお年寄りまで）に一律年間20万円を4年間支給する。
- 福島原発被害者を救済し、世界の英知を集めて放射能を閉じ込める。
- 消費税をゼロにする。

2　体力増強プログラム
- 非正規社員を正規社員にし、むらトピア経営（従業員持株・職場民主主義）を実践する。

・最低賃金（時給1500円）を保証する。

3　長期人間力（氣・知・体力）向上プログラム

・国公立大学の授業料無料化（私立大学は同等額の奨学金支給で対応）で科学技術文化立国を目指す。

・既存の奨学金（学生ローン）負担を全て公共貨幣で賄う。

・人間力の育成を支援する。

4　健康・文化的生活保証（憲法25条給付）プログラム

・「健康で文化的な最低限度の生活を営む権利」を保証するため、

（a）子育て世帯は300万円（母子・父子世帯は200万円）と現所得との差額を給付する（勤労所得ゼロの世帯は、政府・自治体提供の仕事から所得を得て給付有資格となる）。

（b）豊かな老後のための社会福祉を充実する。

・予防医療・医学、および予防医療保険制度を促進する。

5　隣国民との友好外交プログラム

・地産地消農業・環境保全優先、工業製品の自由貿易により隣国と共存・共栄する。

直接国民投票による政策選択

以上のプログラム以外に未来世代にまでその影響力が及ぶ重要政策で、国民の間で賛否両論がある政策は、直接民主主義的に国民投票で決定することとし、このイニシアティブのプログラム提案には含めない。例えば、原発再稼働、特定秘密保護法、安全保障関連法、カジノ法、種子法等々の賛否。公共貨幣システムが実現されれば、経済・社会環境が良い方向へ激変していくと予想されるので、これらの政策はそうした新しい環境の中で国民投票で決めればいい。

5.3 プログラムのシステム思考

日本的経営とは何か

「公共貨幣で新国生みイニシアティブ」で掲げた5つのプログラムは、それらを列挙するだけでは、政党の選挙対策用の公約と同様で、本書の読者にもほとんどアピールしないに違いない。アピールするためには、優先順位等によってメリハリをつける必要がある。それでは、5つのプログラムの中で、何が最も優先されるべきなのか。私たちは「非正規社員を正規社員にし、むらトピア経営（従業員持株・職場民主主義）を実践する」というプログラムが最優先されるべきであると考える。なぜか。筆者（K）は『ジャパン・アズ・ナンバーワン』（エズラ・ヴォーゲル著、1979年）と称賛された1980年代に、カリフォルニア大学バークレー校で学び、カリフォルニア州立大学やサンフランシスコ大学で経済学の教鞭を取った。当時、日本の半導体産業はシリコンバレーを席巻しており、どこにいっても「日本的経営とは何ですか、それについて教えてほしい」と懇願された。日本人であることにそのような誇りを感じたことはそれまでにはなかった。

日本的経営とは、終身雇用、年功序列、家族手当や社員の福利厚生等を特徴とする労働雇用形態である。世界を席巻した日本的経営が、奇跡といわれる日本の高度経済成長を可能にした原動力だと、当時一般にも知られるようになっていた。バークレー校の経済学部では、ローラ・タイソン教授が中心（理事）となり、国際経済ラウンドテーブル（円卓会議）が組織され、日本的経営や当時の通産省（ＭＩＴＩ）の産業・通商政策を精力的に研究していた。同じ経済学研究科で学んでいた日本人の院生がこれに参加しており、筆者もその研究内容を彼を通じて間接的に把握していた。労働を商品のように労働市場で取引する欧米の非人間的な経営ではなく、驚異的成長を実現させた原動力である日本的経営がこれからは世界の主流になるに違いないと確信した。日本的経営が世界を救済する経済・経営の普遍的モデルになるであろうと。

しかるに１９９０年のバブル崩壊以後、第1章で考察したように日本的経営は徹底的に破壊され、以後今日に至るまで日本経済は「失われた30年」といったゼロ成長の苦境に呻吟《しんぎん》している。今にして思うと、当時のラウンドテーブルでタイソン教授らが研究していたのは、筆者が期待したような米国での日本的経営の普及ではなく、それとは真逆にいかにして日本的経営を崩壊させて、米国のビジネススクール流労働市場を日本に導入して、労働雇用を流動化させて株主利益を増大させるかといったものであったに違いない。事実、クリントン大統領が誕生するや否やタイソン教授は、大統領の経済諮問委員会（1993～95年）や国家経済会議の議長（1995～96年）という要職を担うようになり、日本的経営、貿易や産業構造の破壊等の戦略が実践され始めた。その一環としての洗脳工作が、クリントン大統領時代に持ち込まれたビジネススクール（MBA）設立ラッシュであった。その一つとして同志社大学大学院ビジネス研究科が2004年に開設され、筆者（K）も専任教授として招聘《しょうへい》された。

しかしながら株主（資本家）、銀行家を優先させる欧米流ビジネススクールの効率主義、市場原理主義にどうしてもついてゆけず、2009年秋に「公共貨幣」と「日本的経営」を2つの柱とする世界初のグリーンビジネスプログラム（グリーンMBA）を筆者がプログラム長となって同志社ビジネススクールでスタートさせた。幸いにもこのグリーンMBAプログラムは瞬《またた》く間に世界的に認知され始め、英語のビジネススクール誌にも筆者のインタビュー記事が掲載されたり、アジア・太平洋ビジネススクール長会議に招待されてこのプログラムについてスピーチするなど、軌道に乗りかけていた。そんな矢先の2013年3月に突如、「山口教授は偏った経済学を教えている」と批判されて同志社を解雇され、日本でのアカデミック・ドリームははかなくも散ってしまった。しかし、筆者はこのドリームを決して諦めない。「意志ある所に道あり」で、現在トルコの首都アンカラでこのアカデミック・ドリームを探究している。

それでは、日本的経営は具体的にどのようにして破壊されたのであろうか。第1章で見たように、まず最初にバブル崩壊直前の1986年に労働者派遣法が仕掛けられ、労働組合は骨抜きとなり、終身雇用で守られていた労働環境はバラバラにされた。1996年には派遣対象が26業種に拡大され、1999年には派遣労働原則自由化と強化され、この時点で日本的経営がほぼ全壊させられた。その最後の仕上げとして導入されたのが2004年4月に制定された改正労働者派遣法であり、これによって、いわゆる「26業種」への労働者派遣の期間制限が取り除かれた。こうした一連の流れの結果、いわゆるロスト・ジェネレーションといわれる現在40〜50歳代の日本人は、日本的雇用の温かさや生産効率の良さ等といったことさえも体験できずに、弱肉強食の競争社会の怒濤の中に投げ込まれた。その結果、労働者の派遣（現代版人身売買）をニュービジネスとする新興の労働者派遣会社が、政府のグローバリゼーション政策と結託して焼け太る世の中になってしまった。

それでは「失われた30年」を取り戻し、「ジャパン・アズ・ナンバーワン」の奇跡を再び呼び起こすにはどうすればいいのだろうか。答えは簡単である。過去30年にわたって米国によって巻き上げられたグローバリゼーションのネジを、再び巻き戻すのである。これは空論でも何でもない。なぜならば、1980年代に私たちが実践した「日本的経営」の成功例が、その有効性をすでに実証しているからである。公共貨幣を用いて、この日本的経営を再び実現するのである。

新国生みイニシアティブのシステム思考

ここからはその戦略をシステム思考で分析していく。私たちの経済は、企業や家計、政府等その構成要素が互いにミクロやマクロレベルで相互依存しあっている複雑なシステムである。この複雑なシステム構造を解明してその振る舞いを分析し、政策提案する科学的方法論がシステム思考である。システム思考とは、因果関係（原因と結果）を矢印で結び、その結合作業をループが閉じるまで継続することによって得られる。こうして得られるループは、正のフィードバックと負のフィードバックの2つの異なった性質を持つ。正のフィードバックとは、ある因果関係の原因からスタートし、ループが一巡してまた元の原因に戻ってきたときに、それが同じ方向に変化している状態を指す。このループは増強ループとも呼ばれ、システムの振る舞いを拡大させる成長のエンジンのような役割を演じる。負のフィードバックとは、ある因果関係の原因からスタートし、ループが一巡してまた元の原因に戻ってきたときに、それが逆の方向に変化している状態を指す。このループは平衡ループとも呼ばれ、システムの振る舞いを均衡状態に安定的に保つ役割を演じる。逆方向に変化する因果関係が奇数個ある場合にこの平衡ループが現れる。このように、あらゆるシステムにはこの2つの異なった性質を持つループが共存している。増強ループが支配的となるとそのシステムは成長し、平衡ループが支配的となるとそのシステムは停滞し、均衡状態へと向かう。[*3]

図5・3は、イニシアティブのプログラムをシステム思考した図の中心部分である。プラスの記号を丸い矢印で囲んだのが正のフィードバックループで、この図では正規雇用、住環境、成長のエンジンの3つのループがある。正規雇用ループは、経済成長に伴って正規社員を増やすと、実質賃金、所得が増え、消費を増やし、国内需要を押し上げ、さらに経済成長が増大するという増強ループである。すなわち、このループは次のようになる。

経済成長(＋)→正規社員(＋)→実質賃金(＋)→所得(＋)→消費(＋)→国内需要(＋)→経済成長(＋)

変数名に添付の（＋）記号は、因果関係が同方向に変化することを表記している。例えば、消費（＋）の意味は、因果関係の原因である「所得」が増えれば「消費」も増え、「所得」が減少すれば「消費」も減少するという因果関係を示している。成長する経済ではこのループが

図5.3「公共貨幣で新国生み」イニシアティブシステム思考図・コアの部分

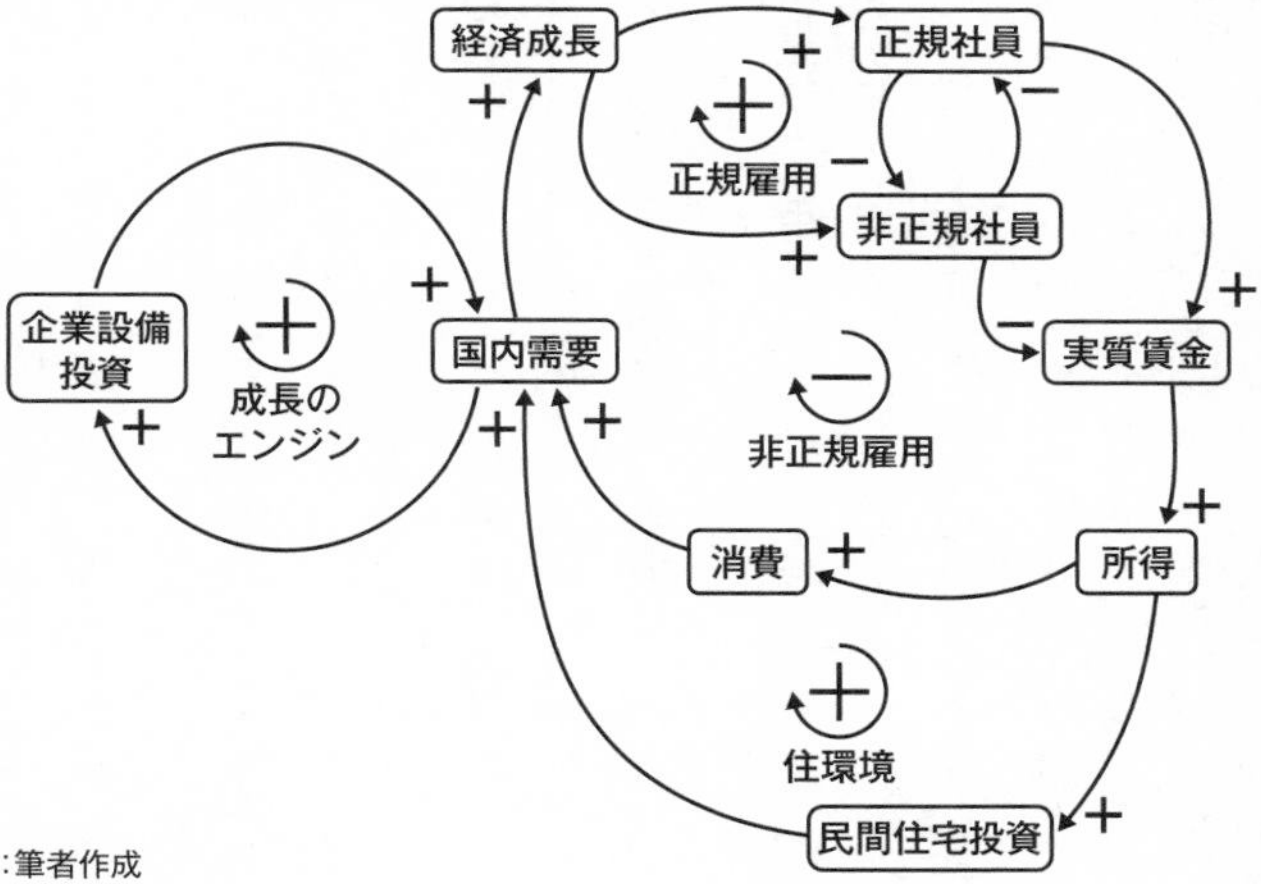

出所：筆者作成

拡大する方向にグルグルと回っている。

住環境ループは、所得（＋）→民間住宅投資（＋）→国内需要（＋）へと正規雇用ループが派生したものである。成長のエンジンループは、国内需要（＋）→企業設備投資（＋）→経済成長（＋）へと正規雇用ループが同じく派生したものである。1960年代からの高度経済成長時代、1970年代中頃からの「ジャパン・アズ・ナンバーワン」の時代は、これら3つの増強ループが互いに補強し合いながら、戦後日本の驚異的経済成長を回し続けた。

他方、マイナスの記号を丸い矢印で囲んだのが負のフィードバックループで、この図では非正規雇用のループが1つある。非正規雇用ループは、経済成長の拡大に伴って非正規社員を増やすと、実質賃金、所得が減少し、消費を減らし、国内需要を引き下げ、経済成長を逆に減速させるという平衡ループである。すなわち、このループは次のようになる。

経済成長（＋）→非正規社員（＋）→実質賃金（－）→所得（＋）→消費（＋）→国内需要（＋）→経済成長（＋）

変数名に添付の（－）記号は、因果関係が逆方向に変化することを表記している。例えば、実質賃金（－）の意味は、因果関係の原因である「非正規社員」が増えれば「実質賃金」が減少し、逆に「非正規社員」が減少すれば「実質賃金」が増加するという因果関係を示している。

「失われた30年」のシステム思考

1989年（平成元年）12月29日に日経平均の株価が史上最高値を付けてバブルが絶頂となり、そして1990年から株価は急下降し始め、バブルがはじけた。「失われた30年」とはバブルがはじけた1990年から現在までの30年を指す。ほぼ平成の30年間そのものが失われた30年と重なっている。システム思考的には、それまでの日本の高度経済成長を支えた正規雇用の正のループが、米国によって強制的に非正規雇用の負のループへと逆に回転させられた結果、経済が停滞した（平衡状態に閉じ込められた）からであると分析できる。これら２つのループで異なる点は、下線を引いた因果関係、経済成長（＋）→正規社員（＋）が経済成長（＋）→非正規社員（＋）へと分岐した１箇所のみである。すなわち、前述したように度重なる労働者派遣法の改正で、正規社員増→実質賃金増のループが断ち切られ、非正規社員が増大し、非正規社員増大→実質賃金減少のループが新たに形成され、やがて、所得減→消費減→内需減→経済成長減となり、日本経済が30年の長きにわたって停滞させられた。その結果、ますます非正規社員が増大し、今ではなんと労働者の約４割が非正規社員とさせられたのである。数字でこれを確認すると、すでに第1章の**図1・7**で見たように、平成元年（１９８９年）から平成30年（２０18年）の30年間に正規雇用者は３４５２万人から３４２３万人へと29万人減少した。他方、非正規雇用者は８１７万人から２１１７万人へと１３００万人増加した。非正規雇用者は19・１％から38・２％へと増大したのである。実に凄まじいまでの日本的経営の破壊である。

さらにこの非正規雇用ループからも２つの増強ループが派生している。住環境ループと成長のエンジンループである。住環境ループでは、所得減（＋）→民間住宅投資減（＋）→国内需要減（＋）となり、これに拍車をかけるように成長のエンジンループでは、企業設備投資減（＋）→国内需要減（＋）となる。

このように「失われた30年」ではこれら２つの派生増強ループが逆回転をし始め、日本経済の成長の足を引っ張った。民間の住宅投資や設備投資が減速し、その結果、国内需要はさらに大幅に落ち込み、日本の経済成長は完全にストップさせられた。第1章ですでに分析したように、マネーストックと債務貨幣の観点から眺めると、１９９０年頃までは順調に拡大していた企業・家計の債務がストップし、減少し始めた。すなわち、企業の設備投資や家計の住宅投資のための借金が減少し始め、日本経済の成長エンジンである民間の投資活動が完全に止まったのである。この逆回転を止めるために政府は国債を発行して借金を増やし、その結果、日本のマネーストック減少は辛うじて免れたが、政府支出は非生産的方向に向かい、投資効果を生まず、借金のみが残って累積増大するという借金地獄経済を政府は出現させた。第1章、第2章で分析したとおりである。

以上より「失われた30年」の根本原因は、ここでのシステム思考で明らかなように、一連の労働者派遣法による正規社員の非正規社員化によって、増強ループである正規雇用ループが断ち切られ、平衡ループである非正規雇用ループが始動させられたこと、さらにそれに拍車をかけるように「住環境ループ」と「成長のエンジンループ」が逆回転を始めたことにある。このようにシステム思考してくると、「失われた30年」を取り戻すにはどうすればいいのか、その道筋がはっきりと浮かび上がってくる。

「失われた30年」を取り戻すシステム思考

図5・4は図5・3を拡張したシステム思考図である。ここからはこの拡張図を用いてシステム思考し、「失われた30年」を公共貨幣で取り戻す新国生み成長戦略を考察していく。以下、傍線を付した部分は公共貨幣の支出による「新国生みイニシアティブ」のプログラムとの対応部分を示す。システム思考的には正の増強ループを見出して、相乗効果をもたせるように増強ループを結合・拡大していく作業が成長戦略の指針、工程となる。

1「正規雇用ループ」　正規雇用助成金を導入して、非正規社員を正規社員にするための賃金等の追加コストを公共貨幣によって賄い、正規雇用を実践する企業や組織を支援する。公共貨幣で財源を確保し、実際の運用は企業と担当部門の行政に委ねるのである。その結果、非正規社員が減少して正規社員が増大し、正のフィードバックループが回り始める。

グローバリゼーション政策によって制定させられた一連の派遣労働法も同時に廃止するのが望ましいが、この正規雇用助成金で非正規雇用企業を正規雇用企業に転換していけば、派遣労働法は徐々に無力化される。よって公共貨幣によって財源を確保すれば、派遣労働関連の既得利益団体と正面から対峙する必要はない。この正規雇用助成金は、賃金所得の増加をもたらし、消費を増やし、やがて同額のＧＤＰの成長をもたらすので、インフレの心配も全くない。公共貨幣の支出がまず民間の所得を増加させ、それと同額の実物生産の純増を生み出すのである。ＭＭＴが主張する「スペンディング・ファースト」の政府支出は、このように公共貨幣でのみ可能となり、有効となる。

「正規雇用ループ」を補強するプログラムとして以下のような公共貨幣の支出をイニシアティブは提案している。

・実質賃金を底上げするプログラムとして、最低賃金１５００円を実施する。

・所得を拡充するプログラムとして、消費税ゼロ、および学生ローン返済免除を実施する。

・消費を拡大するプログラムとして、憲法25条給付を行い、社会福祉の充実を図る。

このような様々な補強プログラムの結果、正規雇用ループは益々強力に、安定的に回り始め、日本経済は持続的成長・発展へと方向転換し、「日はまた昇り始める」。

２「住環境ループ」「正規雇用ループ」が再び回り始めると、この「住環境ループ」は正常回転を始める。すなわち、所得増（＋）→民間住宅投資増（＋）→国内需要増（＋）となる。住宅投資を促進し長期ローンの負担を軽減させるために、公共貨幣で利息がゼロとなるまで補填するプログラムも有効である。企業の設備投資と違って家計の住宅投資からは経済成長への直接貢献が期待できないし、期待すべきでもない。よってこのような住宅投

図5.4 「公共貨幣で新国生み」イニシアティブシステム思考図・全体

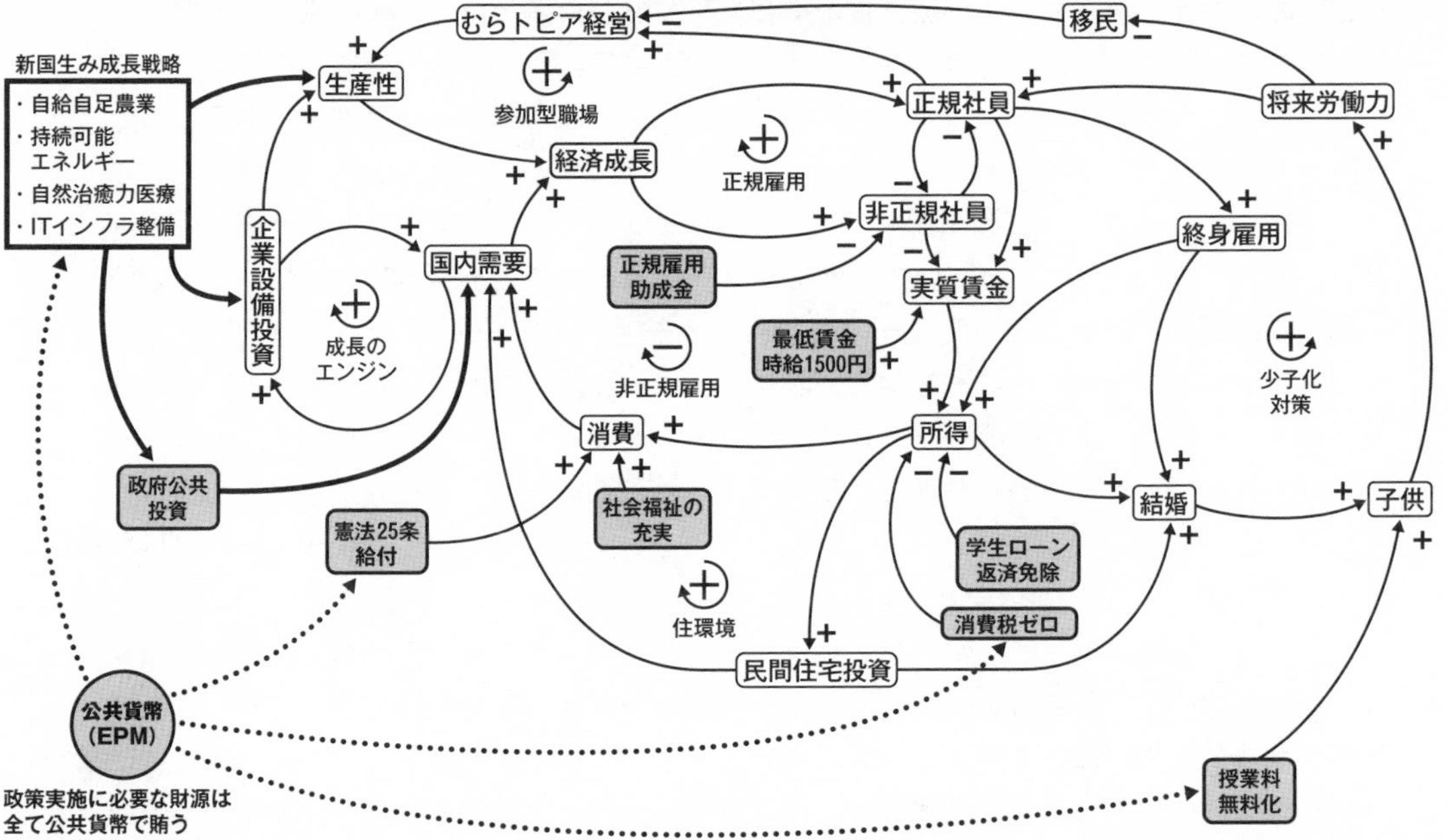

政策実施に必要な財源は
全て公共貨幣で賄う

出所：筆者作成

資の借入に利息を課すのは逆に不公平となるので、公共貨幣でこの利息分を負担するのである。システム思考図図5・4にはこの住宅投資支援プログラムの記述がないので、読者で補ってほしい。このように一旦コアのシステム思考図が完成すれば、いくらでも派生プログラムを追加できる。これがシステム思考による分析の強みである。

成長のエンジンが始動

3「成長のエンジンループ」「正規雇用ループ」が回り始めるとさらに、「成長のエンジン」ループも正常回転を始める。すなわち、国内需要増（＋）→企業設備投資増（＋）→国内需要増（＋）となる。需要が需要を生むという経済波及効果によってまさに成長のエンジンが始動するのである。「失われた30年」ではこのループが逆回転して、経済成長の足を引っ張っていた。その結果、企業のマネーストックは行き場を失い、2018年現在で約460兆円もの資金が内部留保（要求払預金）された。「正規雇用ループ」が回り始めると、「成長のエンジン」ループが正常回転を始め、こうした莫大な内部留保資金が、企業設備投資に向かい始める。

こうした内部留保が非生産的部門に向かうことなく、生産的な部門に向かうようにさらなる戦略が必要となる。この成長のエンジンをさらに加速させる将来性のある投資活動に誘導する必要がある。以下は私たちが「新国生みイニシアティブ」で提案している公共貨幣による「新国生み成長戦略」プログラムである。紙面の都合でプログラムの項目のみ列挙するが、読者の皆さんには想像力を発揮していただき、これら「成長のエンジンループ」を補強するプログラムをより具体化させてほしい。

・自給自足農業
・持続可能エネルギー
・自然治癒力医療
・ITインフラ整備

これらの新国生み成長戦略プログラムは、企業の生産性も同時に高め、さらなる経済成長をもたらし、正規雇用ループをさらに強化するという派生増強ループをもたらすが、ここでのシステム思考図ではこの派生ループ名は省略している。

以上の3つのループが、「失われた30年」を取り戻す「新国生み」の主要ループとなる。

ここからは**図5・4**を用いて、さらにこのループを補強するプログラムや周辺のループを考察していく。正規社員ループが回転し始めれば次のような派生ループが誕生してくる。

4 **「参加型職場ループ」** 職場が正規社員で溢れ始めると、外部の株主支配を排除して、職場の民主主義を優先したり、自社の経営に関して社会的責任を持つような参加型職場が育ってくる。その結果、一生の大半を過ごす職場が「自己救済による至福への道」となり、結果的に生産性も高まり、さらなる経済成長を促す。筆者（K）はこうした経済をより普遍的な概念に高めるために、『公共貨幣』第11章で「むらトピア経済」と呼び、その経済で実践される日本的経営を「むらトピア経営」と呼んだ。すなわちこの「参加型職場ループ」は以下のような増強ループとなる。

正規社員（＋）→むらトピア経営（＋）→生産性（＋）→経済成長（＋）→正規社員（＋）

このループが回り始めると、外部株主の経営への影響力が排除され始め、職場民主主義が実践されて、株主や雇用者と被雇用者の賃金格差が是正されるようになる。

5「少子化対策ループ」　正規社員が増大して終身雇用が促進されるようになり、民間住宅投資の増大に伴いマイホームの確保も容易となる。この結果、これら2つの因果関係が合体されて結婚する環境が整い、やがて子供も増え、将来の労働力人口も増加して、正規社員がさらに増加する。

このループを補給するプログラムとして、授業料無料化がある。すなわちこの「少子化対策ループ」は以下のような増強ループとなる。

正規社員（＋）→終身雇用（＋）→結婚（＋）→子供（＋）→将来労働力（＋）→正規社員（＋）

これを補強するループが、所得（＋）→民間住宅投資（＋）→結婚（＋）となる。

さらにこの「少子化対策ループ」から派生するループとして、移民を受け入れる必要性は減少し、その結果、文化の違いから発生する職場での摩擦もなくなり、むらトピア経営がさらに増幅される。すなわち、「参加型職場ループ」を補強するように、将来労働力（＋）→移民（－）→むらトピア経営（－）のループが派生してくる。

以上、「失われた30年」を取り戻すための5つの増強ループを、システム思考を用いて簡単に説明してきた。これらのループを補強するのが公共貨幣の支出による「イニシアティブ」のプログラムであるが、ここでは傍線を施した7つのプログラムを取り上げ、それらがどのように相乗効果を発揮するかについてシステム思考した。

なお「公共貨幣で新国生みイニシアティブ」で取り上げたこれら5つのプログラムで、ここでのシステム思考でカバーできなかったものもあるが、読者の皆さんには**図5・4**をさらに紙と鉛筆でお絵描きしながら拡張し、システム思考を継続していただきたい。私たちの大脳は個々の要素がシナプスで繋がることに快楽を覚えるといわれている。こうしてシステム思考で繋がった「イニシアティブ」のプログラムは、日本全国津々浦々でネットワーク的相乗効果を発揮しながら、公共貨幣による明るい未来に向けての私たちの「新国生み」のための大きなエネルギー源となることでしょう。

＊1　この「イニシアティブ」（Version 2.0）は、一般社団法人公共貨幣フォーラム（https://public-money.earth）からダウンロードできる。

＊2　これらプログラムの詳細については『公共貨幣』第11章を参照。

＊3　システム思考の手軽な入門ガイドとして「因果ループからSDモデルを構築する方法について—システム思考8基本型の考察—」（山口薫&福島史郎著）を推薦する。（www.muratopia.net/sd/documents/Archetype.pdf）

おわりに

日本の「失われた30年」とは、主流派経済学の処方箋を日本の優等生が言われるがままに実施した結果である。まず新古典派の経済学は「市場原理主義」の政策を実施すれば経済はさらに成長するとして、金融緩和、労働市場の流動化等の構造改革を押し付けてきた。その結果、ジャパン・アズ・ナンバーワンの奇跡として１９８０年代に世界中から注目を浴びた日本的経営は見事に破壊され、低賃金の非正規労働者が巷に溢れることになっただけで、経済は回復しなかった。処方箋が間違っていたのである。

次にケインズ経済学は、財政・金融、リフレ政策で不況は克服できるという処方箋を押し付けてきた。日本の優等生は言われるままに全てを実施したが、１０００兆円を超える借金地獄に政府は陥り、経済は回復しなかった。処方箋が間違っていたのである。しかるに近年この処方箋に悪のりするようなＭＭＴ（現代貨幣論）なる処方箋が出てきて、さらなる借金で積極財政すれば経済は回復するといった空論を打ち上げ、日本の優等生をさらに騙そうとしている。

こうした処方箋の失敗とは、アダム・スミス以来約250年にわたる主流派経済学の失敗でもある。労働を市場で自由に交換できるサービスとして奴隷化するミクロ経済学の失敗であり、民間の需要不足は政府の借金で救済できるというマクロ経済学の失敗である。日本はOECD諸国の中で唯一、「失われた30年」という長きにわたる人体実験に苦しみながら、これら主流派経済学のウソを体を張って暴いてきた。すなわち、主流派経済学のウソの大元は彼らの虚偽の貨幣論であり、内生的債務貨幣論を隠蔽する虚構であった。

本書で私たちは「公共貨幣」を取り戻せば「失われた30年」から脱却でき、新しい未来が開けると論証した。コロナのパンデミック騒ぎもやがて沈静化し、新しい時代が始まる。本書はそうした新しい時代にふさわしい新しい経済学を誕生させるガイドラインともなってくれることを念願している。一般の読者はもとより、政府・日銀の政策担当者、銀行マン、経営者、暗号技術やIT技術者、経済学の先生や学生さん等にもぜひご一読いただき、主流派経済学の洗脳から自らを解き放ち、新しい公共貨幣の経済学を日本から誕生させていただきたい。既存の外国勢力や組織に忖度することなく、2000年以上の社会経済の歴史を持つ日本から「ジャパンファースト」の経済学を誕生させ、世界中に広めていっていただきたい。

2018年に有志が集まって一般社団法人・公共貨幣フォーラムを設立し、第1回公共貨幣フォーラムを国生み神話の淡路島で開催し、翌2019年には第2回を衆議院議員会館で開催した。コロナ感染拡大の影響で2020年は残念ながら開催できなかったが、代わってオンライン勉強会などを定期的に行ってきた。本書出版の企画はそうした流れの中から生まれてきた。公共貨幣フォーラム理事の三木卓さん、生島高裕さん、下田直能さんにはこの出版プロジェクトの編集メンバーとして、本書原稿を精読してくださり、色々と貴重なアドバイスをいただきました。また、公共貨幣読者交流会やフォーラムのメンバーの皆さんからもメーリングリスト等での議論を通じてご協力いただきました。あわせて感謝申し上げます。

さらに本書は集英社インターナショナル編集部の松政治仁さんの献身的なご協力・議論への参加がなければ実現しませんでした。末筆ですが、筆者一同、心より松政さんに感謝申し上げます。

山口　薫　Ph.D.

2021年6月24日　トルコ、アンカラにて

主要参考文献

・石井正幸・リチャード・ヴェルナー（２００３）『福井日銀危険な素顔』あっぷる出版社
・鈴木淑夫（２０１９）寄稿文「佃亮二君を偲ぶ」日銀旧友会『日の友』２０１９年7月号、URL: http://www.suzuki.org/japanese/ronbun/right_mag20190808.html〔最終アクセス：２０２０年12月22日〕
・矢部宏治（２０１４）『日本はなぜ、「基地」と「原発」を止められないのか』集英社インターナショナル
・山口薫（２０１５）『公共貨幣―政府債務をゼロにする「現代版シカゴプラン」』東洋経済新報社
・渡部晶（２０１２）「わが国の通貨制度（幣制）の運用状況について」『ファイナンス』、２０１２年8月、18～31ページ。
・Copeland, M.A. (1949). Social Accounting for Money Flows. The Accounting Review, 24 (3): 254-264, July 1949.
・Fisher, I. (1906). The Nature of Capital and Income. New York: The Macmillan Company.
・Fisher, I. (1945). 100% Money, First Edition, 1935, Second (Revised Edition), 1936, Third

Edition, 1945. ThaiSunset Publications.

・Hicks, J.R. (1937). Mr. Keynes and the "Classics": A Suggested Interpretation by J.R. Hicks, Econometrica, Vol.5, No.2 (April,1937), pp.147-159.

・MacLeod, H.D. (1856). The Theory and Practice of Banking, 2vols., London: Longman, Brown, Greens and Longmans.

・Mitchell, W., Wray, L. R., Watts, M. (2019) Macroeconomics. Red Globe Press.

・Tymoigne, E., & Wray, L. R. (2013). Modern Money Theory 101: A Reply to Critics. Levy Economics Institute Working Paper No.778, 57 pages.

・Wray, L. Randall. (2004). Credit and State Theories of Money: The Contributions of A. Mitchell Innes, Edward Elgar Publication.

・Yamaguchi, K. (1988). Beyond Walras, Keynes and Marx–Synthesis in Economic Theory: Toward a New Social Design. New York: Peter Lang Publishing, Inc.

・Yamaguchi, K. (2013). Money and Macroeconomic Dynamics–Accounting System Dynamics Approach. Edition 1.0, 2013, Edition 5.3 (Latest), 2021. Hyogo: Japan Futures Research Center. Available at: www.muratopia.org [Last access: June 24th, 2021].

・Yamaguchi, K. and Yamaguchi, Y. (2016). Heads and Tails of Money Creation and its System Design Failures-Toward the Alternative System Design. In Proceedings of the 34th International Conference of the System Dynamics Society, Delft, The Netherlands, July 2016.

・Yamaguchi, K. and Yamaguchi, Y. (2021). Accounting System Dynamics Modeling of Money Stock as Debts-Theory and Case Analysis of Japan. In Cavana, et al., editors, Feedback Economics: Economic Modeling with System Dynamics, Springer.

・Zarlenga, Stephen A. (2002a). The Lost Science of Money: The Mythology of Money-The Story of Power. American Monetary Institute, Valentie, NY.

・Zarlenga, Stephen A. (2002b). Critique of INNES' "CREDIT THEORY OF MONEY". URL:https://www.monetary.org/pdfs/8-pages-on-Innes.pdf [Last access: June 24th,2021]

山口 薫《やまぐち かおる》

国立アンカラ社会科学大学（トルコ）大学院教授、公共貨幣フォーラム代表理事。兵庫県生まれ。カリフォルニア大学バークレー校経済学博士号（一九八五年）。カリフォルニア州立大学、サンフランシスコ大学、ハワイ大学、同志社大学大学院ビジネス研究科等で教鞭をとる。著書に『公共貨幣』（東洋経済新報社）など。

山口陽恵《やまぐち ようけい》

日本未来研究センター研究員（システムダイナミックスグループ）、公共貨幣フォーラム理事。愛知県生まれ。EUのエラスムス・ムンドゥス修士号（EMSD二〇一七年）。フィンテック企業・ソラミツ（貨幣・経済システム研究所所長）を経て、現在は日本未来研究センターでASDマクロ経済モデル開発に従事。

インターナショナル新書〇八六

公共《こうきょう》貨《か》幣《へい》入門《にゅうもん》

二〇二一年一〇月一二日 第一刷発行

著者 山口《やまぐち》 薫《かおる》／山口陽恵《やまぐちようけい》

発行者 岩瀬 朗

発行所 株式会社 集英社インターナショナル
〒一〇一-〇〇六四 東京都千代田区神田猿楽町一-五-一八
電話 〇三-五二一一-二六三〇

発売所 株式会社 集英社
〒一〇一-八〇五〇 東京都千代田区一ツ橋二-五-一〇
電話 〇三-三二三〇-六〇八〇（読者係）
〇三-三二三〇-六三九三（販売部）書店専用

装幀 アルビレオ

印刷所 大日本印刷株式会社

製本所 加藤製本株式会社

ISBN978-4-7976-8086-7 C0233

インターナショナル新書

082

プロが語る胸アツ「神」漫画 1970-2020

きたがわ翔

「あの漫画のルーツはどこにあるのか」「萩尾望都『半神』が神作品の理由」「『鬼滅の刃』大ヒットの秘密」……。「日本一漫画に詳しい漫画家」が、漫画界に革命を起こした作家たちの作品とその表現方法を解説！

083

新書版 性差《ジェンダー》の日本史

国立歴史民俗博物館監修
「性差の日本史」展示プロジェクト編

日本のジェンダー１８００年の旅へ——。日本で「男」と「女」という区分はいつ生まれたのか？ 社会の中でジェンダーがどのような意味を持ち、どう変化してきたのか？ 豊富な資料を通してこれらの問いについて考える。

084

それでも映画は「格差」を描く
「最前線の映画」を読む Vol.3

町山智浩

なぜ貧困や格差を描く映画には「雨」が付き物なのだろうか？ 『ジョーカー』『パラサイト 半地下の家族』『万引き家族』『天気の子』など、今、世界中の映画作家たちがこぞって「格差」を採り上げる理由とは？

085

松本隆のことばの力

藤田久美子

作詞家、松本隆に五〇年のキャリアのすべてをインタビュー。多くのアーティストに提供した歌詞の背景から浮かび上がるのは「ことば」のおもしろさと可能性。そこにこめられた思い、時代の風も未来に伝える。